U0662315

大 学 问

始 于 问 而 终 于 明

城市的兴衰

基于经济、社会、制度的逻辑

郑荣华 著

GUANGXI NORMAL UNIVERSITY PRESS

广西师范大学出版社

·桂林·

城市的兴衰：基于经济、社会、制度的逻辑
CHENGSHI DE XINGSHUAI: JIYU JINGJI SHEHUI ZHIDU DE LUOJI

图书在版编目（CIP）数据

城市的兴衰：基于经济、社会、制度的逻辑 / 郑荣华
著 . —桂林：广西师范大学出版社，2021.1（2022.2 重印）
ISBN 978-7-5598-3275-7

Ⅰ . ①城… Ⅱ . ①郑… Ⅲ . ①城市建设－研究－中国
Ⅳ . ①F299.21

中国版本图书馆 CIP 数据核字（2020）第 189292 号

广西师范大学出版社出版发行

（广西桂林市五里店路 9 号　邮政编码：541004）

网址：http://www.bbtpress.com

出版人：黄轩庄

全国新华书店经销

广西民族印刷包装集团有限公司印刷

（南宁市高新区高新三路 1 号　邮政编码：530007）

开本：880 mm×1 240 mm　1/32

印张：12.625　　字数：260 千

2021 年 1 月第 1 版　　2022 年 2 月第 4 次印刷

定价：69.00 元

如发现印装质量问题，影响阅读，请与出版社发行部门联系调换。

绪　言

岁月荏苒，弹指一挥。近20年来，因为工作与学习的关系，我辗转多座城市，涉足不同领域，见证了中国发展最快的20年，并有幸参与其中。在这20年里，中国经济发展、社会民生、民主法治、城市化进程等都取得了巨大的进步。20年间，中国的GDP由1998年的8.51万亿元，增长到2018年的90.03万亿元；城镇化率由1998年的30.4%提高到2018年的59.58%，2020年城镇化率突破60%，"城市拥抱农村"的格局基本形成。

世界上任何一个经历过高速发展的国家，都会面临巨变带来的阵痛。从英国"羊吃人"的"圈地运动"，到法国奥斯曼的巴黎大改造，以及美国的城市美化运动、新城市主义运动，不同国家为寻求新的经济发展模式进行了积极尝试，并且对曾经的得失进行了深刻总结，留下了宝贵的经验和教训。他们正视问题、研究问题，为国家的可持续化发展提供了理性的思考和抉择。

"善治病者，必医其受病之处，善救弊者，必塞其起弊之源。"城市是什么？城市是人类生活、创造与发展的中心，城市是国家或地域的各种经济结构、社会文明及意识形态的交织与凝结，从某种意义上来说，城市的兴衰便是国家的兴衰。因此，自19世纪以来，英国用了整整一个世纪研究"城市病"问题，并颁布了一系列的法律条令用以改善城乡居民生存条件，把城市规划、建设、管理视为城市发展的重中之重。本书试图对中国改革开放40年来的城市化进程进行回望和梳理，并从经济、社会、制度等视角对城市改造、城乡关系、城市经济等问题进行客观反思。

历史经验表明，城市化对于任何一个国家、任何一种体制来说，都是一项巨大而系统的工程。对中国而言，高速推进的城市化为人民生活改善与社会经济发展做出了积极的贡献。但与此同时，城市化又是一把双刃剑，由于城市化进程过快导致了城市治理与后城市化发展面临诸多亟待解决的问题。主要体现在四个方面。

其一，急功近利暗合了"精英"阶层利益。中国的城中村问题一直以来被视为社会"毒瘤"，有些地方政府把城市治理的问题归咎于城中村，其理由是不充分的。但是，这一提法却暗合了"炫耀性腐败"和"精英化城市"的需求。一方面，受行政考核机制的影响，城市与城市之间不是合作而是竞争；领导与领导之间不是相互促进，而是炫耀攀比。在"炫耀性腐败"的驱使下，城市非理性扩张与城中村拆迁如火如荼。另一方面，"形象工程"建设与"城市精英"的意识形态高度吻合，因而被贴上现代文明产物的标签，被视为国际化与自由经济的体现。而事实上，这往往是"二八"现象，即20%的城市精英认为自己所生活的环境应该具备出类拔萃的国际化形象，以此来提高自我价值与品质；而80%的社会大众则认为，他们原本可以较低的生活成本继续在城市生活，但是由于房租和公共成本上涨，他们无法继续原有的生活模式，陷入更大的压力之中。

其二，城市改造的价值融合与利益分配。刘易斯·芒福德认为"城市复杂的现状环境反映了人类行为以及深层次（如心理、精神方面）的复杂需求，体现了城市的文化价值"。非理性的城市改造不仅加剧了空间的剥夺，而且阻断了文化与情感体系的构建，无法完成价值与功能的承载。因此，城市改造需要从"土地收割"模式向"社会功能"模式转型，在完善社会公共需求保障及文化教育、商业配套的同时，要注重资源空间、情感空间和机会空间三方面的影响，不能简单地进行空间转移。马克思曾经指出，人们奋斗所争取的一切都同他们的利益有关。习近平总书记也指出："共享发展是人人享有、各得其所，不是少数人共享、一部分人共享。"在寻找城市改造利益平衡机制的过程中，要考虑可持续发展因素，避免利益集团对弱势群体的伤害；避免腐败对城市化建设的阻碍；避免一元化的拆迁逻辑加剧社会阶层的分化；避免"逐利性"改造对经济生态链的破坏。[1]

其三，城市化发展与农业安全的矛盾。自1994年分税制改革之后，忽如一夜春风来，中国的土地经济飞速发展，无论是工业用地还是商住用地交易都获取了巨大的市场收益。1995年全国土地出让收入仅420亿元，但到了2018年便达到65096亿元，2019年更是超过7万亿。土地经济成为地方政府推动发展的基础和城市扩张的动力，由此引发了城市"蔓延"现象。城市"蔓延"直接波及的对象便是农业。土地大规模急速变现，一方面影响农田规模和生态环境，另

---

[1]　郑荣华：《各地城市改造的症结在哪里》，《中华工商时报》，2018年6月19日。

一方面对土地资源无节制开发导致土地利用效率"双折"现象。人类与其生存环境之间相互依赖，保持着密切的联系。在城市化建设过程中，不以科学发展观作为指导思想，不坚持可持续发展的理念，不仅是对土地缺乏敬畏的表现，更是对子孙后代的失责，这样的城市化后果是非常危险的。中国制定了世界上最严厉的土地管理法规，却没有实现最合理的管理成效，原因在于"利益"与"监管"的矛盾。从中央层面来讲，推进城市化不仅推动了社会文明进程，也实现了经济增长的目标；从地方政府层面来看，推进城市化，可以把资源转化为资本，既增强经济发展实力，又收获了城市良好形象。另外，在监管上，由于土地双轨制没有改变土地被垄断的实质，这就造成了在征用双轨制与出让双轨制上都存在逐利的空间，从而引发了疯狂且限价的征地、疯狂且不限价的卖地现象，加剧了农地流失，抬高了住房成本，造成了供求矛盾。因此，国家应该考虑严守耕地规模底线并划定城市开发边界，优化城市用地结构和布局，以此控制城市空间无序增长、引导城市开发和再开发行为，保护自然资源。

其四，城市治理与经济增长的摩擦。世界经验表明，当城市化发展达到一定程度后，城市的各种要素禀赋就会形成蝴蝶效应，在溢出效应与集聚效应的共同作用下孵化出新的经济、社会、文化形态。这些新现象的出现让城市利益相关者措手不及，因为这就是一把"双刃剑"，给地区经济带来增长的同时也带来资源枯竭的警告，给人类生活带来便利的同时也带来社会安全隐患。虽然城市溢出效应的作用让一部人先富起来了，演绎了交易市场的繁荣，但是不要忘了低质量的模仿或改造并不具备持久性，相反更容易掉入"中等收入陷阱"。人口激增、环境恶化、交通拥堵等累积的城市问题将长期阻碍城市的可持续发展，增加城市治理难度与成本。"后城市化"的经济发展与传统经济的发展有着较大的区别。传统经济发展一般是依托城市资源集聚各种要素，从而形成有效的供需关系。"土地经济"崛起后，传统经济演变出以建设推动经济发展、以人口规模拉动第三产业发展的特征。但是，随着新经济的来临，城市经济发展不再依托单一的传统资源优势，而是向技术红利倾斜。技术、需求、成本三者构成了城市经济的新的发展逻辑。另外，城市治理方面随着大数据、互联网的全面覆盖，城市公共安全得以提升，但是城市的信用体系却存在另一种威胁。数字谎言、噪声交易、沉默螺旋等现象频频出现，干预了社会大众对事物的合理判断。因此，本书在第四部分对城市信用体系构建需要区块链技术的支持进行论述。

综上，这本书将从中国城市改造的演化过程到城市改造利益的分配机制、从城市改造的人本价值到城市改造的平衡机制、从智慧城市模式创新到城市问题综合治理等方面进行梳理和思考，力图建立一个从"共生"到"共享"的城市发展理念，以期为中国城市化中后期的发展提供思路和参考。

2020年之后，中国将逐渐步入"后城市化"时代，一方面要保持过去城市化发展所取得的成果，另一方面要建立一套系统的城市治理机制，对城市化高速发展所带来的"城市病"及城市蔓延带来的农业危机、社会信用危机等问题进行及时有效的纠正和弥补。这就是我写本书的初衷。

目　录

第一部分　城市化的人本主义觉醒

第二部分　城市改造价值融合与重构

第三部分　城市化发展对耕地的影响

第四部分 城市治理与增长

第一部分

城市化的人本主义觉醒

15世纪到19世纪,英国掀起了圈地运动的热潮。这场旷日持久、遍地开花的运动,在一定程度上促进了阶级分化,调整了生产资料配置,加速了资本主义工业革命进程和城市化进程。圈地运动原本是将一些产权不明确的土地,通过地方协商、议会法案及一些非法暴力手段重新确权,并进行功能改良和产业升级,以获取更大利益的一种资本运作。但由于忽视了文化、信仰、法制及人本主义思想,圈地运动被刻上了剥夺与被剥夺、牺牲与被牺牲的血腥烙印。历史经验表明,城市化发展对于任何一个国家、任何一种体制都是一项巨大而系统的工程。在这项庞大的工程中,人作为第一要素而存在,偏离了人本思想的"经济"或"文明"都是经不起考验的,都将面临各种"陷阱"。

第 1 章 城市发展的演进与困局

改革开放初期，百废待兴。各地政府启动了第一次规模较大的征地，当然这并非出于土地财政的需要，而是受工业规模化的驱动，征用土地主要用于公共建设、工业发展、失地安置等。在当时，不少城市都以"减少"农业用地为豪。在此背景下，珠三角地区部分农业用地率先转变为城市建设用地，城中村的概念逐步形成。20世纪80年代到90年代之间，粗放式的工业发展消耗了大量土地，一些地方政府迫于发展的压力，在土地利用上出现任意分割、工业至上的短视行为。在城市发展方面，一些地方政府财力紧张，通常会选择城乡接合部进行城市改造，这种以规模为导向的改造，往往缺乏前瞻的规划。比如，对城乡接合部的农村自建房及耕地征收后，一般只采用异地统一建房的形式给予安置。这种简单且粗暴的办法并没有从根本上解决城市发展的需要，只是把一个农村搬到另一个农村而已。于是在第二轮城市改造过程中，那些建成不到十年的房子再次面临拆迁的问题，浪费公共资源的同时也影响政府的公信力。

城市发展的演进与目标

　　中国城市发展就是一部特殊的社会"进化"史。有"摸着石头过河"的客观原因，也有破旧立新改革的主观动力。纵观中国40多年的城市化发展，可以发现其演化过程及结果已大大超出了城市化发展的预期，形成了社会、经济、文化、制度等多因素作用下的蝴蝶效应。

　　从认知层面来说，中国城市化发展路径在基于西方经验的"大城市派"与基于中国经验的"小城镇派"之争中由模糊变为清晰。随着高铁技术的发展，逐步明确为以城市群为主体，大中小城镇协同发展的网络化形态。总体来说可分为两个阶段：第一个阶段是20世纪80年代初到90年代末，这一阶段城市化的概念被"城镇化"所代替，格局相对较小，普遍认为城市化只是工业发展、人口转移的一个过程，因此发展小城镇成为主要思路，城市化也只是改革开放进程中工业与经济发展的"参照物"而已。改革开放之前，农村劳动力按人均工作天数获取"工分"，参与劳动的人口越多，获得"工分"就越多。推行家庭联产承包制后，农村劳动效率得到提高，产生了剩余劳动力，为农村劳动力向工业化、商品化的转移提供了条件，由此形成了城市扩张的驱动力。在这一阶段，城市化的价值主要体现在劳动力的转移与需求的增长。直到20世纪90年代末，由于工业化推动的城镇化发展出现了无序蔓延的乱象，乡镇企业、个体加工组织等趁机碎片化、零散化地分割城乡土地，造成环境污染、交通拥堵、秩序混乱等一系列问题，倒逼国家与地方政府正视城市化发展带来的一些弊端，并采取措施加以治理，1994年建设部等六部委联合发布《关于加强小城镇建设的若干意见》，成为引导城市化发展的开端。

第二个阶段是在2000年之后，随着城市化发展的提速，城市化发展带来的价值已超越了解决城乡问题的本身，城市化发展给国家及地方带来了机会与经济增长。因此，推进城市化与现代大都市建设的构想便应运而生。2013年，李克强总理指出"城镇化是中国经济增长的巨大引擎"，并在十八大报告中提出，加快完善社会主义市场经济体制和加快转变经济发展方式，"工业化和城镇化良性互动、城镇化和农业现代化相互协调，促进工业化、信息化、城镇化、农业现代化同步发展"，城镇化被提到与工业化同等重要的位置。在城市化全面发展过程中，农村劳动力与生产要素向城市转移及转化，在这个过程中出现了郊区城市化、逆城市化、再城市化等现象，其中由郊区城市化带来的城中村现象一直困扰着城市的发展与治理。

对于城中村的发展，不同专业背景的学者有不同的看法。有学者认为始于1975年，也有的认为始于1985年。根据统计分析，1980年到1990年应该为城中村发展起始阶段；1990到1999年处于上升阶段；2000年到2010年处于加速阶段；2010至今为当前阶段（详细划分见图1-1）。在城中村发展过程中，不同阶段所采取的措施与当时的经济、文化、制度背景有关，这导致了诸多复杂的问题，给后期城市治理带来了难度与挑战。

从改革开放后到2000年初的20多年时间，中国村庄的数量

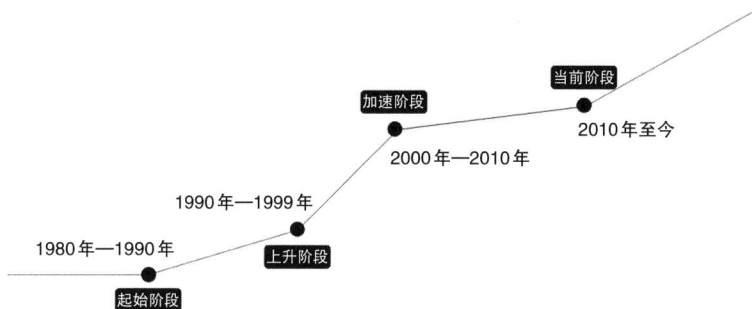

图1-1　城中村演化进程

骤减。1985年中国行政村共有94.06万个，到2005年减少了30.05万个，平均每年减少1.5万个。随之而来的是建制镇数量不断增加，从1985年到2005年增加了11566个，平均每年增加578个[1]。从村庄向城镇的"进化"虽然为农村向城市的转化提供了纽带与过渡，但是其带来的问题却成为后来城市治理的难题。这说明，城市改造不能割裂不同阶层的社会效用价值，不能脱离区域禀赋与区域文化基础，更不能脱离人民群众的根本利益与城市服务于人的基本逻辑。那么，城市化发展究竟肩负着怎样的使命与目标呢？

城市化是一个多维协同发展的过程。从世界各国的经验来看，发展城市化的目标有很多种，但最为核心的有三个。

一是产业结构从传统农业向非农业或新农业转变，释放农村闲置、低效劳动力向城市服务业或工业转移，实现产业结构平衡。但是，事实证明这不是一个简单的量变过程，无论是农业向非农业转移，还是非农业向农业转移，都必须建立在产业基础与

1　胡必亮：《城镇化是否等于城市化》，《解放日报》，2007年8月13日。

要素禀赋的条件上，否则就会出现低效率且新的结构性失衡，对产业与经济的影响将会从正面转向负面。

二是从分散型空间向集中型空间转变，释放空间红利，创造经济价值并优化、完善社会管理秩序。虽然人口集聚在特定的时期对社会管理有一定的帮助，但是从社会学的角度来理解，空间的分散与集中并不是社会管理的核心，社会秩序须建立在制度与文化的基础上，只有完善制度、创造环境、保留积极向上的传统文化，以及唤醒大众对公共文明的觉悟才能实现社会从"管控型"向"善治型"转变。

三是从乡村文化向城市文明的转换，为制度、教育和法律提供效能。城市化发展对教育、法制的推广和普及起到了积极的作用。从城市化率与教育提升的曲线来看，城市化率越高，居民受教育的程度就越高，对法律的理解就更深刻，这更有助于社会的和谐发展。但是一直以来有一种误区，认为城市化发展必须割裂乡村文化。其实优秀的乡村文化对社会伦理及社会文明构建有着平衡与促进的作用。

中国的城市化从初级阶段进入中级阶段仅仅用了30多年，为中国经济增长释放了巨大能量，促使中国经济总量跃居世界第二，中产阶级数量跨入世界第一，这种速度与规模震惊了全世界，为中国成为世界强国奠定了基础。与此同时，中国城市化发展借鉴了欧洲发达国家邻避危机处理经验以及发挥了自身制度的优势，化解了诸多社会冲突与危机。当然，这过程也存在一些不可忽视的城市问题。

城市化进程中的"马太效应"

"在21世纪，有两件事情必将影响世界：一是美国的新技术革命，二是中国的城市化发展。"这是美国著名经济学家斯蒂格利茨曾经在世界银行大会上的发言。时至今日，足以证明斯蒂格利茨的观点是有预见性的。

以美国为首掀起的全球性技术革命正改变经济的发展模式，也影响地缘政治的格局变化。中国在改革开放后短短30多年时间就成为全球经济总量第二的国家，这与城市化发展带来的红利是分不开的。由此，斯蒂格利茨认为中国的城市化发展必将影响世界的逻辑是成立的。这也再次证实了中国城市化发展是正确的，也是及时的，对世界经济与技术的推动有着重要的贡献。但是，我们看到中国城市化发展带来贡献的同时，也看到了高速推进的城市化所引发的一些问题。比如城市之间因为各种竞争导致的"马太效应"，同城之间因为资源配置不均导致的贫富差距等问题。

进入21世纪后，中国城市化发展突飞猛进，城市之间竞争日趋激烈。受区域要素禀赋、制度创新、治理水平等因素影响，城市与城市之间产生了较大的分化，这种分化形成了强者更强，弱者更弱的"马太效应"。以2017年为例，排名前10的GDP总和就占GDP总量的63%。而从人均GDP来看更为直接，2018年全国人均GDP约6.45万元人民币，全国只有排名前11的省市人均GDP能在全国平均水平之上，有近2/3的省市未能达到人均水平。数据表明，地区之间的"马太效应"非常明显。

在传统区域经济概念里，自然禀赋是区域经济发展的核心要素，而在现代经济发展中，对区域资源的整合能力远远高于自然禀赋所创造的价值。当然区域整合需要一个支撑平台，这个平台便是城市化。城市化率越高，资源整合能力就越强，城市的吸附价值就越大。有人认为，随着中国高铁网络的健全，区域之间的竞争条件将趋于平等。这种观点显然是错误的，交通对于区域发展来说固然重要，但不是决定性因素。因为交通带来的人口流动本身是公平的，创造集聚效应的同时也可能隐藏着"虹吸效应"的风险。所以，决定区域集聚能力的不是交通，而是产业与制度环境等要素。产业结构均衡发展决定了人才覆盖的广度，制度环境决定了机会成本与人才对城市的黏性。

当前，中国一二线城市都在"抢"人才，人才助推城市发展的理念已深入人心。但是，人才与城市的匹配度一直被忽视。因为社会上一直存在这样一个误区，似乎只有高学历、热门专业的人才称得上是人才。多数城市在引进人才方面都有盲目追求"高大上"的现象，地方财政为此支付巨大成本，但效果却不尽如人意。这是人才与城市禀赋不匹配所导致的后果。王充在《论衡·累害》中说"人才高下，不能钧同"，这说明自古以来人才的定义是基于供需关系，并没有高低贵贱之分，只要符合需求的劳动力便是人才。在现代组织关系中，人才的定义更明确，即有一定专业知识或技能的人，进行创造性劳动中对社会做出贡献的人便是人才。地方政府必须依据社会产业结构与城市发展需要而确定引进人才，而非盲目"逐热而动"。

一座成熟稳健的城市，其价值理念是既要引进人才，也要争夺"优质"劳动力。深圳的经济之所以领先于全国其他城市，不仅是因为站在改革开放的前沿，占据经济特区的政策优势，更重要的是以多元化劳动结构给城市带来了集聚效应。与深圳相邻的汕头市同样是改革开放最早的特区，如今却面临严重的衰退，其经济规模甚至不及中部城市的经济规模，这也说明区域资源不是城市发展的核心竞争力。深圳人口平均年龄大约33岁，青年人口占全市人口一半以上，是一座不用担心老龄化的城市，其释放出来的有效劳动力与购买力为这座城市提供了源源不断的经济增长机会。深圳在人才引进的结构上表现出以供需关系为导向的多元模式，其引进的人才涵盖信息传输及计算机服务和软件业、服务业、制造业、金融业等。在服务业领域，像保姆、月嫂等这类"低端劳动力"被提升为人才序列，政府通过对"低端劳动力"的培训与帮助，使其能发挥最大的劳动价值。所以，城市发展的人才战略必须把聚焦点放在有效劳动力上。否则，随着发达城市劳动力的不断吸入和经济快速增长，"虹吸效应"将会继续演变成"马太效应"，让相对落后的城市形成恶性循环，最终导致区域发展严重失衡。

从区域经济角度来看，城市资源禀赋的合理利用与劳动力的集聚效应对城市发展起到至关重要的作用，这是导致区域间"马太效应"形成的关键因素。在城市发展过程中，资源利用不合理、分配制度不科学就会导致严重的贫富差距，出现城市内生性的

"马太效应"。加快城市化进程固然能够产生集聚效应，促进经济增长，但是地方性政策与规划不科学导致的资源利用不科学、利益分配不公平等问题，势必引起错综复杂的社会性矛盾。

自古以来，人类社会就一直鼓励依靠知识、技能和劳动来实现富裕，然而，当前通过土地经济来获取利益的分红模式却成为普遍现象。本来村民通过资产置换实现富裕是天经地义的，不存在道德责难问题。但是，土地经济影响产业链异常发展，就促进食利阶层的形成，导致大量资金与人才从实体经济转向投机领域，动摇实体经济的发展根基，影响物价及房价。

传统意义上食利阶层指靠利息、股息收入为生的不劳而获的剥削者。苏俄理论家布哈林在《食利者政治经济学》一书中认为食利者脱离生产，是资产阶级中最远离无产阶级的阶层，他们的生活目标就是通过金融杠杆或公共资源向生产领域的资本家索要"剩余价值"，而生产领域的资本家将工人生产的部分剩余价值与食利者共享。新剑桥学派认为，只有消灭了食利者阶层，资本主义社会才可以改观，走向"文明生活新阶段"。显然，在资本主义社会，食利者也是不被认可的。这充分地说明，无论是资本主义国家还是社会主义国家，如果社会共同创造的财富被少数利益群体占有，如果公共权力成为瓜分社会资源的工具，那么就会出现依赖于食利制度而存在的食利阶层，会出现剥削与被剥削的阶级矛盾。如今所出现的城市房奴与股票市场的散户似乎都成为食利阶层食物链的"牺牲者"。

中国城市化发展催生了一个庞大的食利阶层，城市改造中存在一个较为复杂的利益组织模型。其利益分配错综复杂。那么，土地增值究竟归谁所有呢？如果仅仅是归政府与原土地村民所有是有失社会公平的，因为土地溢价是由社会发展带来的，而社会繁荣是全民努力的结果。因此，城市发展带来的土地增值不应该被少数脱耕的农民与地方政府所瓜分。政府在城市修建的道路、公园、商业、学校、医院等公共配套资源都是由城市纳税人与劳动者所贡献的，所以必须实施有效的二次分配办法，让权利与义务相一致，让付出与收益相对等。可以通过专项财税政策与社会保障性政策等进行有效均衡，解除"马太效应"的魔咒。

另外，在城市更新中，以拆代建、以拆代管的城市改造模式也必须改变。显而易见，当前城中村改造或旧城改造，单一的经济利益补偿已难以解决现有的困境。作为城市建设者与服务者，作为城中村的租客与城市的外来人口，他们在城中村的改造中没有成为红利的受益者，相反却因此要付出更高的居住与生活成本。他们为城市化率贡献了"统计数据"，却没有享受到相应的同权制度与利益分配。地方政府应当借鉴发达国家经验，一方面要加强社会租赁房建设，给外来人口享受同权同待遇；另一方面要改变"土地价值最大化原则"，加大文化、教育及公共服务领域的投入，健全"学习、就业、互助"的社会功能体系。

经济学上有一个名词叫"荷兰病"，指一国经济的某一初级产品部门异常繁荣而导致其他部门的衰落的现象。在20世纪50年代，荷兰发现大量石油和天然气，政府大力发展石油、天然气产业，在各大利益集团的参与下，经济出现了空前的繁荣。但由于食利阶层对天然气产业的过度依赖，荷兰的第一和第二产业出现了全面衰退，到20世纪80年代初期，荷兰遭受了通货膨胀上升、制造业出口下降、失业率暴增等问题，国际上称之为"荷兰病"。当今，对土地经济的过度依赖，对食利阶层的纵容，不免让人担忧"荷兰病"的发生。

土地"商品化"与城市增长

进入21世纪后，中国各大城市掀起了"退二进三"的热潮。所谓的"退二进三"就是鼓励那些效益较差或濒临倒闭的第二产业退出制造业生产，利用市区的工业土地发展商业、服务业等第三产业。该政策的原本目的是盘活土地资产的效用价值，解决城市环境污染、土地利用坪效低等问题，但在执行过程中，被一些地方政府演变成土地增值的权力寻租工具。那些以低廉代价获得土地的企业借机退出生产经营，利用政策把工业土地变更为商业用地或居住用地，获取土地增值的巨大利益。

说起"退二进三"，不得不反思20世纪90年代开始的"土地批发"现象。当时部分地方政府背负发展规模化工业的任务，凡是规模越大的企业占用土地面积就越多。由于当时的土地成本低廉，企业受益者容易动摇土地利用的初衷转向投机行为，这种放纵式的土地政策，导致地方政府在后来为此支付巨额的财政成本，同时也扭曲了房地产市场的合理机制。

20世纪90年代初，改革开放的热潮从沿海地区迅速向内地蔓延，一些地方政府为了跑赢工业化"竞赛"，对引进的企业实行廉价土地政策，甚至是零地价政策。项目越大，给的土地就越多。在这种"泛滥式"工业发展中，农民成了最大的受害者，因为低廉的供地成本转移到了农民身上。在当时，集体土地常常被无偿或低价征收，而农民的权属土地也常常以偏离市场的价格被强制性征用或收储。

在"泛滥式"的工业化推动下，一些城市周边的土地被工业厂房割裂包围。与此同时，还有新建的安置农民房、粗放式市场，以及货运中心等配套建设。这种看似以经济发展为目的的城市化实际上暴露了对城市化发展与经济增长的无知。毋庸置疑，经济增长是城市化发展的重要驱动力。但是，城市化发展带动的经济增长是多维度的，土地只是经济增长的一个载体，而不是简单的商品，因为土地本身并不会自动创造价值。正常情况下，农村劳动力向城市工业部门转移时将改变原有的生产、生活方式，从而形成工业品需求与新的消费市场。所以，城市人口的集聚才是经济增长的动力，而不是土地本身。

经济增长是工业化与人口集聚创造的消费市场及科技创新所带来的红利。因此企业的质量决定了人口的集聚能力与区域发展的机遇，那些只为获取廉价土地而"挂羊头卖狗肉"的企业不但不具备创新价值，而且也不具备人口集聚能力，所以难以形成人口规模化带来的商业市场与创新带来的可持续发展。只有提升产业发展能力，优化产业结构，才能吸引人口流入，为城市经济增长创造条件。如果一座城市一边收割土地经济、扩大城市规模，一边产业凋敝、人口外流，那么这座城市将失去创新活力与增长动力，最终走向衰落。

现代农业是经济增长的重要组成部分，而不是城市化发展的消极因素。"消灭"农地，发展工业与商业一度被认为是城市化发展进度的体现，因此出现"土地批发"现象便不足为奇。实际上出现这种误区的根本原因是对城市与经济增长逻辑的不了解（如图1-2所示）。

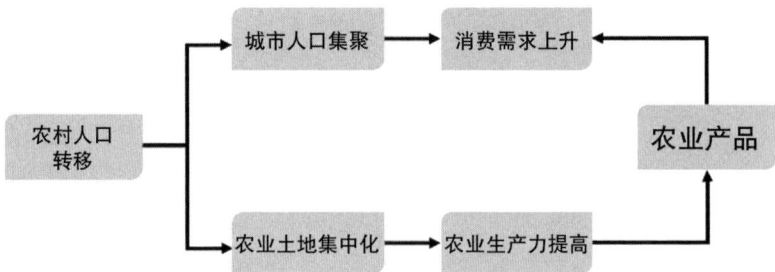

图1-2 城市化发展和农业发展对经济增长的关系

经济增长背后是一个全要素协作的有机体系，城市化的初衷并非消灭农村，更不是打击农业，恰恰相反，城市化发展可以将农村剩余劳动力向城市生产部门转移。在正常的逻辑下，农业劳动力转移所释放出来的土地有利于土地流转，从而能推动现代农业的技术化与产业化发展，提高农业生产力。但遗憾的是，有些地方劳动力转移后所释放出来的大量土地被商品化包装后进入二级市场销售。

从需求市场来看，城市化发展形成的人口集聚与消费能力对农产品的需求加大，形成新的需求市场，促进经济增长。所以，城市化发展不能过度依赖土地经济，土地商品化扭曲了城市化发展的理念，导致城乡资源配置失衡。

另外城市化发展必须考虑城乡双向流动机制，否则资源配置将从低收益回报区域向高收益回报区域单向流动。失去平衡的城市化，将导致城市以高成本来支撑未来的运营与发展。

制度改革激发"土地经济"活力

20世纪80年代至90年代初是土地经济的萌芽期，当时的土地经济是以产业发展创造溢出价值。到了1994年之后，土地经济才正式以商品化的形式登场，实现商业、经济与财政的空前繁荣。对于1994年土地经济"崛起"的现象，学界各有看法，其中一种声音认为1994年分税制改革削弱了地方财政的权益，从而倒逼地方政府以土地为载体，通过发展房地产"产业链"的形式获得地方财政收益。

分税制是发达国家普遍采用的一种财税管理政策，发达国家通过行政手段把税收分为中央税与地方税两类进行有效管理，建立中央政府与地方政府之间的事权与财权的平衡关系。这种分配模式的最大优点是有效调动地方政府创造税收的积极性，避免地方政府坐享其成的懒政行为。

实际上，中国唐代实行的"三分制"就是分税制的萌芽。在清朝末年也推行了分税制改革，但因当时国力衰退，内忧外患，分税制改革并没有改变国家日趋颓败的命运。中华人民共和国成立以后，由于计划经济体制的特殊性，中国的财政制度在1994年前是以"财政承包制"的形式出现。改革开放前，中国经济发展一波三折，经济总量始终处于较低的水平，所以"财政承包制"的弊端并没有充分暴露。但是从1980年开始，在改革开放的大环境下国内生产总值高速增长，从1980年到1990年，国内平均生产总值增长率为9.5%。按理来说，国内生产总值的增长与国家财政收入的增长是正相关关系，然而，吊诡的是高速增长的经济并没有给国家财政收入带来相应增长，相反却让国家财政陷入困难。

自1979年到1993年，中国财政收入占GDP的比重逐年下降，1979年中国财政收入占GDP的比重为28.4%，到了1993年财政收入占GDP的比重却下降到了12.6%。在1990年前后，中央财政一度告急，曾几次向地方"借钱"维持运行。地方政府为了满足自身的发展需要，面对"借钱"往往以"哭穷"的姿态应对。实际上，地方财政是增长的。那么钱去了哪里呢？数据显示，1979年中央财政收入占全国财政收入的比重是46.8%，到了1993年却下降到了31.6%，国家的财政收入下沉到了地方政府。由此可见，中央财政收支必须依赖于地方财政收入才能解决平衡。1993年7月23日，在全国财政、税务工作会议现场，时任国务院副总理的朱镕基对所有参会人员警告："在现行体制下，中央财政十分困难，现在不改革，中央财政的日子过不下去了，到不了2000年就会垮台！"一个是借了"不还"，一个是不想借，最后改革成了唯一的出路。

　　1994年，以中央收入集权为特征的"分税制"财政管理体制开始实施。分税制财政加强了税收征管，确保了财政收入与宏观调控的能力。由于受收入上移和支出增大的双重压力，地方政府不得不全力创造新的"财源"。一方面通过大规模的招商引资来争夺企业投资创造财政；另一方面通过出让土地带来的各项收益开辟预算外的收入以满足财政需求。

　　事实上，分税制改革只是土地经济的诱因。由于供需市场不平衡，当时的土地价值并没有得到充分的体现，因此给地方政府带来的直接收益并不高。而真正让土地价值变现的是"住房商品化改革"政策的推行，这不仅给土地市场注入了活力，还带动了整个房地产产业链的发展，为地方政府实现了大幅度的财税增收（如图1-3所示）。

　　与分税制改革同一年，中国历史上第一次开启了商品房的时代。1994年，国务院发布《关于深化城镇住房制度改革的决定》，

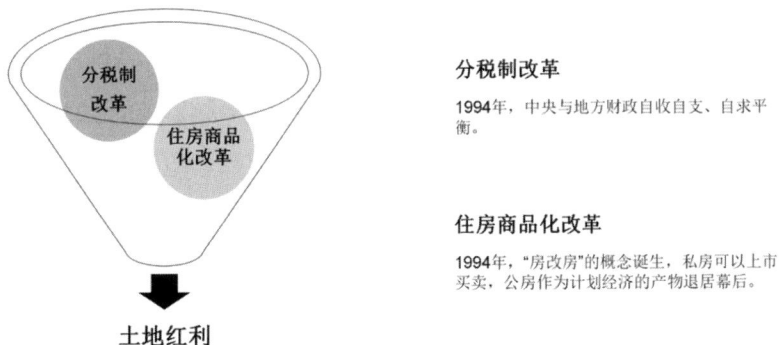

分税制改革

1994年，中央与地方财政自收自支、自求平衡。

住房商品化改革

1994年，"房改房"的概念诞生，私房可以上市买卖，公房作为计划经济的产物退居幕后。

土地红利

图1-3 城市化进程的"政策红利"

提出按照国家、企业和个人合理负担的原则进行住房体制改革，将公房实物分配改为货币工资分配，允许面对中低收入的保障性住房和面对高收入家庭的商品房，建立住房公积金制度。[1]住房商品化改革提出三大准则。

其一，房地产建设的收益分配权留给地方政府。1996年国务院办公厅转发了住房制度改革领导小组《关于加强国有住房出售收入管理的意见》，明确了售房收入全部留归售房单位用于住房建设和住房改革。

其二，运用市场机制鼓励居民购房。中央将住房建设投资规划从国家指令性计划中剥离出来，确立以地方政府为主体的指导性计划管理体制，并积极推动住房公积金制度的发展。

其三，确立了住房金融贷款的政策支持。对住房开发企业与购房者双向提供金融贷款支持，鼓励金融杠杆支持房地产发展。住房商品化为改革开放做出了巨大贡献，但是在利益分配上也造成一系列问题。

住房商品化改革的推行在当时背景下是符合社会、经济、民生的逻辑。因为在住房商品化改革之前，享受到国家福利分房就意味着获得了一笔巨大的收入，造成了城乡居民收入分配的巨大差距。而在国家实行住房分配、补贴货币化后，单位补贴款与城中村拆迁补偿款流入市场，促使房价上涨，不断刷新纪录。住房商品化改革的三大准则也许在当时并不引人注意，但正是这三项

1　王振霞：《中国住房制度改革40年：回顾与反思》，《财经智库》，2018年第2期。

政策为后二十年的房地产业繁荣奠定了基础。

如果说分税制改革是给地方政府"断奶"的话，那么住房商品化改革就是给地方政府提供了新的"奶源"，在两项政策的共同作用下，土地的价值被无限放大，以至于超越了生产要素本身价值。根据财政部发布的数据，2018年全国的土地出让金收入已经高达6.5万亿元人民币，占同期地方一般公共预算的66.48%。如何摆脱对土地经济的过度依赖成为改革的新话题。2019年国家对房地产业进行了史上最为严厉的调控，但是效果并不明显，因为截至2019年，全国土地出让金收入还在大幅度增长。也许，只有若干年后新经济崛起所带来的红利才能彻底熄灭土地经济的热焰。

城市更新与逐利陷阱

中国城市化发展的速度世界领先。

中国能在40年时间内完成西方国家历经百年的城市化进程，与其体制和发展模式密切相关。中国城市化进程的前20年，基本以发展城市外延区域为主要目标。当外部区域面对越来越大的环境、经济、文化压力的时候，又掉过头来改造内部区域。这种先划地盘再耕作的模式虽然对城市的生态系统带来较大的破坏，但对经济的增长起到驱动性作用，也为实现城市改造推倒重来提供了经济支撑。

在2000年到2010年期间，中国城中村的数量惊人，比如昆明市有390多个，北京市有接近200个，广州市有140余个，南昌市有180多个，几乎每座省会城市都有上百个被割裂的城中村。城中村形成的原因有很多，但最直接的原因是缺乏统筹规划，对城市的未来缺少责任感。一些前任地方主政领导对区域发展采取"收割性"的模式，没有给未来城市建设及城市功能配置预留改革的空间，留下的除了债务还有巨额的二次改造支出。

在城市改造过程中，由于地方财政无法支付庞大的拆迁安置成本，一些地方政府通常采取空间转移的策略。所谓的空间转移就是把原地农民的土地与房屋征用后，通过土地补偿的方式对原地农民进行转移安置。政府在新区域划出一片宅基地，根据补偿的不同面积分割给农民。在政府统一规划的标准，由农民自己建设住房。这就是典型的第二代城中村，称为"二次村庄化"现象。

很多城市都出现了这种现象，城中村从建设到再次拆迁只有短短的十余年时间，一些地方政府除了消耗大量的财力、物力，还要面对公信力的考验与道德的质疑。从全国范围来看，"二次村庄化"的规模较大，直到今天还面临诸多治理难题。更让人担忧的是"二次村庄化"现象从一二线城市向三四线城市蔓延。三四线城市的地方政府由于财力限制，在棚户区改造或城郊拆迁中"以土地置换土地"的改造模式较为普遍。换句话说，把城市中土地价值较高的城中村进行搬迁，在一个土地经济价值相对较低的区域给农民建房。数年后，由于城市的扩张，这个价值较低的区域又变成了价值较高的区域，于是政府再次对村民进行搬迁。劳民伤财的同时，激化了社会矛盾，破坏了社会固有的生态体系。

据统计，仅从2006年到2018年，中国就有90余万个自然村在城市化进程中消失，这意味着平均每天有200多个村庄在版图上被抹去。显然这并非高质量的城市化发展，许多城中村的消亡只是在形式上做了转换而已。比如农民的身份变为居民的身份，原居住空间转换为另一个居住空间。

推进城市化发展自然是为了改善民生，以及建设多元融合的新型生活社区。如果在这样的逻辑下，那些村庄的"消失"是无可厚非的。但是，从一些城市改造的案例来看，这更像是一场城市红利的"分配盛宴"。

2000年之后，城市改造进入加速期。在快速的城镇化发展过程中，大量的外来人口向城市聚集，城中村周边工业、商业、租赁等产业逐步形成，成为城中村原住民主要获利途径。物业的扩建等同于收益的增长，由此城市违章搭建、扩建出现了爆发式增长。一些地方政府作为收益方出于城市形象与商业利益的需要，采取了"以空间换空间""以补偿换容积率"的城市改造办法。比如在城中村改造之前是五层以下的低密度的住房，改造后可以通过提高容积率、增加建筑面积赚取巨大的差额利润。

在城市化高速发展的过程中，房地产业在国民经济中的地位不断上升。这给地方政府土地财政找到了合理的解释。2003年8月，国务院下发《关于促进房地产市场持续健康发展的通知》，明确房地产行业是国民经济的支柱产业，并提出商品房取代经济适用房成为建设的主体。这进一步激发了地方政府推进城市建筑更新的积极性，进一步释放了土地与空间的价值。

在轰轰烈烈的城市更新运动中，有些地方出现了"四套班子"的领导，他们全年忙于拆迁分工任务，对于日常的政务却敷衍了事，把政府做成了"企业"。这种过于投机的行为无疑忽视了城市化的实际意义，模糊了城市改造的深层价值标准，最终演变成了一场"跳跃式"发展的运动，随之出现了大量的城市"孤岛"与社会治理难题。

城市改造是一个具有丰富内涵的命题，不仅是城市功能与建筑风貌的更新替换，更是文化的延续与人性的改造，同时通过改造来实现技术与文明的进化，从而实现全方位的增长。因此，城市改造要考虑经济与文化互融互促。从人类活动与社会发展来理解，城市化发展必须遵循生产力与生产关系的耦合作用。只有尊重城市发展的生态系统，才能实现城市改造的最终价值。

"成本优先"诱发城市孤岛

许多人不理解，为什么20世纪80年代到90年代，轰轰烈烈的城市化运动并没有改变老城的面貌。因为他们把主要精力放在不断增加新城的规模上面了。这种"舍近求远"的做法是当时较为普遍的现象。在城市更新中，触及民房、财产等个人及集体利益的资产必然会产生较高的成本，尤其是不可预见的沟通成本，这些都会影响城市快速更新的进度。如此一来，一些地方政府便主动绕开这些棘手的问题，选择相对简单而直接的土地征用办法进行新城建设。许多城市几乎达到"造城"或"换城"的规模，把公共配套和政府行政机构迁入新城，实现了新城有效的人口集聚与溢价增长。

从理论上来说，建设新城是城市功能疏解的无奈之举。只有在老城区人口过于密集、交通拥堵、人居环境恶化的情况下，或者是当城市产业经济高速发展，流入人口因产业集聚效应而暴增，亟须扩展城市空间来满足产业发展的需要时，才会选择新城或新区建设。但实际并非如此，受GDP政绩考核思维影响，一大批并非由需求导向而发展的新城迅速崛起。其实发展新城的目标不是为了替代老城，而是让新、老城区彼此能互补，在社会、经济、文化、技术等方面形成一种互助互促的地域关系。许多城市在新城建设十年乃至二十年后才开始启动老城的改造与更新，最后发现新城与老城的空间衔接、城市治理等方面已出现了难以调和的矛盾。

这种顾此失彼的以新城替代老城的城市更新在20世纪80年代至90年代之间，是地方政府普遍采用的手段。在那一时期，"拆迁"这一术语并不是城市发展的敏感话题，因为当时的城市改造实际上被城市扩张所代替，规避了拆迁的难题。

20世纪80年代，中国改革开放处于初级阶段，地方财政难以支撑城市发展的资金需求，导致城市更新只停留在城市文明环境的改善层面上，而旧城改造基本上处于停滞状态。由于资金短缺，一些地方政府试图通过对集体所有土地有偿征用或无偿征收，将集体所有土地用于发展企业或公共建设，并以此来代替资本化的城市发展模式。这种发展模式最大的好处是规避了拆迁带来的社会矛盾，提高了发展效率。但是在这一阶段，大规模的耕地被肆无忌惮地占用，很多城市都出现了廉价"批发"土地的现象。

在"新城主义"的影响下，"摊大饼式"的城市外延发展模式成为中国20世纪80年代的一道"景观"，对耕地资源的破坏与土地资源的滥用形成了恶性循环。一些地方政府忽略长远规划，征用城市周边的农地或林地用于城市开发，导致成千上万的村庄成了城市的"孤岛"。这种避重就轻的迂回发展思路为城市发展埋下了隐患。与此同时，土地经济导致的腐败问题从20世纪80年代末开始蔓延。在2002年前，中国土地出让一直处于计划经济时期的"单轨制"状态，政府通过土地划拨或专项形式供应给需求方。尤其是工业用地，地方政府基本通过协议即可出让使用权给企业或个人。这就刺激了土地利益的寻租，滋生了腐败的温床。

其实，"成本优先"的城市改造并不代表没有成本，而只是把成本转移给了土地的原使用者。农民作为土地的权属人，因为没有土地产权而无法获得土地市场自由竞争带来的溢价。这种利益分配模式促进了土地市场的活跃，但也加速了农地的流失。

城市化发展的"成本优先"模式带来三个层面的影响：

一是导致农民利益受到侵害，耕地遭到破坏。据统计，从1987年到2001年，中国非农建设占用耕地就多达3300万亩[1]。以浙江省为例，90年代浙江经济迅猛崛起，GDP年均增长14.3%，与

1　安凡所：《土地模糊产权制度下失地农民权益的流失与保护》，《农业与经济》，2005年第1期。

此同时，耕地非农化速度也快速增长，平均每年为7875.43公顷，年均耕地非农化率达到0.32%。1990年到1999年浙江省各类建设共占用耕地面积70878.85公顷[1]。可见在成本优先与经济增长优先理念的推动下，耕地遭受"侵占"给农业生产与生态环境带来了负面影响。

二是纵容食利阶层的崛起。土地经济释放了巨大的利益，从而出现了投资性向投机性的转变。由于受利差影响，社会资本与生产组织从传统产业投资转向土地产业投资，导致后期的产业结构失衡。这与同一时期的另一个现象非常相似，80年代中国钢铁价格实行了双轨制政策，也就是划拨指标与市场竞争并行，导致了大量投机倒卖计划指标的现象，给国家经济秩序稳定与市场经济发展带来了消极影响。

三是土地没有发挥应有的价值。土地价值在传统产业中几乎都是以"亩产论英雄"，但在"土地经济"引导下，土地利用的边界被扩大，土地的商品价值被抬高，但土地利用的效率依然低下。中国的土地利用坪效远远落后于发达国家，土地成为廉价且粗放的商品。当然，在"成本优先"的模式下，最为直接的影响莫过于土地被不断分割，这诱发了城市孤岛问题，导致大量的城中村出现，为后期的城市改造与治理带来了巨大的成本。

1　谭永忠、吴次芳：《20世纪90年代浙江省耕地非农化过程分析》，《地理科学》，2004年第1期。

第 2 章　以拆代治忽视人本价值

　　城市改造不等同于城市再造。城市改造是指通过科学的手段有步骤地对城市局部或整体环境空间进行改造以便改善其劳动、生活的环境。城市改造是城市发展不可或缺的环节，是城市空间规划、建筑和社会福利设施的完善过程。城市再造则具有破坏性与发展性的双重作用，从逻辑上理解是被动的。比如出现重大灾害或重要发展战略才会选择"再造"的模式。但是现实往往违背逻辑和常识，在城市化进程中，以拆代治或城市再造的现象较为普遍。

　　无论是城中村改造还是棚户区改造都属于城市改造，但是两者却有根本性的区别。城中村改造的目的是打破城乡二元结构，让群众能享受城市的公共服务，共享社会发展成果。棚户区的改造目的是让棚户区居民的居住条件得到改善，促进存量土地的有效利用，这有利于政府更好开展用地规划，为城市发展打下良好的基础。城中村、棚户区、旧城改造的相关政策都强调了"社会福利"与"循序渐进"两个关键词。这说明在城市改造过程中要遵循规律，以民为本。

城中村被"问题化"

城中村是城市发展与治理的毒瘤？这显然是被夸大的社会课题。城中村被"问题化"混淆了利益与实际需求的真实反映。事实上，城中村既不是社会的"毒瘤"，也不一定是落后的产物。城中村在发达国家依然存在，只是最后的演变结果与我们印象中的城中村大相径庭。

在发达国家，城中村承载了与城市发展结构互补的使命，满足城市各阶层需求的同时也为城市保留文脉记忆，而这些记忆最后成为城市发展的名片。与此形成鲜明对比的是，中国多数城市都会给城中村扣上沉重的帽子，认为城中村是城市生活乱象的发源地，是城市发展中的伤疤。因此，城中村不可避免地走向被人为区隔或强制拆迁的命运。

英国从18世纪开始推行城市化运动，大量从事农业与基础劳动的人口被从乡村向城市转移的狂潮淹没，有的因为被剥夺土地而倾家荡产，有的因为无一技之长而沦为无业游民，甚至因为文化与价值观念缺失成为盗贼与暴力者。历史上把这一时期称为圈地运动，并冠以"羊吃人"运动的恶名。虽然最终英国快速完成了工业化和城市化进程，实现了资本主义世界强国的梦想，但是数百年的流血与牺牲，数百年的环境污染与城市矛盾造成的创伤难以愈合。从19世纪开始，英国用了整整一个世纪研究"城市病"问题，并颁布一系列的法律条令用以改善城乡居民生存条件，把城市规划、管理视为城市化建设的重中之重。

　　中国的城市化发展与英国不一样，虽然一些城市也存在野蛮拆迁、征地的现象，但基本上实施就地安置政策。中国城中村的形成一方面是因为原住民的资产遗留能构成的特殊社区，另一方面是因为农村劳动人口为谋求生计自愿向城市转移。城中村接纳了一批又一批的外来人口，以低成本、大包容的态度吸纳了城市的服务者与追梦者。城中村是城市发展的见证者，从某种意义上说，像是城市的"母亲"，她的包容造就了城市的活力与发展，成千上万的低收入者在"母亲"的庇护下成长，他们为城市默默奉献自己的青春年华。如果没有这些人，城市将失去为之服务的群体，马路上缺少清洁工，餐馆里缺少服务员，物品流通中缺少快递员，城市将陷入瘫痪状态。

　　在新加坡，政府把城市最好的地段留给从事社会基础工作的服务人员。这些地段绝不会成为房地产企业用来牟利的楼王，而是由政府出资建设公租房，并以低廉的价格出租给社会基层工作者。因为社会基层工作者对公共交通的需求依赖远大于社会高收入者。只有让社会基层工作者享受便利的交通，才能为社会提供高效的服务；只有让社会基层工作者享受低价的居住成本，才能保证城市的服务质量与社会的稳定。然而，中国一些地方政府并没有考虑到整个社会的生态逻辑，而是掉入逐利的发展"陷阱"难以自拔。

　　随着城市规划和土地管理制度的完善，土地性质的改变受到了严格的监管，地方政府不得不将注意力再次转向了城中村。为了发掘城中村的"价值"，一些地方政府往往会鼓吹城中村的危害与负面作用，城中村就在这种"正义"的纲领下被强征、强拆。而后，政府通过提高土地建设容积率再高价卖给开发商，从中获取巨大利益。城中村被刻意"问题化"，这种"误判"在一定程度上破坏了城市的生存与发展结构，破坏了基于不同社会阶层意识形态的平衡，甚至破坏了历史文脉的传承。由于中国实行社会主义公有制，土地不归属任何个人所有，因此只存在土地使用权市场，使得土地权籍变得微妙起来。集体土地所有权和使用权都归集体所有，国家政策规定不得进入市场流通，而集体土地一旦转为国有土地，则所有权收归国有，使用权可以进入市场流通。[1]如此一来，便同时存在国有土地和农村集体所有土地两个市场的二元结构，政府独自扮演土地要素征收市场和土地要素出让市场的纽带。土地利益分配权利不平等的问题被既得利益方刻意回避了，以至于数十年来地方政府对土地城市化的重视度远大于人口城市化。

由此可见，城中村改造要转化为城市化发展的正向作用就必须从产权问题入手，让土地利益与土地权属相对等，让土地权属与市场分配机制相匹配，只有这样才能避免利益既得者对土地利用的随意性，才能保护社会的公共利益与城中村改造的目标价值。

当城中村经过拆迁重建或规划改造后，在形象、功能等方

---

1 注：2018年第十三届全国人民代表大会常务委员会对《土地承包法》进行修改，农村土地承包后，土地所有权性质不变，承包地不得买卖，但承包方可以保留土地承包权，流转土地经营权，由他人经营。

面基本与城市的整体定位及布局相匹配时，便进入了"后城中村"时期。与此同时，经过改造后，原住民与外来人口由于生活成本的上升而导致生活形态发生改变，从而社会生产要素也发生变化。由于这些改造大都只注重物质层面，忽略了意识形态的维系与提升，因此给"后城中村"的治理带来难度。尤其在法治观念、情感交流、空间结构等方面出现了种种矛盾。首先，打破了面对面的情感交流，人与人之间情感的淡漠让邻里关系时代从此终结。拆迁过程中利益分配不均及拆迁过程中的野蛮执法等多重叠加问题使得城中村治理难度远大于城市社区。其次，改造缺乏目标导向和长远规划。城市建设要求土地节约、集约利用，其手段是增加建筑高度和建筑密度，城中村也是这样。在获得相同容积率的条件下，与多层高密度的形态相比，高层高密度的形态更有效利用了城市的立体空间，能够节省大量的地面空间，但是我们看到的改造结果往往是一座座高楼林立的"水泥森林"。那些密集的建筑阻碍了"风走廊"，热集聚效应显著；二氧化碳及工业废气得不到有效疏散，居民的良好生活环境难以保障。

城中村的价值与使命

从部分地方政府的角度来理解，"消灭"城中村可以实现两大目标：一是可以解除城中村带来的各种安全隐患，减少管理风险，降低管理成本；二是可以把城中村这块蛋糕转让给开发商实现经济利益与形象政绩。所以，无论从哪一点出发，地方政府都更倾向把城中村一拆了之。

而城市的利益既得者，或者说城市的精英们对城中村的偏见主要有两点：一是城中村的形象影响了城市利益既得者或精英们的自我优越感，对他们享用公共资源与资产增值带来了负面影响；其二，不确定的社会治安风险影响到城市精英们的安全感。所以，一些城市利益既得者或城市精英们并不希望城中村在他们眼皮下存在。但是，他们并没有想到社会与经济相互作用的关系。倘若没有城中村，城市服务者的生活成本就会上涨，劳动成本会随之上升，由此带来的消费成本与用工成本也会增加，城市居民的生活品质也会随之下降。对于政府来说，在廉租房、公租房的供应量不足的情况下，集中取缔城中村将面临人口外流、城市综合成本上升、城市的集聚能力下降等问题，消费降级也随之而来。

以浙江省温州市为例，政府一方面要求地方产业转型升级，另一方面鼓励民间金融向"华尔街"模式发展。在地方政府的引导下，温州逐渐从传统的"小商品带动大市场"的发展模式退出，全面转向金融投资的发展模式。上百万从事传统制造业的外来人员离开了他们生活了几十年的温州，转向了浙江慈溪、江苏无锡等地，成就了慈溪、无锡、常州等地的经济。而温州却成为一个老年化、空心化的城市，失去了过去的发展活力与集聚魅力。

相比之下，浙江省宁波市就比较稳健，以宁波市慈溪市为例，慈溪市在多次经济风波中能熬过来，主要是依靠数十万外来劳动者与其共进退。当外贸行情好的时候，慈溪商户就会加大生产，外来劳动者也会日夜赶工，提高商品的出厂效率。当外贸行情不好的时候，慈溪商户就会减产或停工，外来劳动者要么返回老家，要么就地做点小生意糊口。等商户再开工的时候，依然可以召集他们回厂生产。这种计件、计时的雇佣关系数十年来从未改变，甚至比依靠养老保险、公积金建立起来的雇佣关系更为忠诚。

　　他们为什么有这么默契的合作关系呢？一方面，慈溪小企业与外来务工人员已达成一种默契，赚钱的时候大家赚，不赚钱的时候自谋出路，所以慈溪的外来务工人员碰上效益好的时候一天收入能到500—1000元，按全年工作时间计算，总收入远高于普通工薪阶层，所以他们便接受了这种工作习惯；另一方面，慈溪地方政府在城市改造过程中保留了大部分城中村，数十万外来务工人员依然可以享受低廉的生活成本。在这种特有的社会形态与生产方式下，慈溪经济的抗风险能力得到了提高。

　　从理论上讲，这是集聚效应与社会分工的结果。一座城市构成集聚能力的要素有很多，但最根本的便是生活成本与机会成本。生活成本决定了集聚的基础，机会成本决定了社会分工的条件。城市是先有集聚，然后才有分工。城市劳动人口技术分工越细，说明城市的产业结构就越合理，城市的可持续增长能力就越强。马克思和恩格斯在城市起源问题上一贯坚持"社会分工的决定性作用"的观点，"分工的进一步扩大表现为商业和生产的分离，这种分离是从历史上保存下来的城市里继承下来的，并很快就在新兴的城市中出现了。……城市彼此发生了联系，新的劳动工具从一座城市运往另一座城市，生产和商业间的分工随即引起了各城市间在生产上的新的分工，在每一座城市都有自己的特殊的工业部门占着优势。最初的地域局限性开始逐渐消失"[1]。城市的分工专业化水平，是决定一座城市命运的关键因素。而城市的分工专业化水平取决于城市的集聚能力。中国改革开放 40 年，经济的高速增长得益于大量的农村人口向城市集聚，而奠定集聚条件的一个因素便是城市的生活成本。数十年来城中村为中国流动人口提供了低廉的居住机会，这种机会传导在企业的生产成本与发展的各种要素上，从而为中国经济高速发展提供了动力。

从现实来说，城中村的存在与城市发展水平是相匹配的。如果城市的发展水平到了能给外来人口提供廉价住房的时候，那么城中村自然便会退出历史舞台。如果城市没有能力承载外来人口的居住条件，那么城中村的存在是必然的。简单地"消灭"城中村必然会导致城市集聚能力衰退，即便这个城市聚满了精英与富人，清洁工与快递员依然是不可或缺的，这是城市的分工。从经济学角度来看，城市劳动力的分工与协作不仅能提高生产力，而且还可以创造生产力，扩大消费市场。这也是当前中国传统经济向新经济转型的基础保障。因此，城中村的改造与存续必须依据城市的发展条件而确定。

---

1 ［德］卡尔·马克思：《马克思恩格斯全集》第 3 卷，中共中央马克思恩格斯列宁斯大林著作编译局，北京：人民出版社，1979 年，第 60 页。

中国"城中村"与国外"贫民窟"

许多人担忧中国的"城中村"会演变为国外的"贫民窟"，引发一系列社会问题。那么，"城中村"是否会变成"贫民窟"呢？

答案显然是否定的。"贫民窟"是一种负面的社会形态，是资本主义国家阶级过度分化导致的社会分配失衡产物。贫民窟的问题从19世纪开始一直困扰西方国家长达一个多世纪，西方学者对贫民窟的阐释有几个特殊的关键词，即slums（贫困人口集聚地）、the back slums（低于标准住房的特困人群）、rookery（破旧、廉价的居所）、skid row（失业者、酒徒聚集肮脏区域）、squatters（擅自占住空房的人或在无主土地上定居的人）。贫民窟的表现形式一般是非法、无序、流动性的，是吸毒、嫖娼、偷盗、抢劫等社会犯罪的沃土，是社会职能缺失与经济增长失效的集中表现。不同国家的文化、经济、制度导致"贫民窟"形成的机理存在较大的差异。

以南亚国家印度为例，印度贫民窟形成的根源是3000多年来"种姓制度"导致的社会等级分化。这种制度虽然在1947年印度独立以后被废除，但留下的思想观念根深蒂固地笼罩在印度的社会体系之上。在意识形态的引领下，印度的分配制度与商业制度都倾向权贵组织，从而导致严重的贫富差距。这种贫富差距不仅体现在物质基础上，还蔓延到教育、健康等领域，导致印度难以摆脱贫民窟的包袱，被称为世界上最绝望的"贫民窟"。

而巴西与墨西哥的"贫民窟"比较特殊。巴西是世界上农业最发达的国家之一，4%的农民可以养活96%的人口。这样一个国家却依然有着世界"瞩目"的贫民窟。究其原因却让人大跌眼镜，因为巴西"贫民窟"的形成竟然与城市化发展过快有关。20世纪50年代，巴西掀起了全国性的城市化发展热潮，加快城市化发展成为巴西治国理念。巴西1950年城市化率仅为36.2%，到了1980年城市化率竟然高达67.6%，仅用了30年就完成了发达国家需要100年才完成的城市化进程，这个速度远远超过了中国。但是，城市化率并没有提升巴西的GDP。发达国家人均GDP在同一时期增长了2.5倍，而巴西只增长了0.6倍，这与城市化率增长的速度严重不匹配。因此巴西成为世界上唯一高城市化率的"贫民窟"生产国。另外墨西哥作为拉丁美洲经济发展水平最高的国家之一，同样"制造"了不少世界著名的"贫民窟"。2005年，墨西哥约有42%的城市人口还处于贫困状态，有11%的人口处于极端贫困，居住在城市"贫民窟"中的人口高达1470万人，约占城市总人口的20%。墨西哥贫富差距严重的原因是有失公平的社会制度。墨西哥自从二战以后就没有解决过分配问题，二次分配的制度远远落后于其他发展中国家，所以贫富差距不但没有减少，而且受马太效应的影响不断扩大，这导致了墨西哥"贫民窟"根深蒂固。

国外的"贫民窟"形成机理源于制度、文化、经济失调引发的社会问题。这与中国"城中村"形成有着天壤之别。中国"城中村"是改革开放后，农业劳动力向工业劳动力快速转移所导致的。从空间结构来看，城市发展割裂了城市原有版图，导致传统的村庄被城市包围，从而形成配套不全、建设滞后的"真空"地带，与现代城市格格不入。城中村居住成本低，集聚了大量外来人口，这给城市治理带来了挑战。从社会结构来看，城中村的形成也受"乡土文化"的传导，中国农村社会是"人情社会"，外来人口进入城市一般会根据地域文化的趋同结伴而居，比如深圳的"河南村"，慈溪的"江西村"等。

"城中村"与"贫民窟"之间的共性主要体现在城市快速发展中，因成本或地域文化的影响形成的自发性集聚，这些集聚受规划、配套、建筑先天不足的影响，导致公共安全与社会治理存在隐患。无论是城中村还是贫民窟，其本质是政府供房不足导致的社会现象。城市中弱势群体的规模和增长速度决定了"城中村"和"贫民窟"的需求与价值。

中国"城中村"与国外"贫民窟"有本质上的区别，国外的贫民窟涉及种族矛盾、宗教矛盾等问题，具有严重的社会安全隐患。同时，国外的贫民窟主要是丧失劳动能力或劳动积极性不高群体的聚集。中国城中村恰恰相反，是拥有梦想的年轻人与积极"出售"劳动力群体的聚集地。以深圳为例，深圳500多万人住在城中村，占常住人口的50%左右，这些人为工业企业与服务企业提供了充足的劳动力与相对合理的劳动成本。深圳正是因为拥有这些资源要素才在改革开放的数十年里持续高速发展。深圳由于集聚带来的各种溢出价值成为年轻人的逐梦之地。

深圳曾在城中村改造过程中走了不少弯路，导致第一代制造企业由于用工成本持续上涨而纷纷撤离。后来由于华为、富士康等企业数十万员工对生活成本的担忧发出呐喊，最终深圳市政府听取了民生意见，选择了理性回归，通过科学有效的解决方案提升了城中村的使用价值与治理水平，为外来人口创造了过渡性的居住条件。

根据深圳市官方数据，深圳城中村用地总规模约320平方公里，占深圳土地总面积的1/6。深圳城中村租赁住房约占总租赁住房的70%，是租赁市场供应最重要的主体之一。2017年10月，深圳发布了《深圳市人民政府办公厅关于加快培育和发展住房租赁市场的实施意见》，引导城中村通过综合整治开展规模化租赁。同时，为了配合租赁市场的需要，深圳计划推进100万套城中村存量房屋开展规模化租赁业务。2018年11月，深圳市出台了《深圳市城中村（旧村）总体规划（2018—2025）（征求意见稿）》，明确了保留城市发展弹性，在特定的时间内保留一定比例的城中村。

相比之下，中国还有一些城市正高调地宣布"消灭"城中村计划。如果城市发展能够有效地解决外来人口住房问题，那么城中村的消亡也许是社会文明与经济发展进步的表现，如果只是为了土地经济利益与政府面子工程，那么就请等一等，用点时间做一个缓冲，帮助那些为城市默默奉献的外来人群度过艰难的阶段。

城中村的问题在于不能有效治理，一拆了之实际上是一种懒政思维。按理来说，消灭城中村的唯一理由是城市的廉租房、公租房已经与外来就业人口的需求相匹配，否则是不负责任的表现。在子路问政中有这样的记载："子曰：'先之劳之。'请益。曰：'无倦。'"几千年前，孔子就告诫执政者要有担当，要走在百姓前面，永不懈怠地帮助百姓解决问题，而不是转移责任，夸大政绩，对保障性需求视而不见，一拆了之。

以拆代治影响资源合理配置

人是城市发展中最活跃的因素，而人作为城市的缔造者与分享者并不限定于特定的阶层，更不限定于特定的生活方式。只有不同阶层的人与不同生活、工作形态的人共同生活在一座城市，才能构建多元丰富的社会生态。如果在城市化发展中，尤其是城市更新中，通过权力手段强行实现社会活动与生活形态的趋同，就会破坏社会的运行体系，影响城市发展的生态系统。

我们常常会把一些社会问题都归结于人的因素，城市拥堵是因为人口规模较大与居民素质较低；公共资源分配紧张是因为人口过多；社会矛盾引发邻避现象是因为外来文化冲击，几乎所有问题都能在人口数量与质量方面找到原因。因此，就在潜意识里设置了人为的"区隔"。利益既得者似乎都期待给城市设置门槛，以保持利益既得者的优越感与公共资源不被"侵占"。

自古以来，人口的流动受文化、经济、保障等因素影响，而非行政手段。孟母三迁的故事说明人在追求生产与进步过程中偏向适合自己的环境生存是一种本能。所以科学的人口分流必须从产业结构和城市发展要素入手，从城市文化与城市功能配置入手，否则就会顾此失彼。

城中村作为城市进程的见证者与参与者，其贡献与价值被严重低估。城中村往往被视为城市落后的表征，因此"消灭"城中村成为城市发展的目标。这种"一刀切"的做法给城市带来诸多的负面影响。从一些城市的调研结果来看，城中村的"消亡"已经给部分城市带来隐性问题（如图2-1所示）。原来较为廉价的出租房大量消失，租金倍增，居住成本上升导致劳动成本上升，从而引发区域性通胀；居住空间边缘化导致服务效率下降，从而延伸到职业道德问题；人口流失导致产业衰退，影响了经济要素的合理配置与优化组合。毫无疑问，城中村改造只拆不建或只拆不治，最大的受害者是外来人口。

以杭州市为例，截至2017年9月13日，杭州主城区登记的流动人口总量为262.84万人，其中租房者188.82万人，占流动人

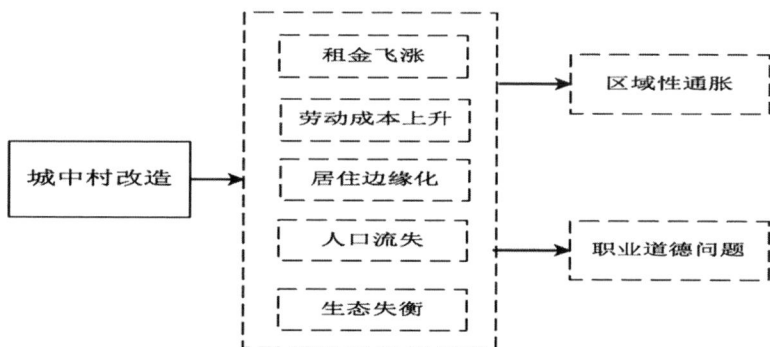

图2-1 城中村改造过程的隐性问题

口总量的71.84%（具体情况见表2-1）。随着杭州城市有机更新与城中村改造的推进，大量外来务工人员居住空间出现了多次转移。

第一次转移是在2000年前后，随着杭州城市的扩张，大量外来人口从黄龙、庆春等生活区向城西与信义坊等区域转移；第二次转移在2007年左右，随着杭州城市框架的拉大，城西片区、钱江新城、滨江区、桥西板块快速发展并趋于成熟，大量从事服务行业的外来人口再次向沈半路、半山板块、九堡板块、仓前板块转移；第三次转移在2012年后，"大杭州"的格局已基本形成，之前的"边缘"区域再次变为"中心区域"，房价、租金不断上涨，外来人口只能再次向余杭区域转移。

受距离与时间的影响，通勤成本和社会成本急速上升，从而导致杭州服务行业的工资暴涨。但是工资涨了，工作效率却不增反降。以杭州市出租车为例，杭州主城区出租车司机约10000人，由于居住空间不断向外转移，交班的地点也越来越远，从而导致一到高峰期就打不到出租车。出租车行业有一个不成文的习惯，司机交接班都必须开到各自的居住地附近进行换班，由于居住地较为偏远，他们来回平均耗时要1.5小时以上，因此城市出租车便出现了"断运"期。服务行业也由于居住空间发生变化而出现成本与效率的矛盾，以前一个保洁人员工资只要1500元，因为交通便利，保洁人员可以同一天内换2到3个场地上班，总收入较高。而由于居住空间外移与成本上升，一位保洁员只能在一个地方上班，因此劳动成本急速上升。但实际上，对于保洁员来说，其收益并没有实质性的增加，因为增长部分都被住房成本与通勤成本吞噬了。

根据浙江工业大学的统计，2017年前，杭州"城中村"改造至少直接影响32.5万外来务工人员的居住、通勤等成本，受到间接影响的外来人员估计在40万人以上。实际上，在2015年之后，受城中村拆迁影响，导致杭州市外来人员被迫向余杭、临平、下沙等副城的第三次转移，其影响规模达到150万人以上。

表2-1 2017年杭州流动人口情况

年份	流动人口（万）	租房人口（万）	其中外来务工（万）
2017	262.84	188.82	32.5

城中村的"消亡"对城市外来人口的影响是 个全国性的问题。城中村拆迁的确提升了城市环境，但对社会管理也并非"一劳永逸"。城中村集中性的"消亡"，对外来人群来说，将面临各方面损失：（1）租赁损失，难以找到低租金住房，同时已付的租金会成为沉没成本；（2）经营损失，在城中村中进行的小规模经营难以为继；（3）社会资本损失，已经形成的熟人社会环境和人脉资源被打破和终止；（4）搜寻成本，寻找新的安置点浪费大量的时间、人力和物力成本；（5）适应成本，找到新的落脚点需重新建立社会关系和适应新环境。[1]

对城中村采取"一刀切"的拆迁改造违背社会生态机理，城

---

1 鲍海君：《城中村改造的人本尺度与福利平衡：基于森的可行能力理论》，《中国土地科学》，2015年第11期。

中村在城市集聚过程中具有明显的社会、经济调节功能。从直观的角度来分析，城中村的存在可以完善城市三大功能。

第一，为城市人口集聚性增长提供住房支撑。城市经济增长离不开集聚效应，而人口集聚最基础的条件便是居住成本。城中村为外来人口提供廉价的居住条件，尤其在政府公共配套不完善的情况下，城中村以类公共产品的角色替代了廉租房、公租房的作用，减轻了政府的公共投入压力。在新经济的环境下，第三产业的发展需要密集型劳动力，劳动力的稳定性决定了服务业的质量与安全。当前，地方政府对于外来人口的住房问题缺乏有效的解决手段，对于中央要求的廉租房、公租房一直是处于供需失衡状态，可以说城中村一定程度上弥补了政府职能的缺位。

第二，城中村为城市化社会演变提供过渡空间。对划入城区的农村而言，特别是二三线城市的城中村为"农村人"向"城市人"的过渡提供了缓冲地带。城中村本身就是一个浓缩的"社会"，这是城市快速发展所产生的"新型社会空间"，是弱势的非农化群体向新型生产力转型的"孵化器"。在这个"孵化器"中，传统文化与新文化进行融合；传统生产力与新技术进行有效转化，传统消费理念与城市消费模式进行转化。这种转化实际上是一个改造过程，无论是从意识形态还是物质条件都需要一个过渡空间。

第三，城中村在特定的历史时期为原村民提供了经济收入。城中村居民的经济收入主要体现在集体分红收入与个人房屋出租收入，为原住民向城市居民转变过程中的适应提供了成本支撑。

综上所述，城市改造不能以拆代治，这是一种懒政的行为，是对城市增长与集聚效应的无知，更是对社会要素与配置关系的漠视，如果不加以重视容易导致增长型衰退，加剧社会矛盾。

土地食利阶层的消亡与复苏

土地食利阶层自古存在。原始社会末期，夏朝启把"公天下"变为"家天下"，中国历史上最大的土地食利阶层便产生了。战国后期，中国进入封建社会，产生了地主阶级和农民阶级两大对立阶级，地主阶级依靠土地的所有权对农民进行剥削。辛亥革命后，孙中山提出"平均地权"，主张用征收地价税和土地增价归公的办法，消除地主从地租及地价增长中获得暴利的可能性，但是后来由于革命果实被窃取，国内陷入军阀割据的局面，"平均地权"政策也就夭折了。因为从现实来看，军阀本身也是土地食利阶层的一员，所以利益集团要推翻自己的既得利益是不可能的。直到新民主主义革命取得胜利，中华人民共和国成立，完成社会主义三大改造，彻底消灭了地主阶级、资本主义工商业，土地食利阶层才被消灭殆尽。

改革开放后，随着城市化的快速推进，土地价值再次被放大。在这期间，由于市场经济的经验与制度的缺位，对土地经济发展的界定始终处于模糊状态，很多问题一直被默认或掩盖，地方政府在发展性需求压力下成为土地食利阶层的助推者。

一些地方政府通过对城中村的拆迁获得土地溢价，既满足了财政的需要又提高了城市的形象。因此，城中村改造成为城市管理者乐此不疲的政事。城中村改造的利益相关者很多，但最为直接的受益者是作为改造主体的政府与土地被征用的居民。从政府层面来分析，通过城中村改造赚取土地差价的同时又收获了美誉度，但是长期对土地经济的依赖就会演变为"食利者"，从而影响政府公信力、刺激房价上涨等。

从物权法的角度来理解，政府征收居民的住房或土地，人民根据市场的价格获得自身的利益并没有错，但是政府采用的补偿办法过于单一，从而演变成简单且粗暴的利益"分红"模式。那么，究竟谁来为此买单呢？当然是生活在这个城市的弱势群体或低收入的人群为此买单（如图2-2所示）。比如房价的暴涨在一定程度上是地方政府对拆迁户的货币补偿导致的。拆迁户拿到巨额的拆迁补偿款后一般不会流入工业产业，更不会流入第一产业，而是直接进入住房市场，从而不断推高房价。

作为食利阶层的代表，拆迁户让很多社会学者产生了忧虑。在货币补贴、安置补贴、集体资产收益等多重福利下，很多拆迁

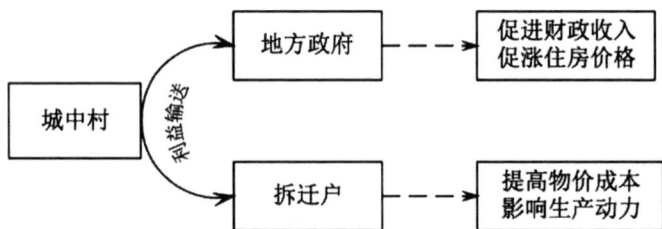

图2-2 城中村的利益输送逻辑

户实现了从"农民"到"居民"的身份转变，却因此丧失了对劳动与创新的内生动力。同时，拉大了城市的贫富差距，割裂了社会的价值体系。

中国拆迁补偿主要依据《国有土地上房屋征收与补偿条例》的规定给予的补偿。补偿模式主要分为货币补偿与房屋产权调换补偿两种。

理论上货币补偿是第三方专业评估机构对被拆迁房屋进行专业的估价，生成有据可循、多元组成的补偿金额。但在实际操作过程中，第三方评估机构往往由政府部门单位邀请，在估值价格上有较大的弹性。所以就导致这些年来，因拆迁补偿标准引起纠纷不断。第二种模式是产权置换模式，或称为产权调换，通过对被拆迁人房屋的产权价值进行评估，再以新建房屋的产权予以价值的等价置换。其中存在两个问题，其一被拆迁人住房面积存在较大争议。被拆迁人的房屋产权一般分为两种，一种是自建房，住房面积没有经过合法登记，为后续的补偿面积带来较大的争议；另一种是房改房或福利房，与现在住房相比，早期的建房得房率高于现在商品房的20%。比如早期60平方米的房子，相当于现在房子80多平方米的空间，如果按早期产权登记面积补贴，被拆迁方显然是吃亏的人。因此，地方政府在面积置换上基本按1∶1.2—1∶1.5的比例进行置换。其二是房屋置换位置存在区域优劣矛盾。虽然拆迁有原地安置的情况，但是由于公建项目无法实现原地安置的就会出现较大的争议。地处城市中心位置的拆迁户自然不愿意去相对较偏的区域居住，其物业的价值也会产生一定的差距。所以，城市改造的拆迁补偿机制还需要完善，应该参照国外的模式，结合社会保障制度与再教育制度来推行。

城中村拆迁出现了两极分化的现象，经济发达的地区造就了无数的食利"富豪"，经济欠发达的地区却造就了无数吃亏上访的农民。据每日经济新闻，深圳岗厦片区改造堪称目前中国最大的"城中村"改造项目。在其拆迁的过程中，岗厦村的改造创造了一个令人难以置信的"神话"。在房屋拆迁的一夜之间，500多栋楼房的主人集体跨入千万甚至亿万富豪行列。另据南方都市报《五百岗厦旧楼倒下去　十个亿万富翁站起来》，岗厦原住民中的亿万家族或有20多个，而个人资产过亿的或接近10个。中国社科院专家对南方城市的城中村改造调研后写道："收收租金、玩玩鸟、打打麻将、聊聊闲天、看看光景。"但是，这些食利阶层也有风险，一个长期依赖于农业生产或房屋出租收入来源的家庭，虽然通过拆迁获得巨额的补偿，但是随着物价上涨或投资失误，几年以后沦为城市的贫民不是没有可能。届时无土地、无保障、无固定工作、无一技之长的农民与拆二代将让城市的治理更为棘手。

要控制土地食利阶层的蔓延必须从两端进行改革。首先，必须控制地方政府对土地财政的依赖。城市更新必须切合实际，不能以盘剥土地差价为目的，更不能为了满足土地财政的需要与拆迁户达成利益的妥协，当这种隐形的利益关系形成以后势必影响经济的健康发展，损害百姓的利益。城市改造必须以人本主义为目的，以切合实际的经济增长为动力，兼顾社会与经济的双重效益才能实现改造的真正意义。另外，对土地收储制度、补偿标准、产权关系需要进一步完善，避免法律边界不清、浑水摸鱼的现象发生。地方政府通过改造所增加的综合收益，收入必须兼顾安置房与廉租房的建设，实现城市改造利益共享的机制。

城市商业布局的合理性

一般认为城市商业与生活配套都是由市场自我调配的，但自由市场有时候也会出现失灵现象。

当前的房地产市场与城市商业，都面临市场失灵的窘境，因此政府必须利用有形之手进行调节。但是，非常吊诡的是，在实际操作中房地产市场越调越涨，街区商业越发展越艰难，难道说政府调节也失灵了吗？当然不是。那是因为有些地方政府扮演的角色是多面的：既是市场的调节人，也是市场的竞争者；既是市场的创造者，又是市场的需求者，错综复杂的角色导致市场出现了背离商业逻辑的情况。

当前，大部分城市改造都基于利益最大化考虑，比如政府如何把土地高价拍卖给开发商；村集体如何从政府获得资源实现集体利益最大化；村级留用地项目如何通过规划实现商业规模最大化，实现更多收益等。城市就如一块蛋糕，在多方利益的博弈下被切成"碎片"，每一方利益集团都希望借助土地资源获得更大的价值。所以就出现了同业竞争的现象，其中商业综合体便是一个典型案例。

根据联商网零售研究中心发布的《2020中国购物中心拓展研究报告》数据：2014年到2019年之间，购物中心总数一直由每年超500家的增量呈逐年增长态势，2019年，中国购物中心存量接近7000家。据不完全统计，仅2020年全国商场计划开业数量超过1000座，但受商业竞争与新冠疫情影响，预计开业率将不足50%。商业综合体一直被视为城市物质文明与经济实力的标志，然而"满城尽是综合体"的时代必然出现结构性过剩的现象。从2019年中国典型城市购物中心数量来看，上海市为中国典型城市购物中心数量最多的城市，数量达到144个。其次是北京市和重庆市，它们的购物中心数量分别为119个和108个。杭州市在2008年首次提出了建设100个多功能城市综合体的计划，时至2019年，这一计划已基本完成。仅2019年杭州开业的综合体项目就接近30个，而重庆在2019年开业的综合体更是超过40个。

繁荣的背后往往隐藏着萧条，综合体的生存成为困扰城市发展的严重问题。一方面受电商异军突起的强势冲击，另一方面是同质化竞争加剧内耗。以杭州为例，杭州近百个综合体项目中，属于城中村改造的项目就不少于30个，目前不少综合体出现了建好就闲置，或者开业就面临经营困难的现象。这种现状不仅给城中村改造带来要素资源的错配，而且影响了整个区域的商业市场。

城市综合体同质化竞争导致的经营困难现象，是由于宏观统筹上出了问题。区与区之间，街道与街道之间为了满足经济发展的需要而相互攀比，盲目竞争。因此，把城市商业与公建配套的规划直接纳入市一级政府统筹管理是非常必要的。在设计立项阶段可以考虑由市级政府组织的专业会议讨论通过，而不能任由街道或辖区政府逐利性规划，否则难免会出现资源配置的失误与浪费，加剧市场的恶性竞争，扰乱城市的商业结构。

商业资产作为城市改造的配套产品不仅要满足各方利益的平衡，而且要符合区域的实际需求。商业资产不一定要集中在购物中心的建设，可以另辟蹊径，寻找更科学的产业模式，比如医疗、教育、公租房等虽然是属于非营利性投入，却是城市居民最受益的需求，同时也能缓解政府公共配套不足的压力。地方政府应该鼓励商业用地进入保障型项目，这样不仅能解决政府公共配套的短板，还能避免同质化竞争，开辟新的商业模式。政府应该引导商业规划的差异化定位，避免重复建设。在一些发达国家的城市发展中，城市商业规划被纳入城市发展战略，甚至是法律框架。因为他们认为，城市商业规划是关乎城市整体经济发展与人民生活水平的重要决策。

法国是现代商业的鼻祖，早在 1810 年法国就制定了《商法典》，1973 年法国又颁布了《鲁瓦耶法》，20 世纪末又出台了《拉法兰法》，法国对商业的严谨程度超过了世界上的其他国家。该法律已经细化到商业规划内容和严格的审批程序。尤其对商业体的建设控制非常严格，必须按照城市的规划建设，不得随意修改，更不存在地方政府根据自己的偏好而随意建设。在法国审批商业体建设有专门的机构，该机构是由国家和省级商业规划委员联合负责审批，商业规划委员会的人员由国家财政经济工业部直接任命。各省任命的地方商业规划委员必须由国家委员会统一管理。在商业规划中，无论新建与扩建项目，只要商业面积超过300平米的商业项目，都必须由政府严格审核。其审核的标准主要依据三大指标：其一是人口结构，对人口数量与流动特征进行认真分析，通过对现有商业规模、住宅规模进行对比，得出科学的可行性方案才考虑是否增加新的商业点；其二是分析商业发展对就业的影响，对同业竞争带来的失业后果进行评估，坚决反对恶性竞争；其三是计算商业经营的种类，以消费产业链补充为主要参考目标，以满足商业集聚效应的需要为出发点。

在中国的城市化发展中，由于经验不足及盲目逐利，商业规划在改革开放初期出现了无序化现象。到了2010年后，一些城市依然延续了规模优先的发展理念，对商业与人的关系、商业与社会的关系、商业与商业的关系、商业与城市的关系等考虑较少，更多考虑的是利益关系。这就导致商业恶性竞争，城市商业结构性失衡，以至于影响到区域经济的发展。目前，中国一线城市与部分二线城市的商业网点出现了严重的结构性失衡，三线城市还处于发展阶段，所以为了避免再次出现规划的乱象，破坏良性的商业秩序，地方政府必须要高度重视，强化城市整体功能布局。

城市建设是一项长期而艰巨的使命，而城市规划作为一项关乎城市命运的纲要，必须慎重。一方面要学习国外发达国家的先进经验与教训，实现中国城市规划功能布局的合理化发展；另一方面要坚持以人为本的基本理念，在强化城市功能布局的同时也要实现城市有限空间的合理利用。城市规划的功能布局必须创造适宜的空间，让人真正能感受到城市功能布局所带来的便利。

第3章　城市改造与形象工程

　　"形象"是什么？其在《现代汉语词典》中被解释为"能引起人的思想或感情活动的具体形状或姿态"。由此可见，形象是人对目标价值的一种评判要素，也是一种竞争力。形象工程原本是一个中性词，是部门单位为了改变生活环境、投资环境、人文环境而采取的一种公共策略。这种策略是建立在"公"与"共"的基础上的，首先是以大众利益为本，顺应民意为"公"，为大众利益而发起的活动或投资是为公之道；其次是以科学论证、民主决策、共同监督为导向的发展机制。建立在科学民主决策机制上的"形象工程"无论对地方经济建设，还是大众的利益都能起到积极作用。相反，如果离开"公"与"共"这两点，那么形象工程就要被打上引号，因为它已经走向大众意志的对立面。然而，很多决策者为了个人或小组织的利益，不顾人民群众与区域要素的实际情况，不惜搞"政绩工程""面子工程"，最终偏离了形象工程的初衷。在近年来中国城市化发展进程中，这种脱离人民实际意愿与需要的"形象工程"遍地开花，以至于正面的、积极的"形象工程"被蒙上了贬义的色彩。

　　习近平曾在《学习时报》撰文指出，部分领导追求表面政绩，搞华而不实、劳民伤财的"形象工程"，一些地方和单位"文山会海"屡禁不止，这些行为严重损害党和政府的威信，影响工作实效，亟待纠正。习近平特别指出，这些形式主义的东西有一个共同特征，就是重形式轻内容，重口号轻行动，重数量轻质量，重眼前轻长远。习近平反复强调"要求真务实，真抓实干，做工作自觉从人民利益出发，决不能为了树立个人形象，搞华而不实、劳民伤财的'形象工程''政绩工程'"。在《关于新形势下党内政治生活的若干准则》规定，"对一切搞劳民伤财的'形象工程'和'政绩工程'的行为，要严肃问责追责，依法处理"。

自 1949 年以来，"形象工程"都被视为治国理政之大忌。"形象工程"为何让国家如此警惕呢？因为五千年来的中华文明用血泪与智慧给我们做出了诠释。

帝国的崩塌

大业十四年（618 年）春，隋炀帝杨广在江都被杀。随后隋朝灭亡，李渊登基称帝。一个历史上无论从军事力量还是经济力量都足以碾压当时罗马帝国的"大隋帝国"却在隋炀帝即位后的短短十余年时间走向了终结。史书《贞观政要卷八·辩兴亡》记载"计天下储积，得供五六十年"。可见当时隋朝有多么强盛，遗憾的是杨广却在巨大的权力与虚荣心下违背人民意愿，滥用民力，穷奢极欲，最终导致隋朝崩溃覆灭。

如果说大业五年（609 年）隋炀帝不惜代价利诱曲伯雅、吐屯设以及西域二十七国来朝、举行"万国博览会"是地缘政治的需要，那么在此前后一场比一场浩大的形象工程无疑充斥着个人对功利的贪慕。建东都、凿运河、筑长城、开驰道，在形象工程建设方面不惜下血本。虽然这些形象工程都与利民有一定的关系，但不自量力、好大喜功的激进行为给国家与百姓造成了无可挽回的损失。

史学家胡如雷先生曾经做过一项估算，从仁寿四年（604年）隋炀帝即位，到大业八年（612年）第一次东征高句丽，在这八年的时间里，隋王朝一共启动了22项重大工程，总共动用人力达3000多万人次。[1]请注意，当时隋朝的全国人口规模不到5000万人。也就是说，仅八年时间隋炀帝就征用了3000多万人口参与"国家工程"的建设，平均每年征用400万劳动力，约占总人口的十分之一。转换到有效劳动力的比例，这个数字几乎是全国男性劳动力的总数。

可想而知，当时的华夏大地就是一个巨大的工地与残酷的战场。强者征战，弱者刨土，贵族们站在高处静观云起云落。东征高句丽的挫败与军事力量的转移，加速了国内矛盾的蔓延。当孤独的隋炀帝与痛苦的百姓之间形成了不可逆转的矛盾后，贵族们摇身一变成为"救世主"。腹背受敌的隋炀帝在第三次东征后的短短四年内就丢了他那颗高贵的头颅。

纵观历史长河，从古至今，国家层面的公共政策出发点多数

1　宗承灏：《隋炀帝是如何被政绩工程拖垮的》，《人民论坛》，2012年第7期。

是为了国家社会的公共利益，但是由于制度的缺陷与集权者个人意识形态的变化，往往会导致政策偏移原定目标而走向反面。隋炀帝人生的前半段，继承了其父亲隋文帝杨坚的"开皇之治"；可后半生却因急于成就自己的"圣王之业"，而不切合实际地大兴土木，挥霍国力，最终导致不可逆转的灭亡境地。

当然，早在隋炀帝之前，秦始皇也是个形象工程"操盘手"，他晚年主持修建规模空前的阿房宫便是一个案例。据史料记载，阿房宫前殿修建于阿房村，东西五百步，南北五十丈，即可坐万人。经考古人员的研究发现，这座宫殿实际并没有完工，声名赫赫的阿房宫不过是个"烂尾楼"。在"形象工程"的蔓延下，大秦帝国国力日渐衰退，民怨剧增，公元前207年，大秦帝国灭亡。

无论是大秦帝国还是大隋帝国，都因为透支国力与社会资源而导致民怨剧增。隋炀帝把国家资源全部投入周期漫长的"形象工程"中，这种超量的劳动力与财力供给，严重破坏了社会生产结构，使国家在资源配置方面的社会成本与管理成本大幅提高，以至于失控。同时，浮夸之风扭曲了贵族阶层的价值观念，给老百姓带来了巨大的损失，导致公信力丧失与社会情感的分化。最终在权力部门各自为政的助推下，一个帝国就这样轰然坍塌了。

巴黎的繁华与第二帝国的灾难

奥斯曼（Haussmann），一个与法国历史无法割裂的人物。巴黎的大街小巷、林荫步道，处处烙下了这位传奇人物的印记。有人说他是巴黎城市的毁灭者，也有人说他是巴黎城市的缔造者，一生毁誉参半。但有一点可以肯定，他缔造的巴黎之城一砖一瓦都被今天的法国政府永久性保护。正是因为奥斯曼对现代巴黎的缔造，才使后来的巴黎成为文化与艺术的聚集地，成为充满现代都市魅力的浪漫之都。

中国人宣称黄山归来不看山，法国人则宣称巴黎归来不看街。巴黎为什么会有如此底气呢？打开地图就会明白，卢浮宫、凯旋门、埃菲尔铁塔等壮丽的建筑彰显了这座城市的优雅气质；奥斯曼大道、香榭丽舍大道、圣日耳曼大道，以及雨果经常打发时光的咖啡馆或巴尔扎克曾经躲避债主的小巷构成了这座城市的骨架与血脉。秩序与和谐是整个巴黎的基调，是优雅和浪漫之都的底色。巴黎分为大大小小的20个区，约有5500条街道，石材砌造的房屋呈现统一的灰色情调。巴黎的建筑沿着街道整齐划一，对建筑功能、建筑高度、建筑体量、建筑退线以及建筑风格、材料、颜色、开窗形式等都有严格限定。可以说，建筑界定了街道，划分了空间，满足了现代城市的发展需求。

这座浪漫与古典相结合的城市正是一个半世纪前来自奥斯曼的杰作。然而美好的东西总给人带来好处，痛苦的记忆却能演变成灾难。1870年，历经十七年巴黎大改造的奥斯曼遭到免职。

拿破仑三世是一位野心勃勃的皇帝，他是给卢浮宫投资最多的"建筑人"，5年内兴建的建筑比他的前辈们在700年内修建的还要多。但拿破仑三世没有想到，他找来的这位奥斯曼男爵比他野心更大。据说，当时设计师把巴黎道路设计图交给奥斯曼的时候，他不屑一顾地说："还不够，怎么只有 40 米宽，我要的是 120 米，把道路两边的绿化带和人行道也设计进去。"巴黎在拿破仑三世的雄心与奥斯曼一流的执行力下掀起了轰轰烈烈的城市大改造。

拿破仑三世拿起一张巴黎地图，画了几条线，然后交给了奥斯曼让他放手去做，这些线条后来被称为"巴黎大十字"。在密集的旧市区，有 2 万多栋中世纪建筑被拆毁，与此同时有 3 万多座新建筑拔地而起。巴黎的改造可以说是史上最奢侈的一次"形象工程"，一系列的工程花费了大约 25 亿法郎。后来有史学家把这个数字转换成纽约的财政支出，相当于纽约市 1955 年到 1966 年财政支出的 44 倍。奥斯曼不仅是城市建设的高手，更是城市运营与金融运作的高手，25 亿法郎的支出中，政府只支出了 1 亿法郎，其余都是通过土地运作与私人基金贷款获得。但是事情总是两面性的，政府支出少意味着转移了支付，一部分是通过房地产价格上涨让中产阶级与贵族买单；另一部分是通过负债来实现。当时巴黎的老百姓无力承担暴涨的房价，纷纷转移到城市的郊区生活，而大量富人与贵族纷纷迁入巴黎成为城市的新主人。即便如此，随着工程支出与城市维护成本开销越来越大，奥斯曼与拿破仑三世再也没办法筹集到资金了，法国的经济由于产业结构性失衡而日渐衰退。

在国内矛盾日益加剧、谴责日益激烈的情况下，拿破仑三世做出了丢车保帅的决定，以巴黎城市改造超预算的名义免掉了奥斯曼的省长职务。为了转移国内矛盾与经济危机，他在几个月后错误地发动了"普法战争"。史学家们对于拿破仑三世发动"普法战争"的动机各有说法，但不可否认转移国内高负债带来的各种矛盾这一动机依然是主要因素。"普法战争"最终以普鲁士大获全胜，拿破仑三世被俘告终。1871年1月18日，普鲁士国王威廉一世在法国凡尔赛宫加冕为皇帝，成立了德意志帝国。这次战争使普鲁士王国完成了德意志统一，取代了法国在欧洲大陆的霸主地位。而那些被拿破仑三世迎进巴黎的贵族及资产阶级们为了保全自己的利益，纷纷向德意志帝国屈服，并签署了停战合约。不到两年时间拿破仑三世病逝，拿破仑帝国从此退出了历史舞台。

奥斯曼的巴黎大改造已经过去一个半世纪，尽管一百多年来争议不止，但巴黎还是那个巴黎，一个让无数人向往的城市，城市建设的典范。那么，为什么拿破仑三世与奥斯曼为巴黎做出如此贡献却遭受世人的攻讦和批评呢？德国学者本雅明把巴黎改造视为"一场巨大的投机繁荣"；雨果对拿破仑三世的攻击更是尖刻，在他的笔下拿破仑三世是"暴君""骗子""土匪"或"披着虎皮的猴子"；勒德律·罗兰给予的评价是"低能儿"；俾斯麦认为他是"枭雄"；苏联史学界称拿破仑三世是"政治冒险家""暴发户"或"一小撮政治冒险者的头目"。这些评价多是基于特定历史背景与社会阶层角度而提出。毫无疑问，从今天的巴黎城市来看，拿破仑三世的魄力与奥斯曼的才华应该被世人称赞。那么在150多年前的法国究竟发生了什么？当时的时代背景与巴黎大改造之间的逻辑究竟隐藏了什么？这是值得人深思与探讨的。

拿破仑下定决心对巴黎城市改造的理由表面上看是因为大

量人口涌入巴黎城，导致城市拥挤不堪。另外，脏乱的环境以及
流行病让巴黎陷入了治理的困境，所以必须对巴黎要进行一场彻
底的改造与扩建。事实上，拿破仑三世与奥斯曼忽略了三个重要
问题：

其一，法国人爆发式地涌入巴黎的深层原因。19世纪中叶，
法国进城农民越来越多，而且在城镇长期定居下来，如1851—
1856年每年离开农村迁到城镇的居民数量被估算为13.5万人，而
巴黎地区更是吸收了全部迁入城镇人口数量的45%[1]。这种现象
一方面是区域发展不平衡导致的，另一方是产业结构失衡导致
的。19世纪的法国就像一辆飞驰的列车，工业革命的浪潮培育一
批又一批的资本家，城市成为无数农村人的创富基地。加上法国
的铁路网络是以巴黎为中心的"米"字形设计，导致人口与产业
随着铁路的导向而流入巴黎。在这一点上德国更为明智，德国铁
路网络布局是"蜘蛛网"型设计，纵横交错有序分布，合理平衡
了区域交通要素，化解了中心化发展的压力。另外从产业结构来
看，工业至上的理念导致农业生产部门严重向工业部门倾斜，再
加上高速的城市化发展让大批农民失去了在农村生活的来源，被
迫涌向城市谋求生存与发展。"19世纪前50年，法国城市人口增
加了350万……但从19世纪50年代开始，乡村人口的城迁突然
加速……于1860年左右达到高潮。"[2]事实上，即便巴黎城市规模

1　[英]彼得·马赛厄斯、M.M.波斯坦主编：《剑桥欧洲经济史》第7卷（上），
北京：经济科学出版社，2004年，第317页。

2　沈坚：《近代法国工业化新论》，北京：中国社会科学出版社，1999年，第
245页。

扩大数倍也难以满足整个法国农村人口的进城需求。只有在产业结构与空间布局上作合理的调整才能避免极端化的"马太效应"。后来事实证明，法国工业部门过于依赖基础建设，导致农业产品与工业产品严重不足。同时资本投入无限制的基础建设中，导致回报率过低，因此出现严重的资本外流现象。拿破仑三世在位期间通过房地产扩张与铁路建设促进了经济的繁荣。据统计房地产占全部固定资产投资的比例达71%，由于前期的存量叠加，到了1883年，巴黎每年出现了7万—9万套闲置房屋，占总数的10%。到了第三共和国时期，建筑行业的投资回报率不足1%，租金下降了30%以上，法国出现了经济长期停滞，直到1913年之后房屋的存量才逐步释放。然而，此时法国经济与德国经济相比已经是一落千丈。

其二，城市改造规模与政府财力的匹配性问题。用超前的眼光、思维看待问题没有毛病，但是须结合自身的实力与发展禀赋综合考量，否则将导致资源的巨大浪费与社会阶层分配不公。一座城市的集聚能力一般由空间、人口、经济等要素构成。各要素相辅相成，失去任何一个要素都将失去平衡，从而给城市的可持续发展埋下潜在危机。

奥斯曼的城市改造主要可分为道路修建和房屋建设两个方面，而首要的就是道路修建，这是巴黎改造中的重头戏。奥斯曼在修路方面不遗余力，巴黎的各种道路总长度在1852年是239英里，到1860年增至261英里，奥斯曼离任时则达到525英里。到1870年，巴黎每五条道路便有一条是奥斯曼修建的；道路也比以前拓宽了许多，从39英尺增至79英尺，扩展了一倍之多。[1]奥斯曼在主干道之外增加了人行道和林荫大道。1859年巴黎的人行道总共只有263英里长，10年以后则增至676英里。在道路两旁种植树木是奥斯曼改善城市环境的重要成果，树木总量从1852年的5万棵增至1869年的9.5万棵。这一举措虽曾被多方指责，据说连拿破仑三世本人也不支持，但奥斯曼坚持了下来，到其离任时巴黎的树木覆盖面积已达到200多英亩。[2]此外，奥斯曼还修建了60万米下水道，修建了27座公共广场和城市公园，还有歌剧院、火车站、政府大楼等建筑，这些建筑都融合了奥斯曼所钟爱的新古典主义风格，被称为奥斯曼式建筑。

但是庞大的工程建设让政府为此花费了25亿法郎。政府虽然通过出让土地获得一些收入，但那些收入相对于庞大的支出是远远不够的。另外受房地产供需市场周期性影响，房价出现了滞涨，租金下跌，因此土地价格也随之下降。而政府债务却不断递增，到了1870年拿破仑三世政府赤字超过1亿法郎，负债超过了10亿法郎。由于政府国债回报率低于3%，国内大量资金从基础建设撤出流向了国外。普法战争失败后，法国又向德国赔款50亿法郎，这金额相当于4倍以上的马关条约赔款。可怜的法国第三共和国政府几乎在一战前都在给拿破仑三世政府还债。假设拿破仑三世在巴黎城市改造中与现实经济结合，不过于放大经济杠

1 朱明：《奥斯曼时期的巴黎城市改造与城市化》，《世界历史》，2011年第3期。

2 ［美］米歇尔·卡莫纳：《奥斯曼及其时代：现代巴黎的打造》（Michel Carmona, Haussmann: His Life and Times, and the Making of Modern Paris），伊万迪出版社，2002年，第397-399页。

杆，就不会把国库挥霍一空，普法战争也许就可以避免了。假如奥斯曼能放眼全国、敬畏历史，就不会局限于个人的新古典主义偏好，也许就能看到国家经济运行的深层问题。其实，巴黎没有超前一百多年的建设依然是巴黎，或许还能给后世保留更大的改造空间。新巴黎城虽好，但用一个政权的覆灭和民族的衰败为代价，实在太不值当。

其三，城市霸权主义对社会的影响。一个城市的繁荣本来是由经济、社会和文化的协同发展成就的。但巴黎城市改造的问题是推倒重来，大量的中世纪建筑与文化被毁于一旦。虽然奥斯曼的新古典建筑风格与科学的城市设计方案弥补了一些精神上的缺失，但失去的中世纪文化再也回不来了。奥斯曼对巴黎的改造并没有尊重城市的非物质价值，如果在改造过程中，尽可能保留旧有建筑，不但可以延续历史文脉，还能避免资源浪费。遗憾的是他大规模拆除城市的古老建筑，民居、教堂及文化场所等都在他大刀阔斧改造运动中被夷为平地，其结果便是巴黎城市文脉的断层，大量巴黎原住民被迫迁移城外。一百多年过去了，虽然经奥斯曼改造的巴黎也成为新的城市遗产，然而旧有街区的覆灭仍是一种文化和历史上的缺憾。

与文化层面的损失相比，奥斯曼的改造带来了另一个引人关注的问题——城市霸权主义。城市的霸权主义让政府与利益集团的权力发挥到最大，在实现政府意志力的同时打破了社会阶层的均衡，让城市精英获得了广阔的平台，从而迫使弱势群体牺牲自身的利益而实现强者的意图。另一方面，城市霸权主义往往会以城市的名义去剥削乡村的资源。城市凭借其权力优势、政策优势、资源优势和话语权优势不断扩展其边界范围、挤占农村生存空间、强行改变乡村的生活生产方式、消解乡村传统文化，忽略乡村的意愿及权利，强行将农村纳入城市化进程。[1]奥斯曼的巴黎大改造更多考虑的是城市的美观与未来的适应性，忽略了19世纪巴黎城市的实际情况，没有顾及建筑物与人的情感关系。他在公共建筑形态上严格按照自己的审美标准设计，其建筑形态大略分为V形和L形两种类型，通过大组团形成U形和T形等空间。有些区域由于缺少居住区导致人气不足，与其配套的道路与广场资源也出现了极大的浪费。

在解决城市改造资金的问题上，奥斯曼采用21世纪惯用的办法，即发展房地产，政府通过炒地皮来实现改造的资金平衡。1851—1856年巴黎政府强制使土地再出售，推动了房地产投资。开发商为了实现滚动开发，通过购房抵押形式获得资本来源。到1852年，在塞纳省这种抵押债务就达到8亿法郎。拿破仑三世为了刺激房地产，在1852年成立了土地信贷银行，为房地产开发商提供源源不断的贷款。高利润的房地产投资回报让资本市场产生了绝对性的倾斜，银行、保险公司也都开始疯狂投资房地产。巴黎的人口急剧增长，约从1851年的95万人增加到了1856年的113万人，1870年则达到了200万人。这极大地推动了房地产投资。房租也不断攀升，在整个第二帝国时期达到了300%的涨幅。而

1　林志聪、王枫云：《城市霸权主义的内涵、表现及其根源》，《城市学刊》，2015年第6期。

此时工资水平却基本未变，因而巴黎市民的居住问题大大恶化，房东和房客的关系紧张，穷人住房难更是成为头痛的大事。[1]奥斯曼是一位坚定的波拿巴主义者，他支持总统及其帝国幻想，巴黎城市改造充斥着众多的目的，比如疏散社会底层的工人阶级，把他们挤出巴黎市区，防止他们抗议或暴动。奥斯曼坚信法兰西需要一个兼具民主与强权的皇帝来维持社会秩序与经济运行，所以他改造巴黎是"按照现代资产阶级社会的制度化空间来组织，改造创造出一种特定的城市类型，一个依据中产阶级（从此成为统治阶级）逻辑的空间构型。它提出了一种特殊的空间模式，在奥斯曼离任和帝国衰亡后仍旧保持活力，并影响了第三共和国开始时期的城市规划"[2]。

因此，对于中国而言，奥斯曼的城市改造理念并不能照搬，因为中国的工业化程度以及文化、制度背景等与西方国家都有着较大的差异。如果以现有的制度去实现资产阶级社会理念，必然会加剧社会阶层分化，导致社会结构的不稳定。中国要根据改造城市的实际情况，从社会整体的角度来分析城市的结构体系，寻找具有中国特色的城市改造模式及规划理念。

经济数据表明，法国在1850—1870年间过度扩张的经济政策和超前的基础设施建设，在很大程度上导致了1870—1913年法国的经济停滞。一项超前百年的"形象工程"让国家政权彻底覆灭，

1　朱明：《奥斯曼时期的巴黎城市改造和城市化》，《世界历史》，2011年第3期。

2　[法]菲利普·巴内翰，让·卡斯泰·让-夏尔·德保勒：《城市街区的解体——从奥斯曼到勒·柯布西耶》，魏羽力、许昊译，北京：中国建筑工业出版社，2012年，第1页。

让法兰西民族走向了衰弱。当然，令人欣慰的是今天的巴黎成为新的历史文化名城，拿破仑三世与奥斯曼也得到了世人客观的评价。这说明他们追求"形象工程"与政治利益的同时，并没有丢失理性的科学态度。他们所实行的城市霸权主义虽然褒贬不一，但没有为自己寻求私利，而是转化为严格的法律，为城市的建设制定标准与规则，最终使得巴黎的建筑完全实现了设计的构想。奥斯曼偏执与严谨的态度让巴黎古典文化通过极致的细节展现了地域特色，随着历史的沉淀，这种鲜明的建筑群形成高贵又优雅的城市意象，塑造了具有浓厚文化底蕴的大都会巴黎。反观中国的城市改造，一些城市是否在一百多年后还能经得住考验呢？

从"美化运动"到形象工程

不是所有的"形象工程"一开始就充斥着利益的阴谋，而是在决策过程中忽视了社会结构体系、投资效用价值和经济运行规律。无论是西方发达国家还是后起之秀的中国在城市化发展过程中都存在这一问题。

城市建设与改造过程体现了人类主观能动性的表达。人类在长期的城市化实践中能动地认识城市和改造城市，从现象到本质，形成了对城市价值的客观认知和理性判断。城市的运营者、设计者以及相关领域的专家及利益代言人，通过切合实际的方案与手段去改造客观存在的城市，既要遵循城市固有的、本质的、稳定的客观规律，又要实现广泛受益的目的。然而在实际的城市建设与改造中，我们看到的并非都是理性表达，往往会把"形象工程"当作"政绩工程""面子工程"，更为严重的是偏离了广泛受益、共同受益的宗旨，成为潜在利益定向化输送。美国在19世纪末发起的"美化运动"便是一个偏离了普遍受益的形象工程，最终走向了衰落。

19世纪中后期的美国，就像一辆高速行驶的列车。在资本驱动下，工业化进程很快就超越了英国老大哥，也超越了拿破仑三世的法兰西第二帝国，成为世界第一大工业国。尤其是在1865年美国南北战争结束后，随着铁路的广泛铺设，形成了全国统一的市场，美国由一个农业国转变为工业国，综合国力迅速提升，这一时期被称为美国镀金时代。受工业化与铁路交通的影响，美国城市化进程也加速前进。源源不断的外来移民为美国工业化和城市化输送了新鲜的血液。尤其在19世纪中后期，欧洲粮食歉收，爱尔兰、德国西南部和斯堪的纳维亚半岛的穷人纷纷赴美移民，50年代到达美国的移民有275万，这种情况在内战后有增无减，1873年达到顶峰，有40万新移民到达美国港口。[1]在1861—1910年间，大约有2300万移民迁入美国境内，其中大多数来自欧洲。[2]在此后的数十年美国流入人口依然在增长，尤其是拿破仑三世政权在1870年覆灭后，法兰西第三共和国内部出现了长达数十年的混乱，城市精英与技术工人连同垄断资本一起投向了美国。

1　Zane Miller: *The Urbanization of Modern America: A Brief History Orlando*, FL: Harcourt Brace Jovanovich, Inc., 1975, pp.37–38.

2　［美］吉尔伯特－C·菲特、吉姆·E·里斯:《美国经济史》，司徒淳、方秉铸译，沈阳：辽宁人民出版社，1981年，第364页。

这些移民进入美国城市和乡村中的各个领域，使美国日益扩大的工业有了充分的劳动力。但是问题也随之出现，城市规模的急剧扩大、城市卫生条件的恶化、居民生活环境的肮脏、贫民窟的增多、人们精神生活的匮乏等一系列问题亟待解决。当然，对于这些问题最敏感的莫过于城市中产阶级与精英阶层。他们拥有可观的收入来源以及财富自由的能力，于是对生活便显得格外的挑剔，自我权利的维护与保护意识相比那些工人阶级更为强烈。到了 19 世纪末，美国形成了一场探索城市改革的运动，城市美化便是他们最为直接的诉求。

从 19 世纪末到 20 世纪初，美国大部分城市都启动了城市美化运动，而领导这场运动的是美国中产阶级，他们以建筑设计师、景观规划师、雕塑家等为主力对城市环境进行改造与美化。改造内容主要是通过城市艺术、城市绿化、城市修葺几方面来达到美化城市的目的。对于没有历史的美国来说，自然没有欧洲的古典建筑，更没有东方文化的底蕴，他们只有工业文明特征下的效率与利润。所以通过视觉艺术干预可以带来潜在的文化弥补，那些看似突兀的公园与林荫道给冰冷的水泥城市带来了一些生机。比如芝加哥的城市美化运动、华盛顿的城市美化运动，以及堪萨斯城的城市美化运动都取得较大的成功。但是这种成功的模式是单一的，几乎所有的改造都围绕道路扩建、公园建设、景观美化三大内容，每个城市并没有自己的特色，千城一面的风格似乎只是艺术家们涂鸦的画板，而没有解决城市的实际需要。

美化运动的推动者期望通过艺术对空间的修饰创造一种新的

场景来满足意识形态的需要，同时可以恢复城市因工业化破坏而失去的城市美学及和谐生活。然而从实际效果来看，这个运动的局限性是很明显的，它被认为是"特权阶层为自己在真空中做的规划"，"这项工作对解决城市的要害问题帮助很小，装饰性的规划大都是为了满足城市的虚荣心，而很少从居民的福利出发，考虑在根本上改善布局的性质。它并未给予城市整体以良好的居住和工作环境"。[1]不管是在首都华盛顿还是其他城市，贫民窟的问题始终都没有涉及。很多城市在美化运动中还有意避开贫民窟，把大量的资金投入城市精英阶层与中产阶级活动的范围内，因此城市美化便违背它的初衷。当然这也是可以预见，城市美化运动的专家团队本身就是由艺术家组成，他们重视美感，对效用价值欠缺考虑。这也是学者、评论家对它批评的重要原因。他们认为城市美观应体现在市民方便舒适的生活、工作环境之中，体现在自然生物的健康成长之中；城市建设不仅要体现人与环境的和谐相处，而且要体现城市各项设施的协调运作。[2]最后美国城市美化运动出现一种由社会阶层传导的反馈机制。也就是说，在中产阶级越多的商业城市其成功概率就越高，而工业比重越高的城市其成功概率就越低，因为他们缺少中产阶级与城市精英的代言，大量的工人阶级对城市美化持怀疑或观望的态度。

　　城市美化运动在短短几年之后就走向了衰落，纳税人联盟

1　张京祥：《西方城市规划思想史纲》，南京：东南大学出版社，2005年，第101页。

2　成华光：《城市美化运动可以休矣》，《中国绿色时报》，2004年10月18日。

不断组织抗议请愿活动，美国的学者、评论家也提出了尖锐的批评，他们认为道路、公园、林荫道以及城市活动中心建设耗资巨大，效用价值不高，加重了人民负担的同时也加剧了阶级矛盾。简·雅各布斯在《美国大城市的死与生》中对城市美化运动进行了批判，她认为城市美化运动的目的是建立城市标志性建筑，而且城市美化运动的重要内容——城市中心也没有提升周边地区的地产价值，相反，却衰落下去了。在整个城市美化运动中的全部观念和计划都与城市的运转机制无关，对城市发展规律和运行机制缺乏研究、缺乏尊重，城市成为牺牲品。刘易斯·芒福德对伯纳姆的城市美化进行了抨击，称之为"城市化妆品"，并将其与集权政体下的城市规划进行比较。他认为芝加哥规划不关心一个邻里的整体性，不关心家庭住房，也不太懂得把商业和工业作为城市不可缺少的一部分来安排好。[1]

　　美国城市美化运动的问题主要表现在城市改造过于注重外在的美化，庞大的投入资金没有解决美国城市的实际问题，而是中产阶级与城市精英一厢情愿的情趣爱好。这种偏好虽然对城市的整体形象有所提高，但消耗纳税人的资金必将加重人民的负担，形成新的分配不公。这相当于间接性的利益输送，因此没有得到普遍性的支持。

　　形象是一切事物的外在表达，通过可视化的感官语言传递事物的内在思想与精神价值。形象的创造者们通过对要素资源的整

1　［美］刘易斯·芒福德：《城市发展史——起源、演变和前景》，宋俊岭、倪文彦译，北京：中国建筑工业出版社，2005 年，第 417 页。

合创造出有效的形象产品，从而为形象的接受者或受用者带来最大化的利益。而作为形象创造者有时是义务与责任的驱使，有时是自我价值的表达与获得溢出效应的手段。所以，这是主观能动性与客观规律之间的合理穿插，只要符合实际条件的需要，同时具有普遍受益与共同受益的结果，那么"形象工程"也是一种积极的表达。要让"形象工程"成为城市发展的动力就必须建立一个理性化的"形象工程"模型（如图3-1）。

何谓理性化的形象工程？首先，需要一个契合实际的方案，方案必须依据区域要素禀赋制定，比如城市的资源禀赋、可用财

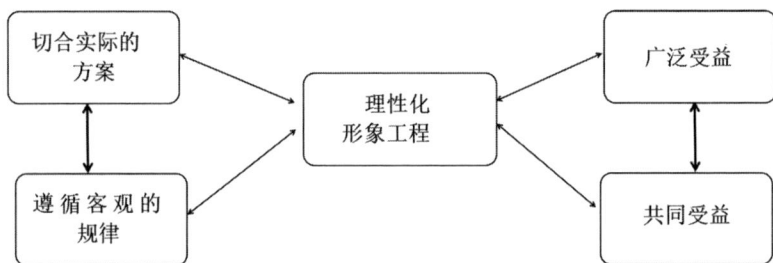

图3-1　理性化形象工程的成立体系

力、人口规模、产业结构以及城市的配套体系、空间状况等，根据自身的条件制定可以触及、可以控制的项目可行方案。切合实际的方案可以避免透支城市的能力，可以避免决策者因个人偏好而执意为之的冒险投入。另外，任何一个项目都必须遵循城市的客观规律，从城市的社会结构、生态结构、经济结构、文化结构入手，制定平衡、融合、传承、提升相兼顾的发展规划，满足情

感与物质、生态与空间相平衡的合理化需求。

作为理性化形象工程的受益对象，不能因为小众利益的需要而进行直接或间接的利益输送，否则将再度打破平衡，引发社会矛盾。确定受益群体是一个艰难的选择，很难给予明确的定义，无论是民粹主义还是精英主义都是城市的人民，都是合理存在并构建了社会发展的互补关系。因此，在确定受益群体的时候只需要考虑两点即可。其一是广泛受益，当投资一个公共项目的时候必须考虑这个项目给多少人带来受益，受益的边界越广泛，项目投资的价值就越高，其分摊成本就越低。比如要在城西的湖泊上架一座桥，如果湖泊两岸居住的人口越多，产业规模越大，那么建桥的意义就越大，反之就是资源浪费。其二是共同受益，共同受益是在广泛受益的基础上更为精细的表达，共同受益是社会分配的公平机制。比如美国城市美化运动，从广泛受益角度来理解没有问题，一个公园可以服务全体市民的需要。但是你得考虑城市中产阶级喜欢每天公园里跑步，而那些处于社会底层的工人阶级可能一年都难得去一次公园，最后公园的建设变成了只满足中产阶级的配套。那些生活在底层的弱势群体更希望把建公园的钱用在建设学校、医院或者福利中心，这样满足中产阶级需要的同时也兼顾了弱势群体的实际需要，这便是共同受益的体现。而相对一个城市来说未必是公园越大越多，城市形象就越好，学校越多、医院越大难道就不是城市的形象吗？

中国在改革开放的40多年时间里，实现了高速度的城市化进程，这是中国历史上最为显著的社会转型时期，工业先行然后反哺于农业，城市先行然后反哺于农村。在经济飞速发展的同时实现了工业文明与农业文明并存的现象。但是随着农村人口向城市转移、城市人口向大都市群转移，城市之间的马太效应已形成，城市的竞争将会越来越激烈。因此，城市的决策者会把更多的目光投入城市增长与环境建设领域，城市的形象工程将会以不同面貌得以表现。过去我们把贪大求全的公共建设看作形象工程，把城市过于超前的设计理念看作形象工程，这些都是过去式的形象工程。在未来，新基建可能会演变成形象工程，智慧城市会演变成形象工程，新经济会演变成形象工程，中国的形象工程表现形式远比西方国家复杂。从表现形式上看，大概可以分为政绩驱动型、决策失误型、利益输送型、文化糟粕型四大类。由此可见，中国的城市想要实现可持续发展，除了要在制度、教育、法律上不断完善，还要建立一套自己的城市评估体系，树立正确、科学的发展观。

形象工程与潜在利益输送

2018年8月，新修订的《中国共产党纪律处分条例》正式公布，与之前相比，此次修订增加了"举债"搞劳民伤财的"形象工程""政绩工程"这些内容，并且在条例中增加"开除党籍"来强化对这一违纪行为的处分力度。这说明中央对"形象工程"的打击力度在不断加强，凡是搞劳民伤财的"形象工程""政绩工程"都必须追溯责任，接受处分。

在过去时期，"形象工程"的滥觞与政治体制有必然的联系，因为政府是公共品的投资与管理主体，完善的制度能有效控制寻租行为的泛滥与公共利益的损失。

2017年4月，陕西省西安市中级人民法院公开宣判宁夏回族自治区人民政府原副主席白雪山受贿案，对被告人白雪山以受贿罪判处有期徒刑十五年，并处罚金人民币350万元。白雪山可谓是成也拆迁，败也拆迁。曾几何时，拆迁是白雪山最引以为豪的"政绩"。但是，他打着城市改造的旗号做了违背人民意愿的事情，满足自我"政绩"的同时不忘经济利益输送。西安市人民检察院指控白雪山在1994年至2015年，先后利用职务便利，为相关单位和个人在土地手续办理、项目规划审批、工程承揽、职务调整等事项上提供帮助，非法收受贿赂3000多万元人民币。

当然，为"形象工程"推波助澜的不仅仅是权力寻租现象，还有很多潜在的利益输送。美国阿拉斯加政府曾花费2.2亿美元为只有50口人的村庄修造大桥，此事引起美国轩然大波，最后成为烂尾工程。20世纪90年代，英国伦敦政府为了迎接新千年的到来，在泰晤士河畔投资10亿英镑建造"千年巨蛋"作为纪念，由于财务持续亏损，在全国的一片反对声中，这枚"倒霉蛋"于2000年底关门，成为英国历史上最大的烂尾楼。

实际上，早在1988年，国务院就印发《关于清理楼堂馆所建设项目的通知》并公布了《楼堂馆所建设管理暂行条例》；1997年，中共中央、国务院印发了《关于党政机关厉行节约制止奢侈浪费行为的若干规定》，重申"严格控制新建和装修办公楼"；

2003年，中共中央办公厅、国务院办公厅又联合下发了《关于继续严格控制党政机关办公楼和培训中心项目建设的通知》。2006年，温家宝在政府工作报告中强调，要增强政府工作的透明度，坚持办实事，求实效，珍惜民力，不搞劳民伤财的"形象工程""政绩工程"等。"形象工程"为什么屡禁不止呢？因为"形象工程"除了权力寻租与政治利益，还存在潜在利益输送。这种潜在利益的根源各有不同，有的是因为执政者自身利益的需要，也有的出于组织利益的需要，还有的出于阶级利益的需要。"形象工程"潜在利益的输送有时不完全是道德的问题，更多的是领导干部在特定的历史阶段世界观、人生观、价值观的迷失。时代滚滚浪潮与领导干部的素养之间出现了不相匹配的情况，一些人就会把握不住时代的使命，辜负国家与人民的信任。在城市化进程中，多数干部满怀激情，但在现实中因为对责任理解的失误而导致三种现象：

其一，迎合城市主流精英的需要。在城市化发展进程中，"形象工程"往往会被标注为现代文明的产物，是国际化与经济实力的体现。实际上，这是一种二八理论的概念，在一座城市中往往会出现20%的人代言了80%的人，这在美国的"城市美化运动"中也有体现。20%的人由于各种优越的条件，成为城市的"精英"或是"意见领袖"。由于地位与身份的关系，他们往往掌握了建言权与信息有效传播能力，他们的呼声与诉求就会比普通大众更能被政府认同或采纳。但现实中，80%的社会大众则持有不同观点，他们认为政府应该把钱投入与他们息息相关的保障性领域，以较低的生活成本在城市中过上有尊严的生活。城中村拆迁伤害了外来人口和城市低收入人群的情感与利益，他们原本可以低成本生活在城市里，但是随着房屋租赁与公共成本等提升，他们无法维持原有的生活状态，被迫承受与实力不相匹配的生活方式。所以，要加强大众建言的渠道，城市的发展不能只依靠"城市精英"代言。

其二，满足宏观经济发展的需要。凯恩斯经济理论认为，刺激经济的发展通过政府有形之手直接干预便能见效。其主要手段是财政赤字与政府建设投入。也就是说要刺激经济发展，政府通过负债与投入基础建设、公共项目就能刺激消费，拉动产业，解决就业。但是，凯恩斯理论的提出有两个时代背景，一是当时美国在经历经济大萧条；二是全世界经济疲软、消费降级。这两点足以说明凯恩斯理论是一个非常规的策略，是以刺激消费为目的，并不是常态性的措施。凯恩斯理论注重短期利益，不关心长期利益。包括中国在内的发展中国家持续采用了数十年的凯恩斯理论，为国家经济高速发展带来动力的同时也给国家经济带来一些潜在风险。1994年财政分税制改革后，对地方政府的考核与评价主要侧重于财税收入和对GDP贡献。要提高GDP就必须促进社会投资与消费，要促进社会投资与消费就必须加大城市基础建设，于是看得见摸得着的"形象工程"应运而生。

其三，满足投机心理的需要。虽然中国对地方政府的考核有一套完整的评估体系，但是很多考核指标的边界是处于模糊的状态。比如一些地方，倾向视觉美学的判断与数字经济的规模，不注重现实的需求与经济质量的提升。实际上，城市改造肩负着两大功能：通过城市更新实现城市形象与城市文明的提升；通过人口集聚实现人口红利带来的知识溢出价值与经济规模效应，从而为产业升级、消费市场、创新机会提供源源不断的驱动力。但是，一些领导急功近利，不着眼于长期的规划，而采取投机性"套利"，导致"形象工程"频出。

考核机制助推"越位"发展

从理论上理解，政府不是某一个利益集团的代言。政府的权力是人民授予的，所以任何政府所行使的公共权力与人民的利益是一致的。但是，从西方发达国家到东方文明古国，无论哪种制度与何种文化，政府组织在现实中由于各种因素的推动，"逐利"现象也成为心照不宣的客观存在。只不过，这种"逐利"体现为"单向逐利"与"双向逐利"。所谓的"单向逐利"是以少数利益集团或个体利益需求为核心的偏激性逐利，这种"逐利"是以损害多数人利益而满足少数人利益为目的的活动过程。而"双向逐利"是以多方利益为条件的公共活动，既满足多数人的利益，又能实现组织利益或个人利益。前者是越位，后者是发展。

无论是"单向逐利"还是"双向逐利"，都是围绕公共品供给而展开的博弈，但两者的出发点与结果都不同。在"双向逐利"博弈中，政府组织或领导人因对公共品的投入而直接或间接地提高了大众的福利与效用价值，最终获得人民的支持与上层组织的奖励，从而促进区域发展与领导人政治升迁。这是"自下而上的反馈机制与自上而下的激励机制"共同发挥作用的结果。单向逐利的特点就是脱离人民实际需要，以小组织意图或领导个人偏好及利益为导向，对公共品进行投入，最后加剧了贫富差距与社会矛盾。在以经济为核心的考核机制影响下，这些脱离大众意愿并难以形成溢出价值的公共品投入往往是掩人耳目，成为组织荣誉与领导升迁的重要标准。所以，"单向逐利"不仅是腐败、不作为的表现，更有"劣币驱逐良币"的危害性。

所谓的劣币驱逐良币，源于早期英国女皇发售品质较低的钱币而导致优质钱币被收藏，劣质钱币在流通的现象。这在经济学上称为格雷欣法则。在城市发展过程中，当公共资源"无效投入"与"有效投入"都被权力部门默认后，那么就会引发"劣币驱逐良币"的现象，浮夸之风与城市蔓延将成为各级政府体现价值的"样板戏"。

1994 年以后，土地经济成了地方财政的自留地。地方政府在受土地财政与城镇化发展政策的双项刺激下，大规模地通过城市外延式发展获利。当耕地被纳入国家强制性保护以后，某些地方政府又掉过头来挖掘城中村的土地利益。因为城中村改造一方面有利于城市形象的升级，另一方面也能给财政带来巨大的利益，于是城中村改造的规模与速度便成为历届地方政府工作的重点。以至于一些地方领导经营土地的积极性高于经营城市的积极性。

一般情况下，政府的财政支出分为保障性支出与发展性支出，"形象工程"属于发展性支出。地方政府弱化保障性支出而强化发展性支出是因为发展性支出能为区域经济发展提供驱动力，能有效刺激城市投资与居民消费，同时也能为地方政府领导带来美誉度。这种以牺牲基层百姓利益为代价的发展模式实质是二次分配的博弈，只不过博弈的获胜方是某些地方政府与"城市精英"。

地方财政就如一个蛋糕，保障性支出与发展性支出的比例成为蛋糕分配的分割线。这条分割线必须根据区域禀赋与实际情况而划定，否则不仅不能创造价值，还容易打破均衡，形成恶性循环。发展性支出如果过于超前或不切实际，就会成为"形象工程"，"形象工程"投入越多，"有效工程"投入就会越少，长此以往就会失去可持续性发展的动力。

综上分析，政府必须在考核机制上进行改革，对于城市更新与乡村振兴必须以人民满意度为考核指标，把人民大众的利益作为工作出发点与考核基础点，坚持贯彻"执政为民"的理念。此外在经济收入考核上必须实现多元考核指标，既要抓经济总量，更要抓经济质量，注重于经济数据结构的优化。在财政支出领域，除了完善财政支出管理机制，还要在发展性支出与保障性支出的结构上划出清晰的分配标准，倒逼地方政府在保障性支出领域投入，减少非理性的"形象工程"的投资。

通过加大城市建设促进社会投资与消费本无可厚非，但以"看得见摸得着"的政绩引导城市发展并不合理。分税制改革有效地刺激了地方财政的积极性，为国家财政的统筹规划提供保障。但过于逐利容易迷失初心，导致某些地方政府及主政领导越轨的行为。因此，必须完善自下而上的信息反馈机制，让考核单位直接获取被考核组织或个人的有效政绩，避免由于信息不对称致使组织与个人趋于功利化，利用公权来控制信息客观性，干预上级部门的评价标准。只有建立科学的考核机制与信息反馈机制，才能规避"越位"发展，才能有效遏制城市化发展中的非理性行为。

炫耀性腐败的危害

　　腐败自古以来就是一个复杂而沉重的名词，既关涉公共管理学也是社会学研究的范畴，腐败的形式几乎涵盖所有研究学科。无论哪种腐败，对社会与组织带来的危害都是严重的。1949年之前，传统腐败往往是统治阶级利用公共权力，帮助剥削阶级对被剥削阶级进行侵害而获得不同目的的行为。如今，中国剥削阶级已经被消灭，利益集团也无法构成对弱势群体的广泛伤害，但腐败并没有消失，而是衍化更多类型，"炫耀性腐败"便是其中的一种。

　　过去专家提出过区域合作、城乡联动发展等区域经济学命题，在实践中获得了不少成效，但也存在一些遗憾。从效率分析上看，我们依然可以看到各自为战的"炫耀性腐败"。有些区域，城市与城市之间不是合作而是竞争，领导与领导之间不是相互促进，而是炫耀攀比。

　　由于"炫耀性腐败"，区域经济发展往往会出现资源错配、铺张浪费等现象。比如在县区之间，各自行政区域领导为了体现区域实力与领导政绩，相互竞争、攀比，在不到十公里范围内建体育场、艺术剧院等公共场馆，这些场馆不仅可以满足全区的需求，还可覆盖全市。由于供给过剩，不少场馆完工后就处于荒废状态。追求规模而忽视效益的公共建设在许多城市都普遍存在。在工业生产方面，工业园区、高新技术开发区、专业产业孵化区、特色产业小镇比比皆是。在商贸业的发展中，无论区域资源禀赋是否匹配，动辄建造数十万平方米的商贸城、国际商贸中心，而实质上却是以牺牲农民耕地为代价的房地产项目。这些投资商通过商铺销售掏空属地百姓口袋里的钱再跑路，最后导致矛盾激化与消费降级。

城市改造被片面地理解为建筑化改造，拆迁成为某些地方政府工作基本出发点。在地方政府部门的努力下，中国在短短40来年的时间内所取得的城市化水平超过了英国用120年、美国用80年所取得的成就。根据媒体报道，2000年珠海市计划用3年时间改造完26个城中村；广州市计划用10年时间改造完138个城中村；北京市在2005年计划用3年时间改造171个城中村；昆明市更是打破了极限，在2008年宣布用5年的时间改造完382个城中村[1]。过分追求速度的城中村改造是低估了改造的实际难度，忽视城中村存在的深层次社会意义。这实际上也是"炫耀性腐败"的一种表现。

在市场化、国际化、城市化的牵引下，"炫耀性腐败"以非理

---

1 孙林：《城中村的存续与再生》，《开发导报》，2016年第5期。

性的形式在某些基层政府蔓延。"炫耀性腐败"与常规性腐败有一定的区别，常规性腐败主要是通过公权干预非法获得个人利益。而"炫耀性腐败"主要表现为两个利益层面，一是通过滥用公权为个人获得物质与精神上的利益；二是通过公权使用为组织部门或特定群体获得利益。无论表现在哪个层面，其本质还是利益输送，只是介于利益底线与法律边界导致难以定性。实际上，"炫耀性腐败"并非特指政府财政对发展性支出的浮夸性腐败，而在保障性支出也存在"炫耀性腐败"。利用公权不切实际地为民粹主义发展消耗公共财政也是"炫耀性腐败"的一种表现。

2002年，丹麦法鲁姆市57岁的前市长彼得・布里克斯托夫提被拘捕。这位被法鲁姆市人民称为"好市长"的老人被捕是因为"炫耀性腐败"。彼得・布里克斯托夫提在担任法鲁姆市市长的16年期间，滥用职权为老人与学生提供福利，以至于花光市财政资金，最后通过做假账来掩盖过错。彼得・布里克斯托夫提在任市长期间，为全市67岁以上老人提供两周旅游和为中小学生提供家用电脑，而相关费用则由市政府买单。这些福利项目让布里克斯托夫提在市民中广获赞誉。但警方调查发现，布里克斯托夫提的福利工程掏空了市政财政，而且许多项目没有得到市政委员会允许。为掩盖财政亏空现状，布里克斯托夫提制造了可疑的财务报表，而且非法批准贷款。此外，布里克斯托夫提非法把900万丹麦克朗（约合160万美元）的税收款挪用给当地足球俱乐部。最后，这位"好人"市长被判处两年监禁。这说明制度是不容践踏的，城市的治理与国家的治理一样，都必须建立在法治的基础上，都必须建立在社会利益与经济发展平衡的基础上，任何"个人主义"的决策都承载着大众的利益与历史的责任。

2018年，习近平主持中共中央政治局第八次集体学习中讲话："让亿万农民有更多实实在在的获得感、幸福感、安全感，同时要形成可持续发展的长效机制，坚持尽力而为、量力而行，不能提脱离实际的目标，更不能搞形式主义和'形象工程'。"虽然"炫耀性腐败"没有传统腐败那么赤裸裸地伤害弱势群体，但是"炫耀性腐败"通过间接利益输送获得自我满足感、荣誉、地位等，更深层地加剧了对社会的危害。比如希腊债务危机就是滥发福利导致民粹主义蔓延而失去经济的创造力；比如"炫耀"式发展加剧了人民的生活成本，带来了政府财政的负担，最后引发公信力危机与经济泡沫。

人治与法治的边界

一些地方之所以会在城市改造中出现无序化发展，是因为城市发展的决策机制"人治"取代了"法治"。地方政府的公共事务缺乏透明、公开和民主的决策机制，对决策后果更缺乏有效的评估及追究制度，所以给城市改造的随意性与主观性提供了免责的空子。针对城市改造乱象，国家应该积极完善、推广有关行政程序的法律法规，从源头上管控地方政府决策过程，同时划定地方政府利益边界和约束机制，让城市更新决策从"人治"向"法治"转变。

划定地方政府的利益边界，实际上是把权力关在笼子里。将政府行为控制在合法、合理的界限内，避免决策失误带来的损失与风险。在政府组织与领导的关系之间要建立一个权责对等的追踪机制，通过大数据实现专业、权威的考评认定。比如政府要建设一个市民公园，以此来改善居民的生活环境。为了避免地方政府通过资源配套来操纵居住土地的拍卖溢价，就要对这个市民公园的可行性进行分析与追踪。比如公园规模与周边人口的比例关系，财政能力与社会保障的匹配关系等都决定了公园建设的可行性。在项目建设后还要进行社会效益分析，对滥用职权导致的经济损失与公共利益的寻租违法进行问责。

为什么会说公共建设也会出现"暗度陈仓"的利益输送呢？因为公共建设属于有限资源，有限资源服务于大众需求自然是最合理的，但是有些权力组织或决策领导会通过公共资源向利益集团倾斜获取回报。比如政府投资一个公园很有可能只为某个房地产项目配套，比如设置一个地铁站很有可能只为一个商业项目服务。这些公共品的投入都是一种利益的输送，而那些真正需要公共资源配套的区域或人群因为资源转移而得不到有效的服务。由此可见，划定地方政府的利益边界就是维护社会公平的底线。

当然，要将地方政府利益约束到合理的范围内还需要中央宏观调控。在保证地方政府合理的利益基础上，对公共资源的合理配置必须有效监管与调控。比如轨道交通的地铁与高铁项目。一些地方政府在地铁建设投资上，为了缓解债务压力，除了高价出让地铁出口附近的土地，还对地铁站"开口"进行有偿"拍卖"。

比如，一个商业项目需要通过地铁口来提升商业价值，可以用上千万的"建设赞助费"来获得地铁资源的优势。在许多城市，不难发现公共资源配置不对称的现象。比如人烟稀少的高档住宅区配置了地铁站，而人潮涌动的城中村却没有地铁站。同样，作为高铁规划也存在一些资源配置不合理的现象，发达地区因为地方财政实力强，高铁站密集程度非常高，而经济欠发达的地区尽管人口密集度很高，但由于缺钱，高铁资源依然难以倾斜。因此，只有发挥中央政府的宏观调控职能，才能对社会资源的合理配置起到关键作用，才能实现城市改造公共利益最大化的意义。

当前，无论是学界还是一些地方政府对城市改造的界定并不清晰。他们都习惯站在自身专业或立场阐述各自的意见而缺乏系统性的分析。社会学家认为城中村、棚户区、老城区的改造本质意义是一致的，都是为了进一步改善群众居住环境，提高群众生活水平，增强群众文明意识，保障群众共享城市改革发展和文明进步成果，从而建设文明和谐社区；经济学家则认为城市改造是为了进一步深化经济体制改革，集约、节约利用土地，盘活土地利用效益，拓宽经济发展空间，提高居民经济收入；公共管理专家认为通过城市改造增强城市生机与辐射力和带动力，不断提高城市知名度和竞争力，同时进一步解决城乡二元结构问题，促进城市的全面和谐发展，是进一步深化社会公共管理体制改革，完善社会公共管理职能，优化社会公共管理方式的重要手段。然而，无论是哪一种观点都不能独立割裂社会的效用价值，不能脱离城市区域要素与文化基础，不能脱离老百姓的根本利益与城市的功能需求。过去一些地方政府不顾当地实际情况，急功近利而没有给城市发展预留完善的空间，导致很多城市同一区域经历了城中村拆迁、棚户区拆迁、旧城改造拆迁，30多年时间经历多次改造或拆迁，导致社会资源浪费的同时，也让老百姓怨声载道。

中国需要向发达国家学习，建立城市发展决策机制，建立一套符合中国城市发展的决策体系，通过规范的法律程序杜绝"一言堂"现象，让决策既能发挥效率，也能做到民主化、科学化、法治化。同时需要加强有效监督，做到有法可依，违法必究，决策失误终生追责。在专业化决策过程中需要充分发挥智库的作用，形成重大项目决策的调查研究、论证评估、公共参与、决策公示等一套决策咨询制度。正如习近平总书记在中央全面深化改革领导小组第六次会议审议《关于加强中国特色新型智库建设的意见》中所强调：我们进行治国理政，必须善于集中各方面智慧、凝聚最广泛力量。重点建设一批具有较大影响和国际影响力的高端智库，重视专业化智库建设。这既为中国智库的发展提出了挑战，也为各类智库发挥作用提供了广阔的空间。

第二部分
城市改造价值融合与重构

改革开放以来，中国的城市化进程加速发展，其特征是城市郊区及城乡接合部的土地被大规模征用。在工业化与现代化的双重作用下，中国的城市化率从1978年的17.9%激增到2018年的59.58%。高速的城市化进程验证了凯恩斯理论以加大基础建设拉动经济增长的观点，造就了中国经济崛起的奇迹，但与此同时，诸多问题也逐渐凸现。其中，从乡村向城市转移过程中的各种割裂现象，成为不可回避的问题，利益既得者与价值贡献者之间的矛盾日益明显，因此必须关注高速发展带来的各种不均衡现象，寻找空间、文化、城市、社会、个人相互平衡与融合的机制，着眼于构建和完善社会价值体系，优化社会发展的结构，实现和谐共进。

第4章 文化冲突中的传承与融合

纵观人类文明发展，就是一个多元文化冲突与包容反复交替的过程。这些分分合合超乎文化本身，体现于国家制度、宗教信仰、生产方式、社会福利等。人为的"同一"或者"趋同"，并不能促进人们文明意识的提升，反而会加剧人们对自我利益及安全的过度保护，容易导致情感的疏离进而加剧社会的隔阂。因此，以人为本是城市改造的基本思想，应尽可能减少对文化的破坏、对情感的隔离。

"本土文化"对城市的价值

根据《当代西方社会发展理论新词典》一书中的定义："本土文化是指一定地域、民族所形成的乡土文化。17—18世纪西方资产阶级思想家用这一概念指与都市文化相对的乡村文化，意在表明乡村的愚昧、落后和不文明状态。"人类几千年以来的发展与演变告诉我们，人在实现共同价值过程中更能产生感情，更能够唤醒团结意识和法治意识。但遗憾的是当前在城市改造过程中，常常有意识地把"落后"的村落文化进行强制性"删除"，试图以城市文化取代本土文化。有些地方大规模地搞"合村并居"就是没有从文化遗存、产业联动、法律主体关系等角度去考虑乡村发展机制,而是套用城市改造的逻辑推行所谓的"乡村振兴"。这种行为混淆了乡村振兴与城市改造的基本概念,给乡村社会带来了巨大的风险。[1]

一些学者出于维护社会稳定的角度考虑,也提出了"去家乡化"概念。他们认为,本土文化之间拥有更多共同点,容易形成小圈子或小集团。这种小群体一旦形成就具有排他性,妨碍他们与周围环境之间的交流与融合,并容易激化本地文化与城市文化之间的矛盾。当产生问题难以沟通时,拥有一定群体支持的人容易采取非法手段,造成社会的不稳定。[2] 尽管这种现象广泛存在,但是矛盾的根源并不在于文化的差异,而在于社会治理尚不完善与文化教育缺失,其中邻避现象表现较为典型。住民或利益相关者因为文化与利益趋同,集结伸张"正义"。人们通常认为这类有组织的"反对者"思想保守或自私自利,却没有反思其背后是公共管理、文化传承等的缺位,忽视了传统文化再利用的价值。因此,城市改造不能"一刀切",忽视本土文化的凝聚与传承。事实证明,本土文化对城市发展不仅没有阻碍,反而能促进各方利益的平衡。

本土文化在一个区域中所代表的是"传统文化",传承至今

1 　汪芳:《深度利用乡村要素资源复活乡村经济活动》,《人民政协报》,2020年7月27日。

2 　胡莹:《"城中村"的文化冲融——以广州市石牌村为例》,《城市问题》,2002年第3期。

是因为承载了一种社会的需求。这种需求就像一种特殊的黏合剂，把国家机器无法修复的社会裂痕黏合在一起，相互渗透、相互融合。从某种程度来看，本土文化是社会发展的必然产物，西方发达国家同样面临本土文化与现代城市文化相融合的问题。但如果利用好两种文化的结合，将成为城市一张靓丽的名片。本土文化的延续，既体现了城市的性格，也展示了城市的内涵。美国城市规划学家伊利尔·沙里宁说："如果让我看一眼你所在的城市，我就可以把这个城市中人民的文化追求说个大概。"这说明城市本该拥有自己的画像，而不是"千城一面"的样板。每座城市的历史文化、要素禀赋都不一样，如果刻意被"趋同"既不符合社会结构的原理，也不符合经济增长的逻辑。

城市更新被贴上现代性的标签，这张标签似乎在宣示只有现代的才是先进的，而传统的就是落后的，所以在这种价值观念的引导下城市化进程变成了与传统文化割裂的过程。在城市商业发展与利益因素的诱导下，一些城市的本土文化被"驱逐"，传统建筑被拆除。本土文化的命运就如一本厚厚的历史书，经历了无数岁月风雨却扛不过现代"文明"的冲击，随着城市规模越来越大，城市化率越来越高，"本土文化"这本厚厚的书就像日历一样慢慢变薄，逐渐消亡。

当然，在城市改造中传统文化与现代都市和谐共生的案例也不在少数，广州猎德村的改造就是理性回归的典型案例。猎德村拥有近千年的文化底蕴，小桥、流水、人家的独特风貌是岭南文化的象征。猎德涌、猎德桥、猎德龙舟是猎德传统文化中的核心元素。一河两岸的老街巷，古朴的猎德码头、祠堂建筑，共同构成了猎德村岭南水乡特有的村落肌理。[1]但是，在城市空间的拓展过程中，猎德村处在广州新城市中轴线珠江新城中央商务区的黄金地带，可以说无论从土地的商业价值，还是城市的整体形象规划来看，猎德村都难逃被拆迁的命运。事实上，早在1994年珠江新城的规划中就把猎德村纳入城市发展建设区。一边是极高的区位市场价值，一边是千年的文化传承，广州市政府陷入两难的境地。最后经过反复调研和论证，广州猎德村幸运地避免了"消失"的命运。在猎德村的更新改造过程中，尽可能延续当地文化特色，保留了龙母庙、祠堂及其他有价值的建筑，修复了猎德江两岸的水乡风貌，恢复了历经百年的传统赛龙舟风俗。村民不但延续了传统文化与生活方式，同时又享受到现代城市发展带来的红利，让村落的文化融入现代城市文明，两者共存，形成和谐共生的包容社会。

本土文化体现一种身份的认同与情感的归属，这种认同感不是小众的，而是具有普遍性的，乌镇古村落的保留也是一个典型的案例。在高速发展的长三角经济圈中，乌镇没有因城市蔓延而"消亡"，乌镇保留了本土文化，并且把这种本土文化上升为"异托邦"概念，让那些拥有"乌托邦"情愫的都市人能真真切切找到心中或梦里的空间，从而产生一种地域的认同感与归属感。

本土文化不仅能发挥社会价值，也能体现经济效应。从宏

---

1 牛通、谢涤湘、范建红：《城中村改造博弈中的历史文化保护研究——以猎德村为例》，《城市观察》，2016年第4期。

观角度来看，本土文化的修复与传承能够有效增强城市的集聚能力，即情感归属集聚、旅游导入集聚、商业发展集聚等。无论是杭州的"免费西湖"还是成都的宽窄巷子慢生活，它们都以开放包容的地域文化吸引游客以及创梦的年轻人，促进第三产业发展。

以杭州为例，西湖是杭州的城市名片，一直以来西湖周边的建筑都以修复为主，限制高层建设与房地产开发。西湖自然生态与人文建筑的保护给杭州第三产业发展带来了机会。值得一提的是，2002年杭州提出了"还湖于民"的口号，拆除了环湖围墙，宣布西湖免费向世人开放，使西湖成为了中国唯一不收门票的5A级风景区。这在当时颇有争议，因为在2002年前西湖景区每年的门票收益就高达3000多万元，取消门票意味着每年政府损失3000多万元的门票收入，而且还倒贴了维护成本，这显然是一笔亏本的生意。但是，从实施效果来看，吸引人口流入所形成的集聚效应成为城市增长的驱动力。在西湖门票免费之前，杭州市一年的旅游总收入是500多亿元，到了2019年杭州的旅游收入已经高达4236多亿元，十余年时间增长了近十倍。一张门票钱带动了第三产业的发展，聚集了更多的收益。与西湖相匹配的还有众多的历史文化街区，比如河坊街、小河直街等，都是通过对本土文化的提升增强了城市的集聚能力，从而为城市的经济增长提供支撑。

从微观角度来看，本土文化所构建的生态体系往往兼具人文、景观、商业等特点，相对于传统旅游来说，意识形态与物质需求的完美结合更符合人们的现实需求。成都的宽窄巷子在改造前是典型的"贫民窟"，脏乱差的环境使之成为成都核心商圈的一道伤疤。2008年，成都市经过讨论做出了重要的决定，保留并改造这片凝聚了百年风雨的残破建筑。改造是以"三态合一"的理念为导向，旨在打造一个文化、经济、社会相融合的历史文化街区。经过整理，宽窄巷子恢复了45个清末民初风格的四合院落以及兼具艺术与文化底蕴的花园洋楼等。其中约20%的老建筑得以原貌保留，约40%的老建筑进行了改造更新，激活了其功能与价值。成都宽窄巷子的改造摒弃了对历史文保建筑的僵化保护理念，实现了保护与功能价值的双重收益。宽窄巷子更新改造后分为三个文化主题，即"闲"生活宽巷子；"慢"生活窄巷子；"新"生活井巷子。美其名曰：闲在宽巷子，品在窄巷子，泡在井巷子。

在商业与文化的结构上，宽窄巷子遵循了合理的配比，宽窄巷子的商业与文化配比大约是6：4，总共吸纳了50多个商业品牌，形成了具有四川特色的商业街区。整个街区穿插着热闹的商家与院落墙壁，其中文化景点和住宅的交替出现，使得建筑布局节奏跌宕起伏，富有韵律。改造后的宽窄巷子带动的产值已超过3亿元，年接待游客近亿人次，带动就业3000多人。宽窄巷子成功地保护了本土文化，又实现了经济效益。

推倒重来不是城市改造的根本目的，合理调节本土文化与城市文化是一门科学。从人类的发展历程来看，城市改造是不可逆转的趋势，也是经济与科技发展反哺的过程。传统与现代并非取与舍的两个极端，还可以选择交流与对话，最终不断融合、共存共生。

文化应该回归"供需"关系

习近平总书记强调，城市建设要让居民"望得见山，看得见水，记得住乡愁"。2013年中央城镇化工作会议提出，以人为本，推进以人为核心的城镇化。中央城市工作会议指出，要在规划理念和方法上不断创新，增强规划科学性、指导性。要加强城市设计，提倡城市修补，加强控制性详细规划的公开性和强制性。要加强对城市的空间立体性、平面协调性、风貌整体性、文脉延续性等方面的规划和管控，留住城市特有的地域环境、文化特色、建筑风格等"基因"。但事实上，直到今天还有人在争论城市改造的文化融合问题，有人认为既然从村落转变为城市，就应该抛弃"落后"的文化体系。这种观点实际上是文化认知的误区。

这种误区很容易混淆"文化"与"文明"的概念。文化的延续实际上是一种对称的供需关系，是精神层面的需求与现实存在的匹配关系，这种匹配随着外部环境与意识形态的变化而发生改变。因此，文化延续从本质上说并没有"落后"与"先进"之分，只有适合与不适合。混淆"文化"与"文明"的概念是影响城市文化兼容的最大根源。从城市化进程的各种问题分析，本土文化的传承与城市文化的融合并不矛盾，既可以独立传承，也可以相互融合发展，这取决于社会的演变与文化自身进化能力。

在城市化进程中，原住民由于价值观念的差异，所以存在本土文化与城市文化排斥现象。对于"传统文化"与城市文化冲突需要理性分析，进而提出解决问题的策略。

　　首先是文化去留或平衡问题。传统文化是文明演化的结晶，汇聚了中华民族几千年以来的情感表达方式与哲学思想，能让人在仪式与交往中形成共识，传递信仰，并通过一种建筑形态、习俗、礼仪进行传递与传承。传统与现代的完美结合使法国巴黎成为具有国际影响力的旅游城市，成为世界各国游客向往的旅游胜地。即便如此，法国人依然不断自嘲与反省，因为在他们看来，法国在传统文化保护上曾经走过一段黑暗时光，需要时刻警醒与反思。1853 年，拿破仑三世把自己的拥护者奥斯曼召至巴黎，给了他一个充满历史挑战的使命：负责巴黎的城市改造。奥斯曼与拿破仑的观点不谋而合，因为他们都明白这项工程的真实目的是通过城市改造解决财政赤字与失业率过高的问题。简单来说就是通过城市化建设增加投资，同时促使百姓把存款用来消费，从而拉动生产，带动就业与税收。奥斯曼以改善公共环境的名义对巴黎老城区进行强征强拆，同时又把容易聚集闹事的工人阶级连同制造产业一起移出了巴黎。就这样，巴黎新城在被暴力摧毁的古城残骸上建立起来，但是拿破仑三世政权也因此失去了民心，更让国家的经济陷入了赤字的深渊。1871 年，在城市"改造"中被剥夺房产的人民在巴黎起义，要求夺回他们失去的城市。正如恩格斯在 1872 年指出，在现实中，资产阶级以他们的方法解决住宅问题的唯一结果，就是解决后的结果会不断成为新的问题，这种方法称为"奥斯曼"。恩格斯的总结非常正确，奥斯曼虽然创造了一个方便监视人民和军事控制的"现代城市"，但是也毁掉了法国的历史、法国的民心，透支的法国由于陷入经济危机而被迫发动了法德战争，拿破仑政权最终在残酷的消耗战面前走向了衰亡，与之一起衰亡的还有法国中世纪、文艺复兴时期构建的文明成果。奥斯曼拆旧建新的"破坏性"造城运动成功地创造了当时世界上最宽广的马路与最摩登的大楼，但是在这种改造中，阶级矛盾被激化，城市变成了权贵们的商品，各种交易看似是进步、发展的表现，实质上却只是瓜分剩余价值与土地溢价的狂欢盛宴。因此，在城市改造过程中必须保留必要的历史文脉，对于已经拆除的文化遗迹或被破坏的文化传统，要尽可能地恢复并加以传承，让传统文化与现代城市文化相互交融。

其次是新文化的教育与融合问题。改造后的城中村或老街区，原有的集体组织转化成了社区组织，原有的经济关系、社会关系发生了一定程度的改变，此时亟需重塑社区文化来促进融合。良好的社区文化可以增强居民归属感，在文化结构方面要注重环境文化、行为文化、制度文化、精神文化等各个层面的引导与教育，形成以组织性文化活动与自发性文化活动互动交流的氛围，尤其应注重对"后城市化时代"的新生代教育。城市的新生代从小就受城市文化熏陶，其家庭环境、学校教育、朋友圈子都影响着其接受文化的质量，加大教育投入对"后城市化时代"的文明构建将起到关键作用。

中国城市改造起步较晚、速度较快，由于没有足够的缓冲空间，导致普遍存在现实问题堆积的情况。在城中村或老街区的改造中由于缺乏各种要素的聚集，出现了一定时期内文化断层的现象。因此，在改造过程中必须提倡公众参与，通过宣传、教育等形式引导公众参与城市更新活动，鼓励居民参与社区文化建设，促进地方传统文化与城市文明并存发展。增强居民保护、管理的意识，形成"自上而下"与"自下而上"相结合的互动机制，实现共建、共享的目标。

城市改造中的民族文化融合[1]

中华民族经历了几千年的风风雨雨，民族文化在冲突与融合中激荡出灿烂的文明。在历史更迭中，逐渐形成了多民族共存的命运共同体。长期以来，各民族"大杂居、小聚落"的居住格局，使得中华民族文化不断融合生发，形成了你中有我、我中有你的共生共荣局面。当然，随着城市化与现代化的推进，在城市改造过程中也出现了一些文化理念上的碰撞与争论，其焦点在于民族文化在城市化发展进程中的"区隔"与"融合"问题。

之所以出现"区隔"与"融合"的两极化现象，实际上是理解偏差。有人认为快速城镇化致使许多民族文化消失，因此城市更新应该充分尊重民族文化，原封不动传承下去。持有这种观点的初心并没有错，但出现了对概念的理解错误。首先，民族文化本身就是中华文化的重要构成部分，其存续与发展与中华民族的命运共兴衰；其次，民族文化孤立发展并非受到尊重与自我存续的积极表现，而恰恰是"区隔"与阶级分化的体现。同样，也

1　郑荣华：《城市化改造中的民族文化融合》，《人民政协报》，2019 年 6 月 13 日。

有人认为"融合"就是摒弃原有文化，重新走入新的文化体系与生活形态。这两种极端的观点都是本位主义的极端化，是不可取的。因为文化本身并不对立，在文化习俗与宗教信仰方面的多样性并不影响社会融合与民族大团结。因此，应该积极鼓励融合，让城市化的红利得到真正的体现与放大。

民族文化融合是一个世界性的课题，西方发达国家也曾经历从"区隔"到"融合"的发展过程。比如犹太人融入美国社会就是一个大融合的过程。信奉犹太教的犹太人既保留了自己的宗教信仰，又积极地参与美国社会的生产与分配过程，在国家政治经济活动中发挥重要作用。当然，这个过程也经历了一些坎坷与教训。美国在二战之前一直是主张民族文化"野蛮成长"，"居住区隔"导致阶级对立、种族歧视、文化断层、贫富差距现象加剧。二战之后，在城市更新中，美国放弃了"区隔"观念，采取了多元混居模式来解决社会分化问题。这实际上就是民族文化融合、宗教信仰包容的衍生品，让不同群体在共享的空间里能够交流与联系，增加了社会的情感与发展的机会，推动了社会的共同发展。

根据国际经验，"多元混居"与"文化融合"模式是值得借鉴的。通过文化包容、混合居住、共同生产的模式，不仅能打通人与人之间的隔阂，也能让社会文明更充分地渗透与相互教育。新加坡实行的组屋政策就是多元混居模式一个很好的实践性范例。1965年新加坡脱离马来西亚正式独立，独立后的新加坡励精图治，试图建立一个多元文化、多个民族相互包容的法治国家。但由于历史与地域的原因，国家人口的构成较为复杂，大多是族群划区而住。政府为了塑造一个所有族群高度认同的国家体系，实行了组屋制度的住房模式。在组屋分配过程中，同一组屋和邻区由不同比例的族群构成，这样就为各族群建立了互相交流和情感融合的平台。经过几十年的发展，取得了良好的效果，为世界各国的城市改造做出了示范。

当然，近年来，中国在城市改造过程中实现民族文化融合、团结互助、相融共生的案例也比比皆是。比如北京牛街就是一个典型的案例。北京牛街是世界上独一无二的地方：1.4平方公里小街坊生活了5万多人，这5万多人分别来自汉、回、满、朝鲜、蒙古、维吾尔等28个民族。从牛街社区的建设实践来看，28个民族相互"嵌入式"的社区改造如果全依赖"自上而下"的模式是很难实现的，需要通过地方政府搭建平台，让各族居民通过参与社区公共事务及文化交流，不断增强对彼此历史文化的了解和信任，逐步培养对社区的认同感与归属感，最终实现各民族交往交流交融的目标。

无论是发达国家，还是城市化高速发展的中国，在民族文化融合过程中都必须正视三个关键问题。

一是教育问题。社会融合从本质上来讲，就是社会流动所产生的结果。教育提升是促使社会流动向上的重要途径。城市改造是一种自然的文化重构，不同宗教信仰与文化理念的人由固化的意识形态向包容、博大的城市文化转变过程中，必然面对传统劳动力向新型劳动力转型以及角色和职业双重转变，教育是不可或缺的工具。

二是包容问题。在包容性的文化结构方面，要注重坏境文化、行为文化、制度文化、精神文化等各个层面的引导与教育。通过地方政府、社区、社会组织的活动，让原有的集体组织积极地转化成为新社区组织，重塑包容性的社区文化来增强居民的归属感。

三是共享问题。城市发展是人类自我改革与物质文明不断提升的结果，所有人都为此付出努力，因此城市改造的成果属于全民族共享的红利。当前人民对美好生活的需要，不仅对物质文化生活提出了更高要求，而且在民主与法治、公平与正义、安全与发展等方面的要求日益增长。因此，在城市改造过程中必须提倡公民参与，妥善处理不同宗教信仰与文化传统的关系，形成"自上而下"与"自下而上"相结合的互动机制，实现全民族共建、共享的目标。

纵观人类文明发展的历程，多元文化发展与融合是长期存在的，在这个过程中冲突与包容共存。文化的包容与冲突，取决于对命运共同体的理解以及制度保障下的公平性、公正性，而不是文化本身。值得警惕的是，提倡极端化的"融合"往往变成隔阂；提倡极端化的文化"独立"恰恰是自我"区隔"。在极端化的观念下，容易加剧情感的疏离和对自我利益与安全过于保护、过于警惕的社会隔阂现象。因此，城市改造必须以人为本，注重空间、文化与城市之间的逻辑关系，通过文化保护与传承、社会教育与融合让多元文化抱团发展，共享城市化红利。

文化重构的北京牛街

　　后城市化时代，城市人群的分隔与融合本身不是对立的，在文化与信仰方面普遍存在多样性和独立性。所以应该鼓励融合，让城市化的红利得到真正的体现与放大。就如犹太人融入美国社会，既保留了自己相对独立的价值体系与处事原则，又能参与社会的生产与分配过程。虽然在城市改造中因各种因素导致的阶级分化与社群分隔现象较为严重，但也有一些地方在城市改造过程中，由于遵循了文化包容与社群融合理念，创造出团结互助、相融共生的城市社会形态，北京的牛街便是其中的一个案例。

　　北京牛街起源于600多年前的明洪武十四年（1381年），经过多个世纪的演变与发展，形成了文化、建筑、民族等多元化结构。历代以来，政府对牛街的社会治理都很关注，其中最为盛传的是清朝皇帝康熙对牛街的微服私访。根据《回族民间故事集》记载："不懂民俗的京城监察御史看见牛街回民集会，便向康熙皇帝告发回民造反以邀功。康熙权衡利弊后认为不能轻举妄动，决定亲自去探查。他扮作教民，连续几天参加集会，发现并没有造反事实。康熙回宫严惩御史，下圣旨赐半副銮驾给清真寺，保护教民习俗。至今圣旨犹存。"

　　康熙微服私访牛街的故事虽细节上有演绎的成分，但从北京牛街清真寺保存的圣旨牌匾来看，基本能确定事件的始末：

　　　　康熙三十三年六月

　　　　圣谕

朕评汉回古今之大典，自始之宏道也。七十二门修仙成佛，诱真归邪，不法之异端种种生焉。已往不咎，再违犯者斩。汉诸臣官分职，时享君禄，按日朝参；而回逐日五时朝主拜圣，并无食朕俸，亦知报本，而汉不及于回也。通晓各省：如官民因小不忿，借端虚报回教谋反者，职司官先斩后奏。天下回民各守清真，不可违命，勿负朕恩有爱道之意也。钦此钦遵。[1]

故事大概是这么一个过程，清康熙年间（1662—1722年），牛街清真寺进行了大规模的修葺和扩建，进寺礼拜的人络绎不绝。特别是到了"斋戒月"，伊斯兰教义规定，在斋月中穆斯林应该纯洁思想，戒除邪念，进寺纪念安拉。所以这一个月内，牛街礼拜寺每晚里外灯火明亮，人来人往，夜夜通宵达旦，崇敬安拉。当时，一些捕风捉影的不明教理者便密奏康熙皇帝说"回民夜聚明散，图谋造反"。康熙皇帝为了解真情，便微服入寺。他查明了信奉伊斯兰教的回民是遵从主圣，谨慎守法，并无造反之意。"康熙私访牛街"的故事可以反映出，有时候爆发的社会危机或阶级矛盾不一定是利益分化与冲突带来的，而是文化的差异影响判断能力。传统文化面临着传承与适应的内外矛盾，新文化面对包容与发展的矛盾，各自都有自己存在的理由。进入新中国，中国倡导民族及社会平等，由于文化差异与贫富差距所带来的阶级压迫早已不复存在。今天多元文化下的牛街发展实质上是传承

---

1 王卫华、夏心言：《都市化背景下的民间历史记忆：以〈牛街的传说〉为例》，《民族文学研究》，2013年第6期。

与包容，创新与共享理念的样本。

北京市对牛街的改造是从20世纪80年代末期到90年代初开始的，当时的牛街破败不堪，人均居住面积不足5平方米，而且大部分的房屋都是以破旧的平房或危房形式存在，其商业文化也呈萧条状态，零零散散的餐饮及零售行业分布在一些简易的房屋内，整个社区的管理也处于松散的状态。北京市经过研究，认为对牛街的科学改造不仅能改善少数民族居民的生活环境，而且能促进民族团结与社会治理。从牛街的改造过程来看，北京市对牛街的改造从三个维度上着手。

其一是建筑文脉的维度。牛街的建筑形态几乎涵盖了北京市内所有的建筑风格，有封闭型的院落建筑，也有伊斯兰邦克楼建筑风格，还有现代的砖瓦房与平房建筑。北京市在对牛街的改造过程中保留了具有鲜明个性特征的伊斯兰建筑及历史文化建筑，对危房与棚户区进行了拆迁，完善了片区的路网结构，把原来8米的街道改成了40米的街道，打通了南北交通路网，让公交车贯穿牛街，彻底解决了牛街交通闭塞问题。在住房安置方面，采取了就地安置模式。资料显示，从1988年开始，北京市对牛街的春风胡同等小片区域展开了"危房改造"的试点工作，到1993年工程全部完工，总共完成了32000余平方米的建设，解决了411户居民的住房问题，回迁率84.6%。改造后的牛街地区呈现为方形的结构，分别为牛街东里一区、牛街东里二区、牛街西里一区、牛街西里二区。这四个居住区组成了一个正方形的图形。这种设计让牛街的空间更加集中，既遵循了设计学的科学理论，又方便了对地区居民的管理。

其二是商业价值的发掘维度。牛街的改造是回族聚居区空间和社会关系重构的一个转折点，是市场经济与居民潜在需求的复合呈现，在政府、民众、资本市场的相互作用下，重现了牛街几百年的辉煌。改造后的牛街既保留了传统的商业文化，又增加了开放的商业空间，满足了居民的消费需求，也吸引了世界穆斯林前来消费、投资。改造前的牛街，商业环境松散凌乱，商业的业态主要以小作坊式的餐饮、零售、小吃为主，改造后的牛街重新整合了商业结构，让其科学有序地分布，提高了商业坪效；改造后的牛街形成了一个完整的清真氛围的街区，体现了浓厚的少数民族经济街区的特色，其商业价值得到了最大的开发。

其三是文化建设的维度。牛街建设了3个民族团结文化广场，建造了650平方米的政务服务大厅和300平方米的社保大厅，实行了"一站式"全程办事代理制；建造了3000多平方米的社区服务中心大楼，社区卫生站、图书馆、科普活动室、文体活动室一应俱全；投资3200万元改扩建的回民医院，以一流的医疗条件为回族等各民族群众服务；同时，政府财政拨款3000多万元，建设了10000多平方米的民族敬老院。[1]

当然，文化的相互嵌入并不是停留在混合居住那么简单，这是一个系统工程，必须从教育、文化、心理等角度促进融合。

1　高占福:《大都市回族社区的历史变迁——北京牛街今昔谈》,《回族研究》,2007 年第 5 期。

以"多元混居"实现社会融合

区隔是一个什么概念？从物质角度来理解是把同属性物质或不同属性物质进行主观上的分类，并通过特定的表现形式与制度进行隔离或取舍，以达到既定目标。对城市中的人进行区隔是统治阶级与利益阶层为了满足自身利益的需要而采取的一种消极性的强制手段。

居住区隔是将居民依不同的文化背景、民族特点、财富能力等区分成若干个不同的群体，从而形成各个不同的居住区域，以此来满足统治阶级对社会治理的需要以及利益阶层对保障自身权利安全的诉求。居住区隔实际上是一个动态过程，当某一群体通过劳动所得或机会受益后，就会转换到另一群体的利益阶层；而利益阶层的成员也有可能因负能因素转换到被区隔群体，这实际上就是一个竞争淘汰机制。自然形成的居住区隔是社会资源有效配置的体现，是优胜劣汰法则作用的结果，在一定程度上可以刺激社会与经济的正向发展。但是，统治阶级与利益阶层发起的人为区隔将会给社会带来严重的后果。

从美国曾经的"居住区隔"来看，人为地割裂会加剧阶级对立、种族歧视、文化断层、贫富差距等现象，尤其给青少年的成长带来不良氛围。直到第二次世界大战后，美国有意识地打破"区隔"观念，选择多元混居模式来解决社会分化问题。这是美国历史上第一次打破了资本主义固有的社会等级观念，采取了穷人与富人共处一区的政策，不再因为身份的高低决定公民的居住区域。但是，由于资产阶级的势力过于强大，这一政策直到20世纪70年代都没有得到有效的推广。在美国学者与政府的不懈努力下，到20世纪90年代美国的混居政策才得以全面实施。事实证明，美国采取的分散弱势群体或混合贫富群体的办法取得了有效的成果，不同群体在共享的空间里能够交流与沟通，增加了社会的情感与发展的机会，推动了社会的和睦团结。

对于城市改造与"后城市化"时代社会价值的构建，既要保留传统文化对社会情感的维系，又要通过文明教化与制度实施增强对社会秩序、社会公约、法律准则的认知。对于居住形态的"集中"与"混合"不是两个极端，可以根据现实情况并遵循居民的意愿而决定。在很多城市，一些要求产权置换的原居民被集中安置在特定的生活区域，形成新的"城中村"模式，这种模式被很多学者称为"区隔"现象。

传统意义上的"多元混居"是指城乡二元化向城乡一元化转变过程中，农业人口向城市居民身份转变的过程，他们与城市其他居民共享一个生活空间，分享城市的发展成果。但是随着社会人口结构的演变与经济多元化发展，"多元混居"已经不是停留在农村向城市转移的概念，而是不同区域、不同身份、不同文化与收入的人群居住在同一个区域，共享同一区域的公共空间及生活、工作、学习等相关配套。理论上看，这是人口随着文化、经济、教育自然流动的表现，但是由于文化与经济的差异，某些阶层为了自身的安全或利益，不愿意与他们心中的"野蛮人"共同分享城市的红利，因而引发了各种矛盾。一些地方政府面对矛盾，并没有采取有效的治理办法，而是在后续的拆迁过程中采取简单的"区隔"方式，一"隔"了之。

1846年，伊尔福德在《城镇规划书》中就提出了混合居住的思想。伊尔福德从社会学与教育学的角度分析得出混合居住能够有效地推动社会进步。伊尔福德认为通过中产阶级的生活形态与示范作用，能有效地促使穷人或弱势群体向中产阶级靠拢，从而变成一个符合主流社会的好居民。伊尔福德的观点提出后，西方很多学者便开始探索多元混居模式的理论，最后被西方一些国家广泛采用，有效地改善了群体隔离、社会排斥等问题。到了19世纪50年代，简·雅各布斯写了一本关于美国城市发展的书叫《美国大城市的生与死》，书中提出了美国高速发展的城市化存在的各种问题，并呼吁当局政府及时解决。其中就有一个重要论断，即"多样性是大城市的天性"。雅各布斯认为在多元混居社区里，不同的群体居住在一起，增强了城市空间的丰富性。无论是区隔还是融合，都必须依托以人为本的理念与系统化的改造才能得以实现。所以，多元混居并不意味着"杂乱"，而是体现城市的文明与包容，体现社会主义国家平等互助的优良传统，不同人群，不同文化的融合。

融合性社区存在一个文化尊重与道德升级的过渡期，在这个过渡期中会出现诸多与城市文明不相兼容的问题。这也就是地方政府与城市精英们建议"区隔"的理由。随着社会发展与公共管理水平的不断提高，越来越多的地方政府已接受了融合的理念，比如在普通住宅项目内配建一定比例的保障房，这已经被世界各国广泛借鉴并践行。欧洲国家在公共住房建设上经历了由集中到分散，由整体开发到开发配建的转变。例如英国政府要求在新住宅项目中，低收入居民住房要占总量的15%—50%；德国要求新建住宅区的20%要用于建造福利用房；法国规定建设廉租住房比例为总住房面积的15%—20%。因此，中国政府一方面要加大就地安置的住房建设，另一方面要推行商品房与安置房混搭的模式，只有两手抓的办法才能更有效地推进社会融合，进一步构建稳定的社会价值体系，实现城市改造红利共享。

以教育促进价值认同

"后城市化"时代面临的是综合性的治理难题，这类难题在西方国家的城市化进程中同样存在。由于快速的城市化发展在短期内形成了不同文化背景，不同职业与生活形态的人群集聚，这个仓促的过程往往缺乏循序渐进的过渡期，所以人会在不同利益与不同价值观的背景下变得过于敏感，缺乏安全感，容易导致过激行为或集体意识淡漠。在城市化进程中，农村向城市转移，农民向居民转变，在这个融合的过程中可能会出现三大问题。

其一，村民道德水平不高，主要表现在不爱护公共财产、不注重公共卫生，导致"脏、乱、差"现象泛滥。道德是一种内在文化的体现，在农村，道德通常只体现一个人的处事风格与社会形象，但在城市中道德已经被纳入社会公约，违背道德的行为就会被谴责或处罚。比如小区内，经常出现因为不遵守道德的行为而导致的纠纷，甚至暴力冲突。当然，这是一个阶段性的问题，因为城中村或城市居住融合需要一个磨合更迭的过程，这些处于传统与现代交替区的居民需要适应的时间。

其二，村民集体观念不强，无法融入社会组织。集体观念是对公信力的认知过程，也是自我妥协的一种心理表现。缺乏集体观念也就缺乏了社会的责任感，当前许多城中村依然存在我行我素，事不关己的个人主义思想。由于长期以来受小农思想的影响，对陌生群体保持高度的警惕。面对外来人群或陌生群体会存在心理上的危机感与孤独感，从而导致狭隘、落后、封闭的价值观念和行为准则，与现代化城市格格不入。

其三，村民法律观念淡薄，城中村或混合居住区治安环境较差。当然，法律意识淡薄并不意味着城中村的居民容易违法，而是某种程度上更容易包容违法行为的存在。在中国封建社会与农村，长期以来常常出现"权大于法""情大于法"的现象，当城中村居民受到违法侵害时往往会选择沉默或以暴制暴的行为。盗窃、敲诈、斗殴等现象在第一代城中村中常有发生。

因此，教育成为城中村与城市融合治理的关键环节。根据调查，目前中国城中村再教育程度较低，组织集体活动较少，出现了一种放任的现象。要解决"后城市化"带来的一些问题就必须从教育入手，只有通过教育才能培养居民的社会责任感与民主法治意识。只有引导居民参与社会公共实践活动，才能培养居民依法表达自己的诉求，合理维护和行使自身的权利与义务，从而构建和谐、民主的基层自治社区。

创建可持续的教育环境，通过成人教育与未成年教育同步推进，才能有效提升村民的意识，提高他们适应都市文化的综合素质。首先要建立城中村或混合性社区的成年人教育培训机制，提高居民法治意识与就业技能。根据居民的自身特点实施分类培训。比如，对从事生产性技能工作的居民可以进行操作性培训与职业道德培训；对从事自主创业的居民可以进行管理能力培训、新经济创新能力培训，以及财务与销售培训，通过系统化的课程设计帮助居民掌握创业的基本素质；其次是通过未成年人的教育重构社会价值。城中村不能成为教育的"贫民窟"，地方政府出于土地逐利的诱因，凡是高价出让给开发商的土地就配套优质的教育资源，而对城中村或多元融合的安置小区往往投入较少，因此导致教育资源不均衡，不少地方连幼儿园与小学都没有，其教育质量与学区房的孩子相比，存在较大的落差。

社会融合从本质上来讲，是社会流动所产生的结果。提升教育是促进社会流动向上的重要途径。城中村完成改造后，村民就由传统劳动力转型为新型劳动力，实现了角色和职业双重转变，其中教育是不可或缺的工具。根据目前国内外相关研究，人力资本越强，越有助于社会融合。当然这里强调的人力资本主要是指技能教育。技能教育也是机会教育的一种体现，能让新融入的城中村居民与外来人口，通过专业的技能培训与学习平台，掌握新的劳动技能和就业机会，让他们通过就业与创业融入城市化的生产，从而树立正确的价值观，获得应有的存在感。

除此之外，对城中村融入的居民及"拆二代"进行制度意识的培养与文化修养教育是不可或缺，这有助于社会秩序认同感的建立。近年来，社会公共教育投入主要围绕"创二代"或企业家，而忽视了"拆二代"社会融合教育。以杭州市为例，社会教育主要有三个机构在主导，一是由工商联组织的企业家及"创二代"，关于提升管理能力的教育；二是由组织部组织的企业家与"创二代"关于思想觉悟的教育；三是由统战部组织的非公有制经济管理教育。这些不同单位发起的社会教育，为杭州企业的发展奠定了良好的基础。但从现实情况来看，全国各大城市的社会教育很少把"拆二代"的教育纳入其中。为此，应该引起重视。建议各地政府以购买教育服务的形式，向"城中村"人口开放，以此提升就业与创业的能力，并以教育为媒介搭建社会融合的平台。

另外，非货币安置的城中村居民被集中安置在特定的生活区域，形成"新城中村"，该现象需加以关注。由于政府在安置房建设中没有获得经济利益的回报，所以在公共配套方面的投入也相对捉襟见肘，尤其是义务教育的问题越来越凸显。另外我国义务教育入学的原则是按片区划分，"城中村"或者安置区内较少配置优质的教育资源，使得"城中村"居民和流动人口的孩子难以享受到与城市孩子同等的教育条件，导致城中村"融合"面临新的问题。

消除歧视与隔阂

"拆迁户"是社会发展的新群体，是因为城市化进程使其原有住房或资产被征用而改变生产、生活形态的一个群体。他们中有些年轻人因为继承了父辈们留下的资产与"拆迁"带来的收益而突然"暴富"，从而在社会结构中形成了一个与"官二代""富二代"相似的新群体，人们称之为"拆二代"。

"拆二代"由于失去了原有的生活环境，又没有及时融入新的生活形态，因此处于适应阶段。从调查结果来看，在融合的过程中，小部分"拆二代"出现一些诸如"炫富"的现象。他们靠拆迁得利衣食无忧而无所事事。加之媒体在报道中存在主观渲染，使得社会对这些人群关注视角产生偏差。

这些"拆迁户"由于固有的社会圈层和社会生态发生改变，要融入一个成熟的社会体系确实需要环境、社会关系、人际关系的磨合和自我意识的转变。另外社会认同和接纳他们也需要一个过程。在这个过程中，拆迁户的心态会发生改变，尤其是年轻的"拆二代"产生强烈的存在感需求。他们一方面急于向社会证明自我存在的价值，渴望获得社会的关注与尊重；另一方面也存在迷茫和无所适从。

"拆二代"作为城市居民的一部分，社会应该以更包容的心态去善待他们。同时，政府应该在心理疏导与教育方面构造良好的社区平台；媒体应该更客观地去报道"拆二代"的现象；企业用人单位应该消除对"拆二代"的偏见。由于学历、经验和技能等方面的缺失，"拆二代"就业遇到困难，他们一方面无法满足城市社会用人单位的岗位要求，另一方面容易受到用人单位的歧视。用人单位出于自我保护意识，担心在处理劳务纠纷中得罪"本地人"而惹麻烦。这种社会现象的出现，令"拆二代"产生了极大的挫败感和自卑感。为此，一方面政府应加大在社会保障、教育等公共领域的投入，并搭建心理疏导平台，消解隔阂；另一方面"拆二代"也应尽快适应城市这个新的社会空间，改变自身生活方式、扩大社会交往、更新社会关系，在新的环境中发挥个体能动性，努力增加社会资本，通过重塑生活世界，构建新的价值和意识，以适应新的社会体系。

城市化进程出现的融合问题是一个世界性的话题，许多国家因为治理不善引发了社会危机。比如法国在城市改造过程中对利益分配失衡，导致了同城贫富阶层之间的隔阂与对立，并在文化冲突、民族矛盾等诱因下爆发了 2005 年大规模的城市骚乱。骚乱持续了 20 天之久，是自 1968 年"五月风暴"以来规模最大、持续时间最长的一次社会危机。骚乱平息后，法国政府紧急出台了"多元混居"的城市更新计划，目标是在 8 年内新建 500 个社区，让 400 万居民的居住条件得以改善。法国政府特别规定，全国各个城市的廉租房建设面积不能低于城市总住房面积的 20%。为了加大居民融合，法国政府强制规定廉租房不能独立"区隔"建设，而是要包含在商品房建设之中。开发商要取得土地的开发权利就必须向政府承诺配套一定比例的廉租房。当然，开发商只是帮政府代建，政府会支付一定的成本，建好的廉租房交还给政府统一管理。

城市发展是人类自我改革与物质文明不断提升的结果，因此城市改造的红利应当由全民共享。党的十九大报告提出，我国社会主要矛盾已经转化为"人民日益增长的美好生活需要和不平衡不充分的发展之间的矛盾"。目前人民日益增长的对美好生活需要，已不仅仅体现在对物质文化生活的需要，更体现在对民主、法治、公平、正义、安全、环境等方面的要求。因此，建立共享型城市是对社会的反哺，是对文明的延续，更是对城市改造过程中城中村的价值构建。

第 5 章　城市改造主体分析与风险防范

美国城市地理学家诺瑟姆（Ray M·Northam）认为，城市化发展需要经历三个阶段。城市人口比重在30%以下为初期阶段，在30%到70%之间为中期阶段，在70%到90%之间为后期阶段。当前，我国的城市化进程速度很快，一二线城市已经完成75%以上的城市化率，这个水平已经接近世界发达国家。中国一二线城市在城市化发展过程中积累的经验与教训可以为三四线城市提供借鉴，从而提升城市化发展的质量。

在城市化早期和后期阶段，城市化率提升得十分缓慢，而在中期阶段，由于工业基础比较雄厚，经济实力明显增强，农业劳动生产率大大提高，工业具备了吸收大批农业人口的能力，城市人口比重可在短短的几十年内从50%上升到70%，这是一个拉长的 S 型曲线。[1]

据国家统计局数据，截至2018年末，全国城市数量达到672个，常住人口城市化率已经达到59.58%。显然，中国正处于城市化的中期阶段。从初期阶段到中期阶段中国用了30多年时间，这

1　张占斌：《城镇化是我国统筹城乡和现代化建设的"王牌"》，《中国经济时报》，2012年11月13日。

一成绩备受世界的关注。但是根据美国城市学者诺瑟姆提出的S
型曲线理论，城市化发展到了中后期会出现像初期阶段一样的困
难。实际上，中国城市化发展正是从中期阶段向后期阶段加速，
但在这个过程中出现了治理与发展并存的问题，影响了城市化的
高质量发展，要突破这一问题就必须从城市改造主体层面选择最
优机制。

政府干预对效率与市场的作用[1]

中国的城市改造，是在20世纪70年代西方发达国家提出的
"城市更新"模式上发展起来的。其改造的内容主要有基础设施
及建筑物改造；城市生态与人文环境改造；社会价值体系与意识
形态改造等。而发起这些改造的主体错综复杂，可分为政府、集
体、开发商，三者从改造性质到运作模式都存在差异。

政府主导的改造，特指政府通过行政手段落实规划、拆迁、
征地、建设、安置、管理及运营等一系列工作，完成对棚户区、
城中村及旧城的形象、功能升级，实现对社会形态与城市物理空
间的双重改造。后来随着机制创新，政府主导的城市改造从单一
的财政投入向混合发展模式转变。

政府主导的城市改造模式基本上分为四种类型：一是代建制，
政府委托开发商进行建设及管理，通过服务外包形式解决效率与

1　本文部分观点参见昆明市工商联官方博客《城市改造最优选择》，http://blog.
sina.com.cn/u/3806199614。

质量问题；二是回购模式，政府确定改造方案后，根据改造标的工程量计算成本后进行对外招标，建设单位完成改造后，政府通过验收并以货币形式进行回购；三是由政府组成部门牵头成立国资企业，以国资企业作为投资主体进行项目的投资及运营。四是政府与改造区域所属的集体组织合作发展。这四种模式在具体合作过程中有很大的弹性，因区域要素或实际情况的变化而调整，属于动态发展过程。但是有两个条件在四种发展模式里始终不会改变：一是规划设计及改造标准由政府决定；二是拆迁安置等行政手段由政府完成。因此，政府主导的城市改造无论采取哪种模式，在土地集约化利用及发展进度、效率等方面始终能保持绝对的优势。但同时也有可能出现城市霸权主义现象，对征迁户与外来人口构成一定程度的侵害。

政府主导城市改造本没有什么问题，也符合国际惯例，但是如果在制度与内部机制上存在问题就会给改造带来重重困难。对于中国来说，已经从封建皇权社会走向了以人为本的社会主义国家，法制社会决定了政府不是万能的，在城市改造过程中由于法律与制度的缺陷，导致政府工作有时出现进退两难的局面。土地制度的模糊边界对改造方与被改造方来说都存在争议。以城中村改造为例，当前政府可以依据的改造法律主要是《中华人民共和国土地管理法》，在1998年修订的土地管理法第八条明确规定，"城市市区的土地属于国家所有。农村和城市郊区的土地，除由法律规定属于国家所有的以外，属于农民集体所有；宅基地和自留地、自留山，属于农民集体所有"。也就是说，政府要对城中村改造必须把集体土地改为国有土地才能合法进行。村民对自身利益的预期值过高，在推动改造过程中响应的积极性不足。排除政府强制性的手段以外，政府主导的城中村改造将会面临一个低效率的状态。到了2004年，国家对《土地管理法》进行了修改，在第二条规定，"国家为了公共利益的需要，可以依法对土地实行征收或者征用并给予补偿"。在此之后，中国城中村改造的速度加快了，因为地方政府为拆迁行为找到了法律依据。但是，由此带来的社会矛盾也在加剧，由城中村改造带来的群体事件与上访事件的比例大幅提高，甚至引发了大量的刑事案件。修改的法律对拆迁的定义过于模糊，所以给双方当事人找到了推卸责任与争取利益的借口。从法律条文来理解，"国家为了公共利益的需要，可以依法对土地实行征收或者征用并给予补偿"，这本身不存在争议，因为西方发达的民主国家都有这样的相关法律。但是，有两个问题一直存在争议。

首先，什么是公共利益的需要呢？谁说了算？一般来说，公共利益是在一定社会条件下或特定范围内满足所有人需要的对象，这种利益是建立在公共效用层面上的。从理论及法律角度来看，公共利益行使权利是由民主决策机制或法定依据说了算，但是由于《土地管理法》《城市房屋拆迁条例》等没有明确的套用条例，所以公共利益的边界自然就由地方政府根据城市规划来决定。规划每调整一次，公共利益就会重新分配一次，少数地方会根据主政领导的偏好来决定城市规划，这就在公信力的源头上埋下了矛盾的根源。

其次，法律规定为了公共利益的需要，可以依法征用或征收土地并给予补偿，那么怎么补偿呢？补偿的标准由谁说了算？这又是一个边界模糊的问题。政府出于财政的利益，期望以最少的代价获得最优质的集体土地。一些地方政府利用"广义社会公共利益"的名义来虚化"广义"与"狭义"之间的区别，钻法律的空子对村民住房进行强拆，对村民土地进行强征。而村民为了争取被集体化的个人利益，在拆迁过程中不断与政府博弈。

当前政府直接主导的城中村改造主要依托政府成立国有企业行使改造主体的权利与义务。但是由于技术与利益的问题，出现改造质量与改造的科学性产生偏差是常有的事情。因此，一些地方政府通过委托第三方代理模式实现改造也是无奈之举。政府通过委托代建实质上是一种契约关系的代理模式，是委托人将自己的权益通过符合条件的第三方机构来代为执行。第三方机构因为拥有人才、资本、管理经验等要素资源，能够更好处理专业工作，能够让委托人的利益最大化。

对于城市改造的政府代建或代理模式，在国外已经拥有丰富的经验。美国把所有的政府投资项目都称为公共工程，美国政府投资项目是建立在采购制度的基础上的。美国财政部负责政府工程项目的决策和预算编制，国会负责审核预算。然后通过CM模式给第三方实施。CM就是建设—管理（Construction-Management）的简称，也称阶段发包方式。CM模式最大的优点就是解决了传统承包模式中设计与施工完全脱节的弊病，这种管理模式与中国的代建模式相似。英国也从1984年后建立了政府集中采购模式，到了1992年后，为了减少政府财政预算支出，提高公共工程品质和管理水平，英国政府推行了PFI（私人融资方式，Private Finance Initiative）管理模式。PFI模式是在政府监督管理下的社会资本投资公共设施建设的模式，其基本思路是将政府的城市改造、城中村基础建设等项目交给社会投资机构来完成，政府根据协议要求的时间进行回购。所以，中国城市改造采取的办法也不是地方政府首创的模式，而是借鉴了西方发达国家的实践经验。但是，无论是美国还是英国，政府直接主导的城市改造都是建立在法制与监督的基础上的，通过民意调查和公众听证的形式来实现民主决策，保证将有限的财政经费用在最迫切需要的工程建设中。

从市场经济角度理解，市场调节是价值规律通过价格、供求、竞争等各种要素相互关联、相互制约，引导生产者对生产经营方向和规模进行调整来实现资源配置。政府适度干预有利于资源集约化利用及项目结构性平衡。比如有些城市在城中村改造后就出现了商业项目严重同质化现象，导致商业项目后期经营困难，影响集体产业收益，甚至是亏损。还有些地方出现因为垄断而导致的腐败现象。无论是城中村改造还是旧城改造，其本质还是投入与产出的过程，是社会效益与经济效益密不可分的市场运作。任何一个环节出现问题就会导致项目发展面临难以拯救的危机。另外如果地方政府过度干预也会给社会释放一种超乎预期的信号，导致利益既得者通过放大信号"收割"超乎产品价值的收益。这些年来在政府主导的城市化改造项目中，房价与租金周期性暴涨、暴跌的现象比比皆是，加剧了资产与商业泡沫，影响了市场自我调节的作用。归纳起来，政府过度干预城市项目的改造会导致社会与经济的双重失衡。

其一，过度干预会抑制社会自治能力。从西方国家的社会自治能力对国家安全与社会秩序的影响来看，社会自治能力越强的区域其文明意识及对社会契约、国家制度的遵守程度就越高。所以无论是西方发达国家还是发展中国家对社会自治能力的提升都给予高度重视。城市化改造一方面是村民向居民转变，另一方面是外来文化与城市文化融合，这个过程必然有很多矛盾交集点，唯有鼓励更多人参与城市化改造才能增强公民意识和身份认同。研究表明，通过村民自治的实施，能促进村民在制度框架内提出诉求、维护权益，并有效化解社会矛盾。城中村改造实际上是个人资源、集体资源向集体经济的转化过程，而这与村民自治的运作密切相关。集体经济创造的红利为村民自治的积极性与效率性提供物质支撑。根据对长三角区域调研发现，集体经济越发达，其对村民自治的依赖度就越高，因为集体经济必须得到人民群众的广泛支持，才能保证规范运作。

其二，急功近利推动资产泡沫。从土地成本到房产销售价格是一个完整的产业链。房产作为一个商业属性，其销售价格决定了土地价格。而反之，土地价格也影响了房产价格。许多三四线城市，政府为了快速促进地方经济发展，通过对土地进行多层开发而套利。为了土地利益最大化，政府往往会采取"坐庄"的办法实现土地过度溢价。作为市场参与主体和市场经济的监管与调控者，这种既是裁判员又是运动员的现象极易造成垄断。例如，在某市一城乡接合部的地块改造中，周边可参考的地价相对较低，因此，地方政府便成立城投公司或直属国有投资开发公司进行运作，一方面通过舆论制造区域繁荣的预期，另一方面通过银行低息贷款做好土地"三通一平"。为了"托市"，城投公司会再成立一家二级开发公司参与土地挂牌竞争，故意抬高土地价格来影响市场标准基价。所以，原本80万元每亩的土地价格就会被"炒"到200万元每亩的价格。政府从巨额差价中受益，而后被抬高的房价与居住成本却给当地百姓及外来人口带来巨大的经济压力。因此，城市改造过于集中在政府主导的模式下，有可能出现垄断导致的成本增加，从而推高市场泡沫。

"生地"要炒成"熟地"是城市扩张中较为普遍的手段。尤其在三四线城市，政府需要托市来给土地市场定价，老百姓称之为"坐庄"。坐庄本来是股市里的俚语，特指投资者依靠雄厚的资金，大比例地买卖某只股票，以控制股价，达到赢利的目的。而在城市改造过程中，一些地方政府利用扭曲的"有形之手"对土地市场进行操控，以达到更大的获利目的。常规的操控手段有三种：

一是地方政府通过国有企业平台对目标区域土地进行高价竞拍，中标与不中标，地方政府都是赢家；

二是地方政府通过开发商的名义去托市，如果开发商不小心中标，地方政府就会以土地款分期支付等名义变相给予开发商优惠补贴；

三是地方政府为了保障目标区域的土地价格，故意停止目标片区的土地供应规模，制造供求压力的形势倒逼土地价格上涨。

本来土地从划拨的"单轨制"转向出让形式的"双轨制"，就是为了在一定程度上减少权力寻租。但是国有企业以资本优势与政府背书影响了土地的合理流通，并控制了地方土地的市场定价权，推动土地价格上涨，催生房价泡沫，使得双轨制无法达到应有效果。所以，政府直接主导的城市改造容易出现通过扭曲的"有形之手"对土地市场与房地产市场过度干预，最后导致价格非理性上涨，同城贫富差距加剧，背离了城市改造的根本目的。

村集体主导改造的价值与要素关系

村集体主导的城市改造实际上是一个广义概念，而狭义概念特指城市改造背景下的城中村改造。村集体主导的城市改造首先要将原来的集体土地和房产等资产进行评估并量化为股份，成立股份公司，按照集体法人股和村民个人股进行投入与分配收益。其中，改造与发展的费用由村委会或村民自行筹集，并由村集体自行完成拆迁、安置、回迁建设和商品房建设与销售。村集体主导的城市改造，显著特征是集体资源与个人资源进行重构及价值再分配。根据市场价格对集体与个人资产进行量化与证券化来确定股份比例与分配收益。政府作为非营利组织在改造过程中扮演指导与协调作用。项目改造的资金与土地资源由村集体组织负责筹措、整合，允许村民个人以现金形式增加一定程度的股份。这种模式的最大好处是既改善了城市的生活空间，又增加了居民的经济收入。从理论上来看，这是一种可以节省政府财政投入又能发挥居民积极性的改造模式。

以杭州市黄龙商圈为例。1997年，杭州市的黄龙村还是一个郊区，农田、民房与城市高楼错综复杂。随着杭州市的发展规划与城市扩张，黄龙村被杭州市纳入第一批撤村建居的试点。在复杂的拆迁与土地征用面前，如何实现各方利益的平衡成了政府的一道难题。由于黄龙区域地处西湖区核心地段，村民对拆迁补偿的期望值过高，因此给政府带来的改造压力不仅仅是拆迁安置、公共配套等，还包括土地与资产的溢价成本。政府一方面要面对难以承受的改造成本，另一方面又要解决城市发展问题，在两难的情况下，杭州市采取了利益共享的改造模式。政府根据评估价征收集体土地后，为了补偿土地溢价部分，给村集体预留了10%的土地指标，以此鼓励村集体发展二、三产业。集体资产产生的收益由村集体根据村民数量或股权进行分红。

由于利益共享机制的建立，拆迁得到了村民积极配合与支持，黄龙村一座座商务写字楼拔地而起，翻开了黄龙商圈繁荣的篇章。到2015年，黄龙已成为杭州市核心商圈，资产得到了快速增值，其物业租金成为杭州市最高的片区之一。黄龙社区由于持有集体资产获得的收益与日俱增。之后，杭州市不断完善留用地政策，各个街道内撤村建居后的留用地项目也如雨后春笋，呈蓬勃之势。村集体为主导的城市改造在全国省会城市已有广泛的推广，尤其在广州、深圳、杭州等发达城市较为普遍。

　　村集体主导的城中村改造机制是由村集体自行组建公司，独立完成改造开发任务，以村集体企业的形式存在。在土地开发过程中村集体主导的改造是通过民主协商机制来决策，政府只做宏观规划指导，不参与改造与运营。村集体自筹资金完成开发改造任务，遵循自行补偿、自我安置的原则。这种模式能够有效地发挥村民的积极性，减少沟通成本，同时又减轻了地方政府的财政投入与社会压力。

　　米格代尔在《农民、政治与革命》中指出一个深刻的问题："农民在什么条件下由以村庄为基础的谋生型生活转变到持续地参与村外制度的生活，这是现代化研究中的关键问题。"这个问题是所有城中村改造的问题，揭示了城中村改造的真实意义，也是推进城乡一体化发展的重要目的。

　　分析村集体主导的城市改造案例，发现他们能获得成功，除了拥有良好的机制与政策红利，还基于以下两种原因。一是发挥"能人经济"，实现家长制的企业运营模式，为企业初期发展阶段创造了效率价值。但是，"能人经济"带来的后遗症也是突出的，不利于企业的可持续发展。所以一些依赖"能人经济"运行的企业在发展中逐步向现代治理转型，避免了风险。而有些地方的集体企业始终依赖"能人经济"，在企业的发展与转型过程中被淘汰。二是区域环境构建的信用成本。在长三角与珠三角等经济较为发达的地区，村民在市场经济信用规则下所承担的违约成本较高，所以更容易接受集体治理，这为集体股份制企业的发展创造了环境。

另外，村集体主导的城市改造对经济基础与筹资能力要求较高。经济较为发达的地区集体产权经营模式起步较早，很多城中村在20世纪80年代末期就开始享受集体股份制的红利，一些集体企业甚至已经在主板上市。集体股份利益共享和集体企业资本沉淀，为这些地区城中村的改造创造了条件。但是，改造费用少则过亿，多则数百亿，对于一般的城中村压力还是较大。从长三角实力较强的城中村改造经验来看，一般村集体主导的城市改造资金筹措主要来自三个方面：

一是自有资金加银行融资。自有资金加银行融资取决于城中村或村集体经营物业的抵押价值。不是所有的城中村或村集体都具备自主开发条件的，因为城中村改造需要具备土地与资本两大基本要素。多数城中村在数十年的发展变迁中，已经失去了土地资源。在计划经济背景下的一元化土地市场中，政府通过划拨土地的方式"剥夺"了集体土地权益。许多村集体在20世纪90年代之前就因为城市扩张与工业发展需要而失去了集体土地。在没有土地或集体资产作抵押的情况下，村民自筹资金进行改造是非常困难的。

二是股权融资。村集体通过转让49%的股份寻找合作开发。这种操作模式取决于土地价值与制度优势。20世纪90年代末，地方在城市改造上进行了机制创新，允许村集体保留一定比例的土地进行自行开发，称为"留用地"。1999年,《杭州市撤村建居集体所有土地处置补充规定》首次明确了10%留用地政策。也就是说，政府为了城市发展的需要，向城中村农民征收土地，其中所征面积的10%留给村集体用于发展产业。到了2009年，杭州市出台了《关于进一步完善村级集体经济组织留用地出让管理的补充意见》，放宽了土地使用的限制与小产权的规定，明确了2010年起招、拍、挂的村留用地，有49%的比例可办房产三证。也就是说，村集体持有的100亩土地中，有49%的土地比例是可以通过招、拍、挂的形式流入市场，成为商品房。在招、拍、挂中，政府将土地出让金全额返还给村集体，以确保10%的有效性。没有现金筹措能力的村集体，通过股权形式转让49%的土地权益置换51%的物业。简而言之，村集体以土地入股与外来投资企业合作，房子建好了村集体要拥有51%的物业，企业占有49%的物业，这相当于一个出土地资源，一个出建设成本，物业建好以后按约定进行分配。这种模式在一二线城市比较受欢迎，开发商竞相与村集体合作。但是，在区域位置相对较差、商业价值相对较低的区域就备受冷落。因为区域较差的土地容易出现倒挂的现象，即建设成本高于土地成本，投资者没有利润可赚，项目就难以推进。

三是自有资金投入开发。自有资金投入对集体产业规模与现金流要求较高，比如城中村须拥有上市企业、大型租赁商业等。村集体通过自有资金进行城中村改造的基础是具备原始的资产与资本积累，否则，自有资金的筹措难以实现。当前，中国区域经济发展落差较大，经济实力雄厚的村集体相对较少，所以村集体直接主导的城中村改造模式要因地制宜，不能盲目推广。

另外，村集体主导城中村改造还受地域条件限制。任何城中村改造都离不开经济的推动力，而经济的构成离不开人口规模与集聚效应。城中村改造的直接红利就是物业升值与商业经营价值，而这两项都取决于人口规模与人口的集聚效应，因为人口规模决定了消费规模。比如，著名的九星村，位于拥有数千万人口的上海市，其庞大的人口聚集能力与消费能力构成了九星村的发展机会。九星村集体依托区域优势创办商贸企业，在1600亩土地上建立起华东最大的综合批发市场，也是当时全国最大的村办综合批发市场。九星村成为上海最富有的村庄，几乎每户居民都是千万富翁，而背后靠的是上海的地域优势。

一般而言，人口集聚效应决定地区间的竞争优势及收入状况。经济发达的城市物业价值相对较高，租赁市场比较活跃，预期利润也较高。而人口聚集能力相对较差，经济欠发达的地区物业价值就相对较低，给城中村改造带来重重困难。一些村集体主导的城中村改造在进行一半时，就由于市场的变化导致资金链中断无法推进；或者由于区域人口聚集能力差，导致消费市场疲软，出现了物业经营亏损或倒闭的现象。这些由区域决定的因素影响了资本市场对城中村改造的投资评估，因此人口规模小、集聚能力弱的区域，推行村集体主导城中村改造就相对困难。

开发商主导改造的技术优势与信用危机

开发商主导的城市改造一般有两个前提：一是项目所在的集体组织不具备土地、资金、技术等资源条件，二是地方政府财政实力不够或专业能力不及。在这两种情况下开发商主导的城市改造便应运而生。整个改造过程由开发商成立项目公司，负责项目拆迁、安置及建设等环节的全程运作。开发商主导的改造在理论上是按政府指导意见实施，但在实际运作中追逐利益，这是一种资本运作的本能，更是一种客观存在的市场规律。

开发商介入城市项目改造一般有两种方式：第一种方式由政府通过招、拍、挂的形式引入开发商，第二种方式由区域政府、村委会通过契约形式引入开发商。这种模式的最大优势是地方政府或村集体无须筹措巨额资金，同时可以提高改造的效率与价值。尤其是品牌开发企业，拥有丰富的管理经验以及具有市场价值的品牌，为城市改造项目提供技术支撑的同时，也给项目带来溢价的空间。广州猎德村就是一个很好的案例。

猎德村改造模式是以村集体为改造主体，在政府监督下与开发商达成合作开发，通过土地产权置换方式来解决改造成本问题。在整个改造中，政府不作为投资主体，只负责宏观层面的监督与协调。猎德村的改造方案由村民自行协商，然后与开发商达成协议，最后报政府审批。这种合作模式当时在全国来说是少见的，也突破了广州市一直禁止开发商介入旧城改造的规定。其之所以能突破政策的规定，是因为机制创新。村集体通过拍卖土地产权置换开发商安置房的建设，各得所需。虽然猎德村的改造成为成功案例，但实际上猎德村的改造过程并没有想象中的那么简单。从 2007 年开始，广州市政府和猎德村村委会经过多次与当地的村民进行交流、协商才达成基本的改造方案。方案确定了补偿标准与原址重建计划，根据规定，村民以村集体经济组织成员的身份在大会上表决，在政府全程监督下，应到人员三分之二以上同意后通过村民投票表决结果公示才能生效。其他程序都较为顺利，但是对于赔偿方案中回迁房所增加面积的购买单价为5000元每平方米存在争议。部分村民通过联名抗议给村委会施压，并建立社交群进行串联抗议。在村民的努力下，回迁房的价格下调到了3500元每平方米。一个月内有3000多户村民陆续搬离猎德村，住进了临时安置房，但是还是有6%的村民表示不接受补偿方案，作为改造主体的村集体并没采取强拆办法，而是通过法律手段进行诉讼。最后经过多轮协商、沟通，村集体实现了100%拆迁的任务。在3000多户的拆迁工作中，没有出现一起恶性群体事件，也没有出现上访现象。2010年，猎德村改造正式完成，被媒体称为"猎德模式"。今天，回顾"猎德模式"的时候，会发现依然存在很多问题，比如村集体被"虚拟化"带来的公信力下降。

如果把开发商与村集体联合主导的城中村改造看作一个利益合作组织，那么作为改造主体的村集体实际上是村委会的公司化组织，村委会既代表着村民利益，也扮演着政府社会治理的延伸组织，身兼双重身份的村委会在政府的指示下开展村民与开发商的谈判（如图5-1所示）。在这个过程中，村委会与村民之间的利益关系实际是一体的，村民作为理性经济人为自己权益会产生激烈的反应，而此时村集体作为政府的代理人既要保证自身的利益，又要行使代理人的义务，因此就会出现两难的境地。如果处理不善，就会影响村委会与村民之间的信用关系。但是，猎德村

```
                    ┌──────────┐
                    │   政府    │
                    └────┬─────┘
                         │
                         ▼
┌────────┐        ┌──────────────┐        ┌────────┐
│  村民   │◄──────►│ 村委会（集体） │◄──────►│  开发商 │
└────────┘        └──────────────┘        └────────┘
```

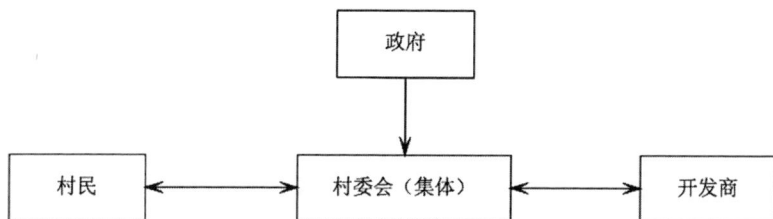

图5-1　开发商与村集体主导的改造利益组织

模式相比单一的开发商主导的城中村改造又略胜一筹，因为纯粹由开发商主导的城中村改造是带有行政命令色彩的，开发商是政府的直接代言，在这个过程中开发商逐利的本能会对村民的利益产生损害。政府把经营权转让给开发商后，由于监管不到位导致村民反对情绪严重，最终会给城中村改造带来重重困难。

据新华网报道，2013年广州市冼村村委班子多名成员在城中村改造过程中涉嫌严重违纪违法。经过纪检、检察部门调查，一个由村干部、政府官员、开发商三者合谋的腐败"铁三角"逐渐浮出水面。冼村实业有限公司原党支部副书记、董事长冼某等7人在协助政府经营和管理国有土地的过程中，收受广州市嘉裕房地产集团等多个开发商贿赂，导致一些黄金地段的土地被拍出"白菜价"，集体资产大量流失。

开发商主导的城市改造容易出现利益寻租的空间。尤其在合作边界模糊的情况下容易出现职、权不清，给项目的监管带来难度。所以，就会出现因监管缺位而滋生的权力腐败。

克里斯·皮克万斯对西方国家的城市化发展进行了研究，他尖锐地指出：在自由市场的条件下，私人部门开发商只会在符合他们的利益时才会进行土地开发。开发商主导的城市改造由于受利益驱使，其利益倾斜是必然的。比如项目在规划过程中故意留有弹性空间方便后期"更改"。有些开发商会在空间、绿化、配套、安装、建材等领域进行"压缩"，以此降低成本。从近年来新闻披露的一些案例来看，出现许多建好的商业物业不能营业，交付的安置房变成"贫民窟"的现象。这给社会造成不良影响，其中甚至有演变成群体事件的案例。《大河报》曾报道，2011年河南郑州一处安置房，外墙砖表面严重风化、起皮，用手轻轻一掰就断成两截，用脚一踢就碎。地方政府迫于舆论压力，承诺将8栋安置房全部拆了重建。工程质量是老百姓肉眼可见的，而隐性的损害更无法估量。一般情况下，被征迁户只能被动接受政府和开发商制定的各种政策及提供的安置房。由于利益被损害、诉求被忽视，被征迁户往往容易产生不满情绪，这使得改造不能顺利进行。同时，如果改造夭折，村民会陷入回迁困难、无家可归的困境，政府也因此陷于进退两难的境地，公信力出现危机。

城市改造主体的利弊关系

城中村或旧城改造主要有政府主导、企业主导、集体主导三种模式，因为每个区域的要素禀赋及地方政府的诉求不一样，所以采用的方法也有较大的差异。对于城市改造的主体选择，学术界有较大的争议，有人认为政府主导的改造有利于效率的提升；有人认为政府主导城市改造容易破坏规则，不具备市场逻辑及专业能力，因此由第三方企业主导或集体主导的改造模式优于政府主导的改造模式。实际上这种争论都是片面的，无论谁主导的城市改造都必须遵循区域特点与供需关系逻辑。通过不同改造主体的利弊分析，能规避城市改造主体选择上的片面化，有效提高城市改造的质量与社会价值。

一、政府主导改造的利弊

政府主导的城中村改造或旧城改造主要基于三大动机，一是改善区域环境，提升城市形象与居住品质。出于这种动机的区域一般是经济条件比较好的城市，在改造过程中以政府投入为主，实施原拆原建的发展模式。二是利益驱动，以较低成本对原有建筑进行拆迁，然后提高容积率赚取剩余建筑面积来获得财政收入，同时满足城市形象的需要，解决城市治理的难题。这种现象较为普遍。三是优化城市产业布局与居住结构，这是"精明增长"的一种理念，是一线城市或发达城市在经济与社会文明到达一定程度后所采取的措施。地方政府无论出于什么动机，在改造过程中都存在优劣势。

首先从优势上来看，地方政府主导的城市改造因为公权的介入，在项目推进过程中能调动各方的力量，为项目推进提供有效保障。另外，政府拥有政策制定权与公信力，潜在成本控制上具有优势，能降低项目的投入成本。理论上，政府是为人民而设立的组织，在理论上属于非盈利机构，因此在城市改造过程中更加注重社会综合利益，能最大可能保障公平性。

其次从劣势角度上看，政府不是专业的生产与经营组织，在项目改造与运营过程中因为专业水平与管理能力的不足往往会导致结果脱离现实，给项目带来不可逆转的损失。此外，政府管理组织不具备市场延伸条件，如果监管不到位，将导致项目改造过程中出现权力寻租的腐败现象，给国家与人民带来损失。另外，政府主导的项目改造因为过于发挥"国家机器"的作用，在项目与市场，项目与利益对象的选择上往往难以平衡，从而影响市场规则。

综上，政府主导的城市改造模式是否合理，关键要看改造项目的禀赋与各方利益的诉求，以及地方政府自身的条件与能力，而不能片面地认为地方政府主导的改造好与不好。

二、开发商主导改造的利弊

开发商主导的城市改造动机很简单，就是实现盈利目的。但并非所有的盈利目的都是错误的，合理的盈利需求有利于发挥项目的功能价值。这也就是集体组织愿意与民营企业合作进行城中村项目改造与运营的原因。从杭州、上海、广州等城市的实践来看，开发商参与的城市改造具备三大优势。其一是管理能力强，在项目改造管理与经营管理上能结合市场的实际需求与合作伙伴的诉求，最大限度地实现共赢的预期。开发商因为拥有丰富的商业化开发经验，在产品形态与效用价值上更符合市场需求，容易获得利益相关者的支持。比如绿城房产因坚持品质优先的理念，在城市改造过程中所代建的安置住宅深受拆迁户欢迎。万科房产参与深圳城中村改造，利用专业化的设计理念对老旧住房进行改造后，也得到业主和租客的认可。另外，开发商主导的项目改造因为专业水平与资本优先模式，在项目改造的效率上往往更胜一筹。在项目的经济回报周期上也结合了市场的实际需求，能给合作伙伴带来更高的价值。尤其是城中村改造的商业项目，通过企业专业化的理念能实现较高的租赁回报。

但是，开发商在项目改造过程中往往会把自身利益放在第一位，所以在利益的诱导下就容易导致项目经理为了牟利链而走险。行贿与受贿在现今的民营企业中也较为普遍。在中饱私囊思想的影响下，项目容易偏离既定目标，弱化了社会效益。同时，由于利益分配不公所导致的社会矛盾现象也时有发生。因此，以开发商为主体的城市改造并非想象中的那么完美，其监管难度与利益平衡更加艰巨。

三、村集体主导改造的利弊

村集体在中国是一个特殊的概念。其源头是中华人民共和国成立以后的一种土地分配制度。早期特指农村劳动组织对其所有的土地依法享有占有、使用、收益和处置的权利，是土地集体所有制在法律上的一种定义。

改革开放以后，逐渐出现了农村生产主体利用土地及剩余资本优势发展集体经济、产业，从而形成了集体企业概念。在改革开放40年中，集体企业借助城市化发展带来的土地红利与人口集聚优势，资产规模越做越大，延伸出多产业的发展模式，并向股份制企业转变。对于这一部分企业，其定义边界已经较为模糊，既有集体企业的分配模式，也有现代企业的运营机制，参与自己属地城市改造具备了得天独厚的优势。

随着城市规模的扩大，城市周边的村庄概念已经模糊，多数村庄已经变成了城中村，几经改造，村民也变成居民。转变后的居民依然拥有集体资产的分配权利，这些资产包括土地、建筑、产业等。处理剩余土地，地方政府一般会采取两种方式，一是货币征用，二是留给村集体一定比例的开发权。因此，村集体要么选择与开发商联合开发剩余土地，要么自己主导开发或改造。从一些城市的案例来看，村集体主导的城市改造更具有积极的意义。

首先是村民的积极性得以充分调动，在拆迁与协调过程中工作阻力小，中国传统的乡村契约文化与现代企业的法律制度能得到有效的融合。其次是利益共享价值最大化，村民通过定量货币与土地使用权两种模式入股，风险与收益共存，实现了公平分配与利益共享的目的。再则，村集体主导的城市改造有利于村民自治能力的提升，对城市文明与社会融合、提升社会责任感有着积极的推动作用。

当然，村集体主导的城市改造也有很多缺陷。一是村集体须具备项目的开发与改造能力，要求过高而不具备复制性；二是对于不具备经济实力的村集体，在开发改造过程中过于依赖杠杆作用，容易导致资金链断裂，从而引发烂尾或半拉子工程；三是村集体主导的项目改造对区域经济的依赖过大，如果区域经济不好，那么改造的项目就会出现运营危机，以至于引发债务危机。由此可见，村集体主导的项目改造一般适合经济较为发达的地区，经济欠发达的地区如果没有特殊的要素禀赋，很难实现改造收益的转化。

四、不同改造主体的对比分析

如果将政府主导型、开发商主导型、村集体主导型的城市改造进行对比，设定一个权重参数，可以比较出城市改造主体的最优选择结果。假设城市改造必须考虑四大要素，即社会效益、发展进度、管理能力、社会矛盾。每一要素权重分为五分，分数越高说明越优。根据对多个城市不同改造主体的案例分析得出，政府主导的城市改造在社会效益与发展进度上都是满分5分，而在管理能力上相对分数较低。开发商主导的城市改造在管理能力上虽然是满分，但在社会效益与社会矛盾上分数相对较低。村集体主导的城市改造在发展进度与管理能力上处于一般优势，但在社会效益与避免社会矛盾上占有满分优势（如图5-2所示）。

通过平均分值计算，政府主导的城市改造为3.75分；开发商

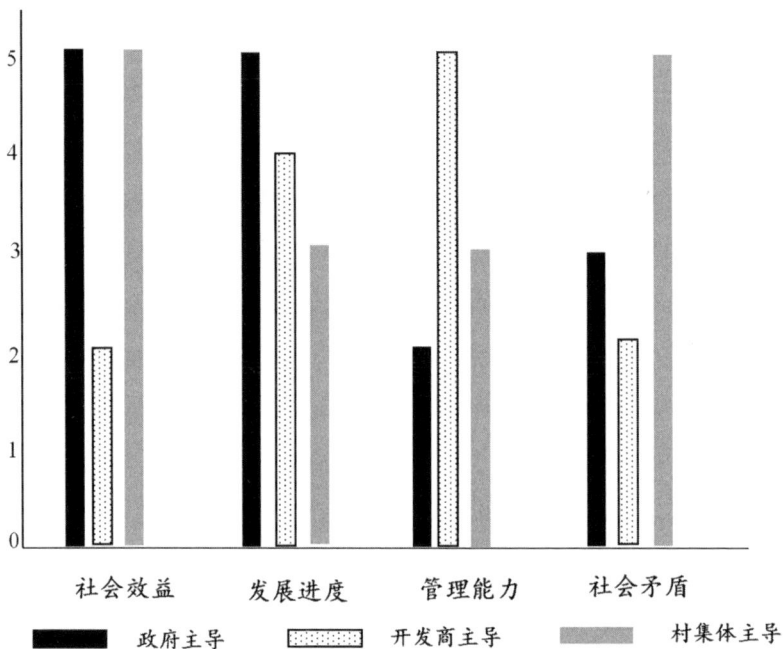

图5-2　不同改造主体对比分析

主导的城市改造为3.25分；村集体主导的城市改造为4分。因此，村集体主导的城市改造更具有积极的推广意义。但是，村集体主导的城市改造具有三个先决条件：一是对区域经济的发达程度与资源禀赋优势具有较高的要求；二是对集体资本的积累具有较高的要求，集体资本能满足项目改造的需要；三是要有社会对契约精神具有普遍认同的环境，否则在项目改造过程中会出现各种纠纷（如表5-1所示）。

表5-1 城中村改造模式分析

开发模式	优势	劣势	分值（每一权重分值计分1–5分，分数越高越优）		适用建议
政府主导	1.公权推进，速度较快；2.拥有政策制定权，降低成本；3.社会综合利益考虑较多。	1.管理能力差；2.腐败风险大；3.容易破坏市场规则。	社会效益	5	适用经济相对较弱城市；对集体制度与开发商合作制度尚未理解的城市。
			发展进度	5	
			管理能力	2	3.75
			社会矛盾	3	
村集体主导	1.村民积极性高，工作阻力小；2.利益共享最大化；3.有利于村民自治能力提升。	1.经营能力不足；2.资金链容易断裂；3.对区域经济依赖过大。	社会效益	5	适用于经济较为发达城市，集体资本积累较雄厚，社会对契约精神普遍认可的环境。
			发展进度	3	
			管理能力	3	4
			社会矛盾	5	
开发商主导	1.管理能力强；2.改造效率高；3.经济利益最大化。	1.腐败风险大；2.社会效益较弱；3.社会矛盾多发。	社会效益	2	适用于土地较为充足的地区，对招商需求较大、定向要求较高的城市。
			发展进度	4	
			管理能力	5	3.25
			社会矛盾	2	

从以上三种改造模式可以看出，政府、村集体和开发商在不同的改造模式中各有利弊。但是根据对四项权重指标的评分，村

集体主导型改造模式最优。当然，这并不否定政府与开发商主导的改造价值。只是出于利益共享及未来社会自治能力提升的角度来分析，应该积极地鼓励村集体主导城市改造。

城市化改造关乎空间与经济，更关乎道德与伦理。在政府、开发商、集体或村民之间的博弈中，大家都是共赢的，无非就是既定利益实现程度的大小问题，而这一问题是可以通过干预实现平衡的。但是城市的发展是全民共同劳动创造的结果，而外来人口作为城市价值的创造者，在城市改造过程中不能只是牺牲品，应该兼顾外来人口的利益，关注外来人口的居住成本与通勤成本。否则，我们将失去城市改造的初衷，失去城市发展的动力。因为城市改造的初衷就是构建一个公平、公正，利益共享的社会生态体系，而城市发展则需要更多人为之默默付出，他们的生活环境及成本决定了城市的运营成本与效率，只有构建一个合理的分配体系，城市才可以持续发展。

城市改造从"共生"到"共享"

城市改造无论采取哪种模式，都必须注重发展权共享的理念。政府、集体组织和开发企业应该合理分配土地与资产增值收益。

目前广州、深圳、杭州等城市在城市改造中较多采用了发展权共享模式。这种理念主要是借鉴了台湾地区的"发展权共享""区段征收"的制度。其核心要义是在每个城市更新单元里，留出一定比例的发展用地给原集体组织。例如，在深圳市城市更新办法中，对已列入城市更新计划的原农村集体经济组织未征未转用地，80%由继受单位进行城市更新，20%纳入土地储备。按照规划，每一个更新单元都有保障性住房、创新型产业用房、城市基础设施和公共服务设施等配建要求。这是土地增值收益分配的另一种表现。深圳市《城市更新办法》规定，城市更新单位应提供不少于拆除范围用地15%或大于3000平方米的用地，用于基础设施和公共服务设施建设。住宅类城市更新项目按照不低于住宅总规模的5%—20%的比例配建保障性住房。[1]另外，如上文所提，杭州市的留用地政策也成为城市改造的成功典范。

发展权共享的城中村改造模式虽然在制度与现实契约关系上存在很多问题，但是其发展的道路是光明的，方向是正确的。村集体主导型城市改造较好地落实了发展权共享的理念，未来要在多方合作机制与政府的政策支持上继续探索。

1879年德国植物学家德巴里（Debarry）为描述地衣中某些藻类和真菌之间的相互关系，首次提出了"共生"的概念。所谓共生即生物间两个或两个以上有机体生活在一起的相互依存关系。随着理论研究的深入，共生理论被广泛应用于民族研究、文化研究、城市规划、空间设计等众多方面，"共生"的内涵由"生存"等级发展到"共享"等级。

马克思曾经指出："人们奋斗所争取的一切都同他们的利益有关。"习近平总书记也指出："共享发展是人人享有、各得其所，不是少数人共享、一部分人共享。"

中国人经过数十年的经济发展已经全面解决了温饱问题，并向小康水平进阶，可以说国家经过改革开放与城市化发展已具备

1　邵挺：《高度城市化地区改造政府不做唯一组织主体》，《中国经济时报》，2014年10月24日。

从"共生"社会转型为"共享"社会的条件。城市化发展的成果不仅要在经济上实现共享，而且要在政治、文化、社会、生态等各个方面实现共享。在城市化发展背景下的城市改造，建立"共享"城市的理念与制度体系是社会文明进步的体现，是一种城市高级发展的形态。但是城市化发展要实现"共享"目标，前提必须以实现"共生"为基础。

首先，遵循城市生态体系的构建。城市化发展不仅是为了释放内需，增强经济发展的动力，更是要助推文化与意识形态的提升。城市改造要基于人类赖以生存与发展的文化、信仰与情感因素，做到文化传承、情感诉求与社会和谐的统一。背离人本理念的"造城"运动，必将导致民族价值体系的断裂以及文化、民主、法治、文明等维系社会秩序的要素支离破碎，无法形成统一的国家意志，进而影响可持续发展与社会稳定。

东京都会区的六本木新城再改造项目是多主体共同推进更新的成功案例。虽然日本土地私有，但是在六本木新城再改造项目中，开发商首次提出了"协商共赢"的谈判口号，兼顾了政府、开发商、原业主和低收入流动人群等各方责任和权益，让他们各自获得自身收益的同时，整个旧城改造也就达到了共赢。

这个地区的街道多年来一直非常狭窄，建筑物陈旧且密度极高。六本木新城再开发计划以打造"城市中的城市"为目标，并以展现其艺术、景观、生活独特的一面为发展重点。在东京政府的监督下，开发商花费了十余年的时间与原业主成立"恳谈会""协议会"，经过了上千轮的谈判，让每一位业主都了解新城开发的过程，打消了疑虑，并收集了业主们对于拆迁补偿的意愿和想法，根据业主们的意愿制定合理的补偿方案，最终获得了业主们的支持。此外，政府也通过征求民意等办法，反复调查旧城改造的范围和方式，不断修改开发计划，甚至把容积率破例提高到新的水平，以照顾开发商的利益，同时满足了业主们的居住需求，成功地推动了双方合作的达成。[1]经过17年的不断努力，在政府、民间企业、地方人士的合作下，六本木新城再开发改造计划于2000年4月开始建设施工，2003年4月底完成。六本木新城以办公大楼森大厦为中心，具备了居住、办公、娱乐、学习、休憩等多种功能及设施，是一个超大型复合型都会地区，几乎可以满足都市生活的各种需求，已经成为著名的旧城改造、城市综合体的代表项目。六本木新城再开发计划通过良好艺术规划与开放空间设计的结合，将整体空间塑造得更加艺术化和人性化，不但为居民提供了一处舒适宜人的都市生活、办公休闲、购物空间环境，而且带来了一种新的都市设计思考方向。这一成功的都市再开发经验，也可作为中国未来城市更新发展规划的参考范例。

　　其次，重视社会阶层利益平衡。城市化发展红利全面共享是城市化建设的初心，也是城市运营与增长的逻辑。过于逐利的城市化改造不仅容易滋生腐败，还对弱势群体构成伤害。同时也对城市空间、人口、集聚、经济、增长的生态逻辑产生破坏，影响城市的可持续发展能力。另外，失去公平的分配体系将纵容食利阶层崛起，破坏社会风气，影响伦理、价值。所以，对于"后城中村"时代的稳定与治理应该两手抓：一方面要加大文化、教育、法治的培训与宣传；另一方面要促进"城中村"产业经济发展，

1　施国庆、郎昊:《都市旧城区改造的多方合作共赢模式——日本六本木新城模式及启示》,《城市发展研究》, 2013年第10期。

推动经济结构转型，为"城中村"在与城市的融合中实现"多元共生"提供经济基础。[1]

城市改造利益共享的"兰华模式"

以集体为主导的城市改造是未来的发展方向，是民主与文明的体现，是中国人走向责任与担当的主要表现。尽管以集体为主导的城市改造需要很多的要素条件，也需要更多的研究与探索，在这条道路上注定会有诸多的坎坷，但是我们必须要看到一些成功的希望。山东省临沂市兰华集团就是一个经历了改革大潮洗礼的村集体企业，如今已经带动了全村居民实现创富，实现了城市改造利益共享的诺言（如图5-3所示）。

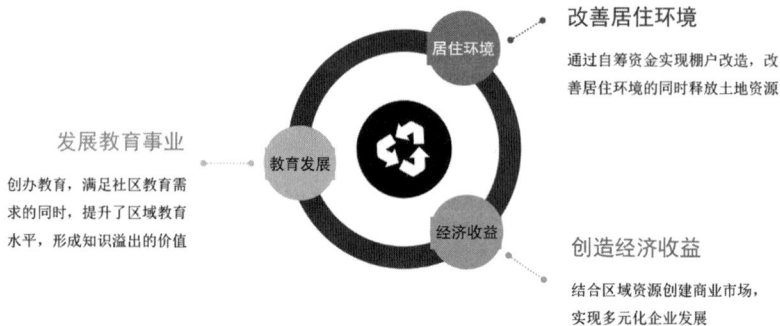

改善居住环境
通过自筹资金实现棚户改造，改善居住环境的同时释放土地资源

发展教育事业
创办教育，满足社区教育需求的同时，提升了区域教育水平，形成知识溢出的价值

创造经济收益
结合区域资源创建商业市场，实现多元化企业发展

居住环境

教育发展

经济收益

图5-3　曹家王庄社区改造模式

1　郑荣华：《城市改造的最优选择》，《中华工商时报》，2017年11月15日。

一、兰华企业发展与城中村改造的演变过程

2014年3月16日，在山东省临沂商城实验学校会议室里，一位60多岁的老人坐在主席台上宣布了一件山东企业发展史上从未有过的事情，台下代表一致通过。这位老人叫曹继廉，在他带领下的曹家王庄社区就如当年的华西村一样创造了一个改革开放背景下的"神话"。老人宣布的是山东兰华集团股份有限公司成立，这是山东省第一个由村集体企业改制为居民持股平台的股份制民营企业。

为了这项股改工作，曹继廉忙活了大半年。在他看来，再辛苦也是值得的，因为他知道，这是他带领村集体二次创业的开始。为了这次股改，曹继廉先后准备了将近一年时间。首先他在所在的街道办成立了曹家王庄股改协调推进工作小组。安排团队摸清曹家王庄社区祖居户籍情况、企业员工工龄情况等信息后，股改小组制定了股东资格界定、股改实施方案、股改量化方案等五个方案。根据审计，兰华集团当时的净资产约2.6亿元，其中2亿元被量化分割成等份两亿股，每股1元，剩下的6千万元作为改制后公司的资本金。股权则分为四种：失地居民补偿股、土地拆迁补偿股、员工股和法人股。股东人数为2142人，公司所有权属于股改后的全体股东，实现居民人人持股。根据股改方案，1998年到2013年户口在曹家王庄的居民，按15年计算，每年2000股，年龄小的按实际年龄算。除了居民股，拆迁居民还根据原来拆迁房屋的面积计算拆迁补偿股，如果居民在集团工作，

另外还有员工股。例如，57岁的居民曹祥玺，因为当时的拆迁获得了5万股的补偿，另外又获得了3万股的居民分配股，他一共拥有8万股，一分钱也不用缴。而作为这家企业的创造者曹继廉，他给自己的股份只有50万股，仅仅占公司股份的0.25%，还规定公司管理层占股不超过5%。这样能保证利益共享的机制。

那么，这家集体企业为什么要进行股改呢？曹家王庄社区的居民曹祥顶说："从曹家王庄社区居民，摇身变成股东，以后能有分红，我们充分享受到了权利的同时，又能让集团班子放开手去发展集体经济。"改制后，曹家王庄的股民每年将享受不低于16%的股权分红，以平均每名股民3万股的股权计算，平均每名股民将得到4800元以上股权分红，高于改制前平均每名居民享受3600元社区福利。企业改制真正让居民得到了实惠，享受到了改革发展带来的红利。从管理的角度，股改后实现了产权明晰化、管理企业化、经营资产化、分配股份化。兰华集团高管刘建认为，以前集团是社区集体企业，有点小事都需要居民签字，居民没事儿也要管一管、问一问，现在居民变成股东，等着分红就行，而公司选出董事会进行管理，公司的运转比原来顺畅多了。

截至2018年，兰华集团已经拥有固定资产逾40亿元，形成了集房产开发、批发市场、物流园区、加工园区、文化旅游、电子商务、学校教育、物业服务等多业并举的产业集团。谁又曾想过，这家临沂标志性的企业在20年前却是一个村集体所有制的"烂摊子"。

1998年6月，曹继廉被下派到了曹家王庄村担任村支部书记。当曹继廉来到村支部的时候才发现，村里已经负债380多万元，所谓的村集体企业也只是几个空空的配电房而已。

那时的曹继廉虽然一筹莫展，但作为沂蒙老区的儿子他有不认输的干劲。他认为，发展是领导所盼、群众所求，只有往前走才能解决曹家王庄面临的困难。说来容易，做起来难。在当时，曹家王庄村一没土地，二没资金，怎么破题呢？曹继廉琢磨，资金可以筹集、可以借，土地却集不来、借不出啊。曹继廉整天在村里转悠、琢磨怎么变出土地的事情。经过曹继廉分析，虽然村里没有闲置的土地，但是有浪费的土地啊，村民的住房都是棚户区状态，占地面积过大，效用过低。经过严密的勘察、分析和论证后，曹继廉决定实施旧村改造，开发建设小区，一来改善民生，二来腾出土地发展经济。

1999年初，曹继廉自筹资金1200万元，领着村委会班子成员开始了轰轰烈烈的旧村改造。当时大家都认为拆迁将会成为最大的困难，而曹继廉二话不说就把自己家的房子给拆了。在曹继廉带头作用下，一期200多户村民在短短几个月内拆除了自己的房子。一年后，也就是2000年的春节前，曹家王庄村一期200多村民变成了居民，欢天喜地地搬进了新房子。榜样的力量是最大的动力，2000年10月，曹家王庄社区启动了二期旧村改造工程，500户村民无一反对，迫不及待地要求拆迁。2002年曹家王庄社区二期建成完工，一期与二期之间形成了一条商业街区，为社区创造了经济源泉。2003年，曹家王庄社区启动了三期旧村改造，完成了300多户民房的拆迁。也就是从这时起，社区在满足居民住房的同时，也在规划利用节余的土地启动房地产项目开发。为此，社区专门成立了兰华房地产开发有限公司。从1999年到2005年，曹家王庄社区共拆除旧居1200余户，腾出土地460亩，一部分挂牌直接出让，另一部分自筹资金开发。兰华公司先后建成住宅楼50余幢，总建筑面积达到30万平方米。如今的曹家王庄社区，已是一个总占地600亩、拥有住房、楼宇90余座，入住人口规模3万人的大型优质社区。曹家王庄社区先后获得了国家级绿色社区、全国商业示范社区、全国和谐社区建设示范社区、全国学习型家庭创建示范社区等国家级荣誉。

曹继廉是一个有远见的人，从1999年他拆掉自己家房子的那一刻开始，他就在琢磨，让老百姓的居住条件改善了，但腰包鼓不起来还是不能解决根本性问题。20世纪90年代，临沂的商贸市场如雨后春笋，形成了全国著名的商业贸易集散中心。很多像曹家王庄这样的城中村都因为起步比较早，在商城投资开发领域发了财。曹继廉在想，如果此时再去兴建商贸市场，不仅自己没有这个实力，而且也没有竞争力，于是他选择了利用最少的资金去做商贸配套。用曹继廉的话说，他是在走引商兴工的"快车道"。曹继廉把商城独特优势与南方发达地区"前店后厂"的模式相结合，建设了一个10万平方米的工业园区，成功地将100多家企业引进园区。工业园区的开发建设，成为曹家王庄经济发展的"加速器"。2002年，园区实现产值2.2亿元，社区集体经济由此扭亏为盈。2010年，为提升市场地的产品占有率，促进工商联动发展，兰山区启动了临沂商城地产品加工园项目，曹继廉紧紧抓住这一机遇，投资 2 亿元建起了占地 280 亩，建筑面积 30 万平方米的兰华产品加工园，园区入驻企业 50 余家，实现了盈利。此后，兰华集团进行了多元化发展，成为集市场、物流、文化、教育、电商为一体的大型集团公司。

在曹继廉看来，曹家王庄社区的居住条件好了，口袋子也鼓了，但是小孩子的教育不能落下啊，不然成为"拆二代""啃老族"是对社会不负责任，也是对曹家王庄社区的未来不负责任，他必须要完成这件心事。在曹继廉的坚持下，兰华集团投入 2 亿元创办了临沂商城实验学校。曹继廉首先请来了山东名校的特级老师担任校长，然后高薪招聘全国最优秀的老师来任教。先是从幼儿园、小学、初中教育抓起，再创办了高中部，实现寄宿制民办公助的教育体系，创造了临沂市升学率最高，素质教育最全面的教育机构之一。

曹家王庄之所以能成为一个典型的案例，是因为他们实现了改造的真实价值。城中村改造不仅仅是改造城市形象，更是改造人心，改造生活与未来。以村集体主导的曹家王庄社区改造，不仅让我们看到了像曹继廉这样勇于奋斗、全心为民的好干部；也看到了中国老百姓民主自治、团结互助的崇高品德；更看到了中国城市发展的觉醒与希望。

二、"兰华模式"解析

兰华模式的特殊性在于多维度的"立体"改造，通过土地要素、经济要素、知识要素、制度要素的相互作用形成合力实现改造的最大价值。曹家王庄社区的改造完全是由集体发起的，政府负责监督与给予支持。在这个过程中看到支部书记曹继廉破釜沉舟拆掉自己的房屋的同时，也看到了一个城中村改造价值的发展模型（如图5-4所示）。

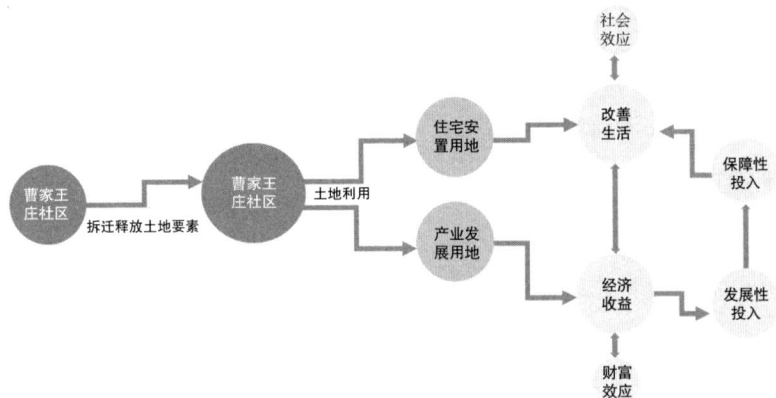

图5-4 曹家王庄社区改造价值模型

1.土地要素的释放

17世纪英国古典经济学家威廉·培第（William Petty）认为，劳动是财富之父，土地是财富之母，这也发展成为后来的古典经济学三要素：土地、资本、劳动。20世纪90年代末的曹家王庄社区，无疑是落后的。从发展背景来看，当时临沂市的商城发展之路已经基本形成，各大社区已经在商城建设经营中获得了先机，而曹家王庄社区却依然在负债中蹉跎，其中的原因便是土地与资本要素的缺乏。曹家王庄社区虽然同样是城中村，与其他社区一样可以分享城市带来的各种机会，但是由于地理属性的制约，缺少发展用地。在这一阶段，曹家王庄社区要解决的是土地要素问题。曹继廉把目光盯在了自己的村庄，他发现大量的土地都被零散的民房、棚户所占据，他要通过拆迁集约用地的方法释放土地要素。为此，他自筹资金1200多万，率先拆掉了自己的房子，在他的带头作用下曹家王庄社区进行了全面的拆迁改造。合理的规划实现了全村安置，同时释放了大量的产业用地。正是因为释放出来的产业用地，曹家王庄社区才有机会建设第一个商业市场，实现了经济效益与社会效益的双重收益。这也证实了美国经济学家丹尼森（Denison）将资本和土地要素在数量上的增加和质量上的提高归结为对经济增长起着重要作用的观点。

　　土地要素对城中村的发展主要体现在两个维度，首先，土地作为生产要素的投入直接影响产出能力，尤其对于商业环境较为成熟的区域。曹家王庄社区地处临沂大商业环境的氛围中，通过对社区的改造释放出来的土地面积为产业发展提供了基础，实现了产出带来的收益；其次，土地作为人类一切活动的载体，在宏观经济的背景下除了具有生产要素的作用，还具备调控工具的作用。社区作为区域政府的组成部分，释放出来的土地价值与经济环境、政策调控、社会需求等有着密切的关系，从经济与社会的角度来理解能产生各种溢出效应。比如社区环境好了，老百姓的觉悟就会提高；居民有钱了，购买教育与服务的能力就会增加，从而传导到生产能力与消费市场等。

土地要素与经济增长的关系表现为土地通过资源发挥价值与土地通过资本对经济发挥价值两个方面。曹家王庄社区在城中村改造过程中通过释放出来的土地进行整合，通过金融机构获得贷款，从而实现土地资本化，为城中村的资产流动带来可持续价值。

2.制度与经济增长

企业发展到一定规模以后，面对市场经济与产业环境的变革，就会遇到制度带来的瓶颈。比如集体企业的决策机制在市场经济规则下往往会出现诸多不适应，从而影响企业的发展潜力与风险控制的机动性。集体企业是市场经济初级阶段的政策缓冲结果，在概念上与国有企业一直混淆不清。从法律上来理解，集体企业是由全体职工共同出资组成，并通过自然人组成的职工代表大会来行使企业经营的权利，并由全体职工来承担相应的义务，实行按劳分配的经济组织形式。这种制度模式在发展的初级阶段具有资源整合的优越性，但是到了一定规模以后就面临市场竞争环境、决策机制、资本市场带来的压力。集体企业虽然不属于国有企业，但是在决策机制上依然受政府的"指导"，从而带来很多不确定因素，对企业的发展动力带来制约。比如，集体企业在跨区域发展过程中就会受到很多限制，而在现代企业竞争战略中，跨区域发展往往是战略的需要与产业链的补充，缺少了资源的优势就意味着失去了竞争的能力。另外对于资本市场来说，集体产权的模糊边界导致资产证券化的认可度不高，为企业的资本战略带来困境。再则，集体企业的民主决策机制对于现代企业来说无法适应市场环境带来的动态战略。所以，改制便成为社区集体企业的必经之路。

曹家王庄社区通过对兰华企业的改制实现了权益与发展的双重价值。兰华公司改制为股份制企业后，产权关系变得更为清晰，实现权益对等的分配机制，为企业在人才、资本领域扩宽了渠道，有效地激励了团队的主观能动性。股份制企业的股东可在规定条件下或范围内转让股份，为股权的流动提供合法条件，实现企业与外部资源互动、整合的机制。

从经济学的角度来分析，企业产权关系能影响企业的绩效。改制后的兰华集团财产权已形成一种特殊产品，并明确到了股东，其取得的成本构成生产成本的一部分。在这种情况下，生产成本两个维度，首先是产品成本，与其相对应的边际成本设为MC；其次是产权成本，和相对应的边际成本设为ME。企业的需求曲线与边际收益曲线为D=MR。加入产权边际成本后，利润最大化的产量就会从X^*向X^{**}移动（如图5-5所示），这样企业的边际成本与社会边际成本相对应，企业的最优产量与社会最优产量相吻合。

所以，曹家王庄社区对兰华公司的改制对企业的经济效益与社会效益都能起到促进的作用。集体企业改制不是部分人曲解的集体资产向个人转移的利益收割。集体企业改制的最终目的也是实现利润最大化或股东权益最大化，是适应市场经济变化与产业变革的发展需要。简单来理解，就是企业生存的需要。

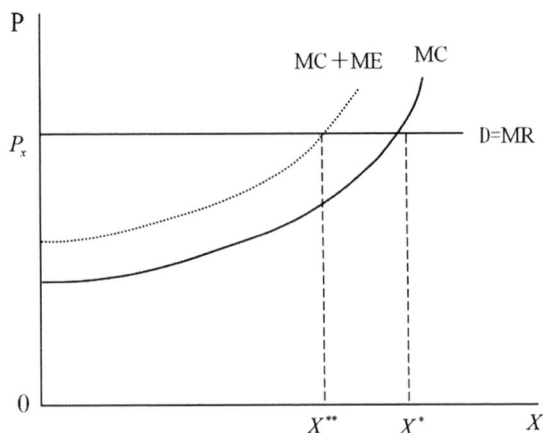

图5-5 产权对企业配置的影响

3.教育溢出效应

兰华集团创办教育既满足了社区保障的需要，也有利于社区治理、经济增长等。兰华集团通过幼儿园教育到高中教育的多层次培养，为社区乃至全市提升了教育质量，而教育质量的提升能够转化为社会秩序与文明程度的提升。

兰华集团将产业收益投入教育，是一种反哺文化，更是一种溢出效应。这种效应主要体现在三个方面：

首先，人力资本转化效应。产业收益转化到教育支出为师资力量提供了基础，直接提升了教育水平。这种水平经过周期性的效益可以改变社会人力资本的水平，从而提高劳动生产率，促进技术进步与经济增长。

其次，教育溢出效应。一般来说教育质量越高，其学风就越好。高质量的教育不仅是知识的传授，而且是一种精神与品德的传播。学生的勤奋、好学精神与诚信、文明的品德通过溢出作用传导给家长与社会，形成一种良好的社会氛围，为城市增长与社区自治提供基础。

另外，教育对于集聚的作用。临沂市拥有100多个商城，聚集了数百万外来经营人口，其中浙商便有12万人之多。所以，决定外来人口安家乐业的基础条件便是教育的承载能力。同时，基础教育的质量与规模对人口集聚具有重要的作用，而人口是商业市场培育与发展的基础，所以教育对产业集聚发挥了积极的作用。

"兰华模式"的成功不仅限于经济增长的规模，还在于分配机制的公平性与发展路径的优越性。曹家王社区的集体企业，对在城中村改造中释放出来的土地并没有采取"收割型"战略，而是选择产业发展与改善居住的双重路径，形成相互促进、相互作用的可持续性发展机制。在产业发展过程中，实现了集体企业向股份制企业的改制；在企业利益分配中，实现股东分红的同时，坚持了发展性支出与保障性支出同步的经营理念。

第 6 章 城市化进程中的逻辑失衡

芒福德认为"城市复杂的现状环境反映了人类行为以及深层次（如心理、精神方面）的复杂需求，体现了城市的文化价值"。城中村的不当改造不仅加剧了空间的剥夺，而且阻断了文化与情感体系的构建，更无法实现价值，体现功能。因此，城中村改造需要从"土地收割"模式向"社会功能"模式转型，在完善社会公共服务保障以及文化教育、商业配套的同时，更加注重资源空间、情感空间和机会空间三方面的影响。在空间与情感、空间与社会、空间与城市等逻辑关系方面，应该遵循建筑与人、社会、文化、城市相和谐的原则，厘清相互之间的关系，按照主次逻辑关系推进城市化发展。

人与空间的逻辑

对建筑的尊重就是对人的尊重，对空间与社会的理解。

中国自古就有把人与建筑的关系上升为哲学的传统。从《周礼·考工记》到宋代的《营造法式》、明代的《营造飞式》、清代工部的《工程做法则例》等都是世界建筑史上的优秀范本。从北宋中期的汴梁城开始，中国古代的城市由封闭的里坊制转变为开放的街巷制，但真正按街巷制原则进行规划的是元大都。元大都皇城之外的部分被纵横交错的街巷分隔为若干矩形地段，其中大街24步，小街12步，形成了北京城最初的城市用地结构。

中国古建筑与城市的关系，不仅符合建筑科学，还集成了社会学、生理学、天文学、水文学以及军事防御科学等。从春秋时代直到明清，中国建筑都体现了人与城市融合共生的最高境界，为西方发达国家的建筑与城市科学理论提供了借鉴。

发达国家的城市改造通常比较谨慎，不仅要请各个领域的专家、学者进行调研论证，还要请所在区域居民进行听证并参与规划。当我们倡导拉大城市框架的时候，欧洲和美国已经开始青睐小尺度街坊概念。

小尺度街坊是由美国城市规划专家简·雅各布斯在20世纪60年代提出的，其核心理念是建设宜人的小尺度街坊，增加街道的数量和面积，增加人们见面交往的机会。她提出了著名的四点补救措施：保留老房子从而为传统的中小企业提供场所，保持较高的居住密度从而产生复杂的需求，增加沿街的小店铺从而增加街道的活动，减小街道的尺度从而增加居民的接触。

B·麦特兰德在20世纪80年代提出了最小城市结构理论，他认为城市中的节点（比较明显的城市形态，例如十字路口）出现频率构成了一座城市的基本性格。节点出现频率与周围城市活动的等级、土地利用率有关，但最主要是与人的步行能力有关。他指出，在欧洲一些老城镇中确实存在200米一个节点的现象，其节点也许是教堂和广场，也许是较集中的服务设施。他进而建议，200米可以作为一座城市最小单元结构，用以指导开发建设。今天我们对于城市改造理念似乎掉入了"显富"陷阱，偏向房子越高越气派、建筑越奇特越美丽、街道越宽阔越繁华，而建筑与人的关系、空间与情感的关系基本被忽略了。[1]

当然，西方国家对城市更新的觉悟并非与生俱来，而是通过实践摸索出来的。第二次世界大战以后，西方国家开展了大规模的"城市更新"运动，政府试图通过推倒重来的方式改造老城区与贫民窟，但是他们逐渐发现这已经偏离了城市改造的目的。原本认为通过城市更新可以促进社会文明发展与弱化阶级矛盾，可现实只是把这些贫民从一个地方转移到另一个地方，更糟糕的是它消灭了原有的邻里关系和社区文化，从而形成了新的矛盾与治理困境。显然，西方国家对城市的更新趋于谨慎，基本停止了推倒重来的做法，转向以科学、人本为特点的针对性改造，以满足城市多元化发展的需要。在城中村或老城区的内部改造中，发达国家更强化邻里关系的塑造与基础设施配套。

西方国家的城市更新经验告诉我们，无论是城中村还是老城区的存在都有一定合理性，都是城市生态系统的重要组成部分。新旧空间不是隔绝，而是相互依存、有机融合、共生共享。城中村与老城区以包容的态度成为城市社会阶层的过渡带，是城市空间体系中不可分割的一部分。

1　郑荣华：《城市化改造需要重构价值体系》，《中华工商时报·理论版》，2018年5月4日。

"后城市化"改造需"绣花"功夫

2019年中国实现了60%的城市化率目标，这一成绩备受世界瞩目。但是摆在中国人面前的又是一个新的课题，那就是面对即将到来的"后城市化"时代该如何去解决城市日益显现的问题与矛盾。

预计在2030年之前，中国城市化率将突破70%。从60%到70%的跨越除了规模上的增大还应在质量上有所提升。过去中国城市化发展是摸着石头过河的，由于体制、国情与西方发达国家存在较大的差异。在追求规模与质量面前一些地方政府选择了规模优先的发展策略。换句话说，在城市化发展过程中，获得效率的同时在质量上打了折扣。今天中国GDP已经位居世界第二，中产阶级数量位居世界第一，城市化率已经遥遥领先其他发展中国家。在下一轮的城市化发展过程中，中国城市化率将接近发达国家，因此必须用点时间去修正问题，实现既要数量也要质量，既要经济也要民生，既要现代也要传统的理性回归。让传统与现代融合发展不仅是人本主义的觉醒，更是大国文化自信的表现。过去粗放式的城市发展模式应告一段落，注重城市内涵发展的新时代将全面开启。

2018年11月5日，深圳市发布了一份备受关注的城中村改造的文件——《深圳市城中村（旧村）总体规划（2018-2025）》，这是中国改革开放40年来第一次反思并纠正城市改造的规划纲领。文件指出，深圳市从城市发展战略高度出发，以加快建设社会主义现代化先行区为目标，以提高城市发展质量和提升城市竞争力为核心，保留城市发展弹性，在特定时间内保留一定比例的城中村。也就是说，深圳市决定为子孙后代预留发展空间，不再以"消灭"城中村来换取城市发展红利。

一份文件的出台，几家欢乐几家愁。一些期待拆迁暴富的人哭了，而那些渴望低成本居住的社会大众笑了。在这份文件中有一句话引人注目："维护城市肌理、传承历史文脉、保障低成本空间、完善配套设施、提升环境品质，实现城中村可持续的全面发展……"很多人不理解，这个国内首屈一指的城市为什么突然开始关注历史文脉与低成本空间了呢？

2018年10月24日，习近平总书记在广州考察荔湾区西关历史文化街区永庆坊时谈到城市规划建设，他强调城市文明传承和根脉延续十分重要，传统和现代要融合发展，让城市留下记忆，让人们记住乡愁。习近平指出，城市规划和建设要高度重视历史文化保护，不急功近利，不大拆大建，要突出地方特色，注重人居环境改善，更多采用微改造这种"绣花"功夫。[1]当时，估计广州还没有反应过来，而深圳就以"深圳速度"抢先落实。实际上，近年来深圳与中国其他一线城市一样，也存在严重的"城市病"现象。一路飙涨的房价让城市的服务者纷纷逃离，从而推高了劳动成本，最后导致企业的大撤离。据了解，富士康、华为都因为城市的生活成本过高而外迁，深圳第一代企业多数已经倒闭或选

1　李培等：《融合传统现代　延续城市根脉》，《南方日报》，2018年10月26日。

择迁移。城市的生活压力正不断地给城市的创造者带来失望的叹息。因此，深圳出台的文件中就规定"经政府统租后实施综合整治类更新的城中村居住用房全部纳入政策性住房保障体系，进行统筹管理"。这实际上就是为中低收入者提供在城市生存的机会，为城市第二产业与第三产业创造更好的营商环境。

从生产力与生产关系的角度来理解，城中村推动了城市集聚效应的发挥，因为经济活动与组织空间的相对集中能产生"蝴蝶效应"。生产者与消费者的集聚空间拉近能有效提高产品市场价值；居住成本降低以后对生产成本会产生影响，从而提高产品的竞争力；此外，集聚能带来技术、信息、文化等的各种溢出价值，促进经济可持续增长与社会稳定。

今天，我们看到了深圳的"觉醒"和深圳重构城市生态链的构想，但是中国还有许多城市依然迷恋高楼大厦、巨型市场、灯光秀，对城市的生态系统视而不见，导致社会、经济、文化出现了系统性破坏。当前，中国一二线城市逐步进入"后城市化"时代，亟需正本清源，回归城市发展的理性认知。

"针灸式"改造小题可大做

《周易·系辞下传》曰："上古穴居而野处，后世圣人易之以宫室。上栋下宇，以待风雨，盖取诸大壮。"也就是说，上古时代，人们冬天居住洞穴，夏天露宿野外。后来，圣明之人建筑了房屋，上有栋梁，下有椽檐，用以遮风避雨。从森林古猿的树栖生活，到类人猿的穴居生活，再到人类的建筑功能需求，说明了人类为了改善自己的生存环境而不断对自然进行改造。

建筑外形和功能顺应人类需求不断发展，但是今天建筑早已超越居住功能，扮演的更多是商品角色。当前城市改造模式几乎都是拆旧建新，以提高城市形象和完成土地集约利用。从经济角度来解读，就是政府投入资本通过提升容积率与土地溢价来实现收益。因此，文化的破坏、城市肌理的改变、社会结构的拆分等因素往往会被有意忽视。当建筑的目的不是用来改善生活与提高劳动效率，那么功利性与科学性之间就会出现非理性波动。地方政府、开发商及利益相关者就会追求效益而忽视人与建筑的关系。事实上，城市发展的社会效益与经济效益并不矛盾，两者并存的现象在国内外比比皆是。

许多中国人去国外旅游回来，都有一种无比的自豪感。因为多数人对国外城市概念往往停留在高楼大厦、满地奢华的印象之中。出去以后，发现国外的城市非常"小气"，不仅楼房矮旧，而且道路也不宽敞，简直是中国的城中村。没错，相比之下欧洲许多国家的城市建设远远落后于中国。然而，当中国人为城市建设而自豪时，国际机构却把各项城市大奖颁给了一个叫巴塞罗那的城市。

去过巴塞罗那的人都知道，这个城市就像由无数个城中村拼接而成。但是，巴塞罗那被誉为"欧洲大陆上最光彩照人的城市"，并被欧盟委员会评为"欧盟创新之都"，2015年又获得国际专业机构评选的全球最智慧的城市称号。具有2000多年历史的城市之所以被世界关注，是因为经历了五次城市迭代，其以人为本的城市规划理念令人惊叹不已。20 世纪 80 年代，巴塞罗那政府面对城市更新一筹莫展，因为对于这座古老的城市来说要推翻重来显然是不可能的，不仅没有巨大的资金来源，而且还有悖于西方国家严格的物权法。

巴塞罗那位于西班牙东北部的地中海沿岸，是一座典型的地中海城市，独树一帜的"塞尔特方块"式城市肌理加大了其城市扩张的难度。规划师奥依厄尔·博依霍斯建议巴塞罗那的城市规划按小型公共空间进行"针灸式、碎片化"改造和更新。巴塞罗那政府采纳了这个建议。在 1981 年到 1991 年期间，巴塞罗那先后改造和建设了 450 多个公共空间，其中包含了许多小公园、小广场，还有一系列街道改造。这些公共空间的改造，恢复和增加了巴塞罗那市中心区和街坊的活力，迅速改善城市环境，彻底改善了城市风貌。实际上，早在 1961 年，简·雅各布斯就提出了"小而灵活的城市规划"主张。1973 年，E.F. 舒马赫呼吁城市的建设与发展中需要考虑人性化场所的需求。到了 1975 年，亚历山大发表了《俄勒冈实验》，也对大规模推倒重建提出了批评，进一步深化了小规模的城市发展的策略。

"城市针灸法"的提出解决了城市复兴的问题。顾名思义，城市针灸关键在于"针灸"。针灸是中医的原理，望闻问切，找准穴位进行对症治疗。把中医的针灸原理应用到城市规划是一种哲学的高度，是一种美学的升华。在这种理念的指导下，巴塞罗那政府把城市的特定区域进行了单点切入式的小规模改造。通过

"节点"的升华与打通触发周边环境的变化，进而形成网状式的城市生活结构，密而不堵、多而不乱，激发了城市的活力，优化了城市的人居环境，提高了居民的生活品质。

在一座城市中，我们的眼睛常常会被一些所谓的"印象"所欺骗，从而改变自己的思想判断，以至于影响自己的行为准则。比如，城市中一个废旧的工厂，一个破烂的车站，一片荒芜的广场都可能影响人对城市印象与自我行为的标准。这个时候，如果对这些地方进行针对性改造与再利用，就会改变原有颓败的印象，从而激发新的活力。

巴塞罗那的"温度之城"

巴塞罗那的城市更新之所以被世界认可，是因为遵循了人本主义价值观，让城市服务于人，而不是人服务于城市。

没有浮华、没有区隔，这是巴塞罗那留给人的第一印象。政府合理地平衡了城市特点与人的行为关系。针灸式改造，节约了巨额财政支出，把省下来的钱转入保障性支出，改善民生。这是对财政收入的合理应用与对纳税人的尊重。巴塞罗那的城市改造，既提升了原有建筑与空间的价值，又激活了历史文化内涵，确保了城市的可持续发展。其成功经验总结起来，主要体现在三个方面：

第一，注重情感与文化的交流。城市的本质是人类理性与感性的活动载体，但作为城市运营及管理组织需要更多的理性介入，以保障居民的基本需求与权利。既要尊重居民的切实需求，也要正视人与空间的特点。巴塞罗那的改造从街坊开始，对不同时期的建筑物进行户外空间改造。根据建筑的特点进行针对性设计，避免大拆大改带来的盲目性破坏。值得一提的是，巴塞罗那在城市规划时，有意把车道进行缩减，他们经过论证认为，城区汽车道路并非越宽越不容易堵车。而是相反，因为车道过多反而出现随意超车、越线、变道现象，从而引发各种交通事故。巴塞罗那大胆地进行了创新，把道路一分为二，在道路中间开辟人行道，再配上一些公共设施，如休息座椅、儿童游乐、景观小品，使得车道对城市的割裂变得很少。曾经让人厌烦的户外空间，重新变回了居民热衷的活动场所。人性化的设计以及优美的景观，将割裂的城市空间又重新融合在一起。巴塞罗那的城市改造避免了城市旧区空间的衰弱与萧条，根据各级道路、街道的尺度空间营造出了亲密的社交空间。尤其是对街道两边的空间进行精准设计，给市民带来了精神上的安全感与城市的归属感，从而更有效地促进邻里关系。

　　第二，建筑与人文艺术的融合。巴塞罗那通过城市公共空间艺术提升，提高了居民的生活品质，更极大地增加了巴塞罗那在国际城市中的美誉度。城市的本质是以人为核心的组织形态，城市的形象与气质在某种程度上代表了人的精神及品相。一座城市的公共空间是城市活力的主要表现，巴塞罗那的公共空间广泛地融入公共艺术，不但提升了城市形象，而且展示了城市建设的品位与自信。为了倡导生态、简约的理念，巴塞罗那在公共空间设计、造型等方面都以简单实用为理念，注重强化城市的特性，让社区居民形成一种高度的认同感与归属感。城市是人口的聚集平台，也是文化的容器，人在城市公共空间的行为是城市活力的主要表现。巴塞罗那工业遗产改造堪称世界经典案例，废弃的火车北站被改造成北站公园以后，成为城市艺术的名片。由建筑师阿瑞拉、克斯塔与美国艺术家培派合作创作，设计师通过大地艺术景观"沉落的天空"和"旋转的树林"的塑造，为城市营造了富有艺术气息的公共空间。[1] 巴塞罗那经过十年的改造，原来哥特风格的衰老建筑与现代高楼大厦相比，不再是贫民窟的表现；城市居民不再因为居住的环境而形成阶级分化；城市与人的关系不再是钢筋混凝土与"房奴"的关系。城市与人的黏合度在增大，城市文化的包容性在增强。

第三，重塑历史文脉，遵循节约、简洁的城市改造理念。1992年，巴塞罗那承办了一场奥运会。这场奥运会与往届不同的是没有了举国之力的奢华，而是延续了历史空间的再利用。但是，巴塞罗那的"小气"并没有遭到世人的批判，反而赢得了赞扬。老旧的巴塞罗那经过城市改造，早已脱胎换骨。考虑到经济压力和历史文化因素，巴塞罗那没有新建奥运会场地，而是把选址放在了曾经世博会的遗址蒙杰伊克山区和废弃了的滨海工业区。在规划细节方面，巴塞罗那政府采用了1859年赛达的设计原则，把城市道路做延伸，形成大网格状，然后把大型建筑巧妙地

---

1 林东海：《巴塞罗那城市公共空间改造对厦门集美城市设计的启示》，《中外建筑》，2017年9月。

装入网格之中，既保护了城市的肌理又实现了城市的功能。在奥运场所的设计上，加大了步行空间，增设了亲水景观。这让巴塞罗那的地中海文明得以充分体现，以至于后来世界各大滨水城市纷纷效仿。

巴塞罗那正是因为对历史建筑的尊重，对原社区居民利益的保障，才成就了这座城市的复兴。"针灸式、碎片化、渐进式"的改造，成功地延续了原有城市肌理、空间形态、社区组织以及邻里关系，使城市的灵魂得以延续和升华。在"小尺度社区"的引导下，市民与市民之间的邻里关系变得更加融洽，更有温度，一座陈旧杂乱的城市重新恢复了生机和活力。

杭州新旧融合的"城市美学"

纵观中国的城市更新，许多城市一味地追求经济效益最大化，而忽视文化脉络和人文精神，将城中村、老城区、历史街区大规模地拆除，导致"千城一面"现象十分严重。从20世纪90年代末至今，短短的二十余年间，多数城市的个性特征和文化魅力在城市更新中被抹去，市民对城市的记忆正逐渐消失，老百姓对区域文化的认同感也随之淡化。

西方发达国家的经验表明，保护旧城、另辟新区有利于城市生态系统的循环，也是城市发展中协调文脉保护与经济发展的一项重要手段。在这一点上，杭州率先提出了"保老城、建新城"理念。当然，这并不是鼓励建新区而放弃老城区，而是倡导协同价值与功能互补关系。两者之间是融合互补，不是相互割裂。

迈入新世纪，杭州从沿湖发展转向跨江发展，迅速拉大了城市空间格局，破解了随着城市发展、人口不断增长、经济活动不断增加、城市功能日益叠加而造成的城市发展空间局限和城市病聚集难题。在城市的总体布局中另辟新区，将新建设和新功能引入新区，对于城市文脉传承，尤其是城市历史空间环境的保护创造了有利的条件。当时杭州提出了两个发展原则：

其一，方法创新，坚持以小尺度"整容"、大尺度"创造"为理念的城市更新策略。对于历史建筑文脉保护，始终坚持"最小干预""修旧如旧、似曾相识"的理念，对历史建筑进行"美容"而非"整容"，历史建筑保留传统特色风貌。引入"建筑历史博物馆"的理念，对各个历史时期尚未被公布为文物保护单位或文物保护点，并具有历史、科学、艺术价值或纪念意义、教育意义的建筑物和构筑物，均坚持应保尽保，让有着不同时代烙印、承载着杭州文化基因的历史"碎片"焕发新光。杭州明确规定对于已建成50年以上，以及不到50年的各个时期具有一定价值的建筑均不得拆除，让古代、民国、解放初期、改革开放初期等不同历史时期的建筑形成一个完整的时间轴，活态反映从古至今杭州建筑的演变史，浓缩和彰显杭州建筑特色和历史风貌，留下杭州的"胎记"，让城市记得住乡愁。对于大尺度更新的文脉，按照城市设计理念，进行"大创意"。对生态环境特别是人文景观的修复，坚持"老的就是老的、新的就是新的"，使两者既相互协调又明显区分。新建建筑充分吸收杭州传统建筑、地域文化的元素和符号，做到"神似"而非"形似"，坚决杜绝"假古董"。[1]
在城市建设中，杭州注重可识别性原则。比如杭州西湖文化广场
的设计以杭州特有的西湖文化、运河文化和古塔文化为建筑背
景，通过桥将运河以南的武林广场联成一个整体，通过空间艺术
处理、都市环境塑造，较好地将运河文脉与传统商业中心武林文
脉有机融合，成为新世纪杭州市中心城区第一座标志性建筑。

　　其二，内外兼修，坚持形式、功能、审美相统一的城市美学
标准。杭州坚持整体性、系统性、创新性原则，注重文脉显性因
素与隐性因素同步更新，促进城市复兴。杭州以"生活品质之城"
为城市定位，在这一核心价值理念指导下，构筑了自然景观与城
市文脉相结合的发展理念。比如沿运河、中河、东河等滨水区域
历史街区的改造，调整出大量城市公共休闲空间，一方面保留大
量传统建筑元素，另一方面通过改善原住民生活设施，增加市民
休闲娱乐空间，强化了城市生活美学精神，使其相得益彰。[2]

　　经过多年摸索，杭州城市更新经历了从文化迷失到重拾文化
碎片、再到重塑文化精神的过程。以"城市有机更新"理念代替
"旧城改造"理念，从单纯的功能规划、物质空间规划到发展型
规划、文化引领型规划的转变。杭州从宏观、中观到微观三个层
面对城市文脉进行空间重塑，以"城市有机更新"理念为引导，
更加理性的、具有历史观、整体观和发展观的思路为引领，着重

1　王国平:《推进城市有机更新　走进科学城市化道路》,《政策瞭望》, 2008 年
第 6 期。

2　李燕:《美丽城镇背景下城市文脉保护的杭州经验及启示》,《中国城市治理蓝
皮书（2017—2018）》, 杭州: 浙江人民出版社, 2018 年, 第 180 页。

于地方人文环境特色和历史空间的研究，做到城市文脉引导下的有序发展。

2000年到2010年是杭州发展的黄金时期，城市发展的战略思路为城市后续的快速发展奠定了基础。杭州在城市文脉延续方面较好处理城市更新与文脉延续的土地利用、经济复苏及可持续发展等问题。旧区更新中采取渐进式、小规模的有机更新模式，保持着稳定的连续性和继承性。将城市有机更新与历史文脉保护相融合，通过道路有机更新、河道有机更新带动周边建筑有机更新，由点及面、以面连片，通过对某些土地性质采用弹性原则，以适应城市发展中出现的土地性质变更的可能性，盘活周边宝贵的土地资源，提升公共设施及功能，使文脉"活"化保护，营造城市文脉的新老融合。同时经营以文化资源为依托主体的经济形态，通过旅游开发、振兴地方传统文化产业、注入文化创意产业等方式，保障了历史文脉保护持续发展的资金，改善居民生活条件，并能够创造更多的就业机会。更新后的历史民居实现了房产增值、租金增长，同时由政府统一经营管理的历史街区，吸纳文创产业的能力显著提升，租金收入增长，为街区复兴提供可持续发展的保障。

另外，杭州政府在文化保护与融合方面还专门成立了职能机构。杭州市成立了历史文化名城保护委员会，2005年又专门成立了市历史文化街区和历史建筑保护领导小组，办公室设在市住房保障和房产管理局，牵头开展历史建筑和历史文化街区保护工作，成为国内率先在房管部门探索推进历史建筑保护和城市有机更新的"排头兵"，让游离于文保单位之外的老房子有了专门的保护机构。这些政策措施让杭州历史建筑文脉延续实现了"有人办事、有钱办事、有房办事、有章办事"，为城市文脉的新旧融合发挥了积极作用。

上海田子坊从改造到治理

上海虽然满目都是高楼大厦，到处都是"物欲横流"的氛围，但是上海在重建人文环境与社区邻里文化方面亦可圈可点，尤其是在旧城改造中采用了"自上而下"和"自下而上"相结合的模式，其中田子坊改造堪称经典案例。

田子坊地处上海市黄浦区打浦桥片区，建于1920年左右，后来经过数十年的发展，基本形成工业与居住混合的区域，用今天的观点来分析，这是典型的城中村。片区总占地72000平方米，东起思南路，南到泰康路，西到瑞金路，北到建国中路。田子坊区域由泰康路210弄、248弄和274弄三条主要弄堂构成核心区域，其建筑面积约20000平方米，共有671户居民。田子坊在改造前可谓标准的"城中村"，虽然有上海老式石库门建筑，有上海石库门弄堂文化的建筑特色，但是不同时期的建筑错综复杂地镶嵌着，显得凌乱不堪。

2000年以后，面对巨大的土地经济利益与城市形象问题，田子坊片区究竟是拆了重建还是原址改造？最后的答案高度统一，居民、街道集体、地方政府都认为改造是最佳选择。在上海卢湾区人民政府（现为黄浦区政府）和原上海市经委的联合推动下，田子坊进行了一次历史上最全面的改造，主要是对排水、供电、消防进行梳理与重建，解决了安全隐患。改造后的田子坊，吸引了26个国家及地区近200家创意企业入驻，形成了以视觉艺术、工艺美术为主的产业特色，成为创意产业园区与居住生活区相混合的样板。同时也给所在的街道带来了巨大的财政收益，并形成可持续发展的态势。2006年，田子坊被评为中国"最佳创意产业园"。2010年，世博会在上海召开，田子坊被列为世博会主题"城市让生活更美好"的现实版演绎地，同时被评为国家3A级景区。

田子坊的发展是城市新老结合的典范，是城市改造的利益均衡的成功案例。经过20年的发展，田子坊成为上海市一张历史人文与商业结合的名片。

当然，田子坊的发展并非一蹴而就，中国一些城市改造中出现的问题也曾在田子坊出现。主要表现在两个方面。

第一是定位问题。在改造过程中对建筑修复的定位与功能梳理成为一个跨专业的难题。因为田子坊的建筑较为复杂，有老厂房、传统民居、西式洋房等，对每一类建筑都要给予功能上的定位，还要依据历史文化决定修缮的程度。

一是厂房功能的定位。田子坊的厂房基本上都是以20世纪70年代的弄堂厂房为主，其工业元素与艺术风格的吻合度相对较高，所以在改造过程中经过简单的分割就可以成为专业的展览馆与绘画工作室，并通过引入陈逸飞、尔东强等知名艺术家扩大艺术的影响力。由于厂房的改造兼顾了公共展览空间，所以提升了其在国际艺术界的影响力。

二是对传统民居去留问题的定位。中国很多历史街区的改造都去居民化，但是田子坊保留了原居民的居住权利，在房子的二、三楼基本还保留了居民的正常生活方式。另外对西北部的民居进行了恢复，继续保留竹木材质结构的建筑传统，青砖、篱笆、院门和低矮的屋檐构成了上海一道美丽的风景线。

三是对西式洋房的改造与功能定位。田子坊保留了一些原法国移民建造的西式建筑。在改造中参照了厦门鼓浪屿的建筑风格。在内部结构上更注重游客的体验感，其视听体验的塑造与厦门鼓浪屿非常相似。通过墙画、景观小品、橱窗艺术等表现，让历史的记忆与西方现代艺术完美融合，让人仿佛穿越历史的长河。

四是对上海的特色建筑石库门文化的保留。石库门建筑是上海最早的房地产之一，当年太平军攻入杭州城的时候，浙江富商们纷纷逃往上海租界避难。外国商人洞察到这一商机后就在此修建了这些房子出售给浙江富商。房子的设计结合了欧洲传统的建筑风格，也融合了中国的中式院落，属于紧凑型的别墅，类似今天的联排别墅。由于这些房子具有特殊的历史文化，所以在改造过程中基本保留了外墙的面貌，在室内设计上尽量以恢复性装修为主，既满足了商业的需要，也保留了历史的文化。

第二是社区治理问题。任何一种形式的城市改造都会存在各种不同的矛盾，因为这是一场利益的博弈，由于利益本身不存在绝对的公平，所以困难与阻力是难以避免的。分析田子坊改造主体关系，可以发现这是一个由政府引导、居民自发的改造模式，其发展是阶段性的渐进过程。

在发展初期田子坊的业态处于野蛮生长阶段，居民们随意租赁的现象比较普遍，个体利益经常与集体的利益相矛盾。到了后期，这些利益相关者逐步在博弈中组织化，从不合法向合法化转变。从博弈论来看，田子坊的利益博弈参与者有地方政府、街道集体组织、原居民、经营商户，他们是四大主体的利益博弈者，在为不同的利益诉求代言。主要表现在商业价值推动下的利益纠纷。

由于田子坊的影响力与日俱增，所以租金也水涨船高，很多原住民出于逐利的心理纷纷把房屋出租给商家，而商家出于经营的需要对房屋擅自改变，从而影响整体形象。为此，在政府的引导下从2004年到2008年，田子坊相继成立了"田子坊业主委员会""田子坊管理委员会""田子坊促进会"等，田子坊业主委员会制定管理规则，对租赁的商家装修行为进行规范，禁止改变房屋结构。同时，由政府出资1000万元专项资金，由房管部门牵头成立了田子坊物业管理处，对弄内下水道、消防等设施进行改造，对房屋的修缮、违章改建等进行管理。

另外，在各方利益的博弈中出现频繁的法律纠纷引起了政府的关注。在运营中出现纠纷较多的主要有两类：一是邻里纠纷，由于底层居民将房屋高价出租给商家从事经营活动，楼上居民的物业由于商业价值较少，所以内心难以平衡，再加上楼下从事商业经营活动难免会对楼上居民的生活质量产生影响，所以矛盾不断，甚至引发肢体冲突。为此，田子坊业主委员会增加了一项内容，成立信息交流机构，为居民免费提供出租信息，尽量帮助楼上居民增加收入。除此之外，商家与原住户之间因为契约关系引产生的矛盾也很多，常常诉至法院。为此，在司法局的牵头下，田子坊成立了"郭英俊人民调解工作室"，为田子坊建设和发展提供配套服务，调解了一大批民事纠纷。

田子坊是幸运的。因为在中国，像田子坊这样的城市改造项目通常只有两种命运：一是政府强制拆迁，土地平整后重新出让用于开发住宅或商业项目；二是将原住户整体搬迁，由政府统一收购或租用，交给第三方公司投资经营。其结果是丧失了城市的记忆，破坏了城市居民的融合与历史文化的传承。田子坊的改造优点是不仅避免了政府大拆大建，而且培养了居民自治的积极性。政府不再是统筹规划的指挥者，而是改进区内及周边基础配套设施的助推者。在利益分配博弈上，居民占有优势地位，政府投入所产生的利益多数归居民享有。正是这种"以民为本"的利益分配模式保证了田子坊的高效管理与可持续性发展。田子坊改造及运作方式对于中国城市改造具有重要的借鉴意义。

第三部分

城市化发展对耕地的影响

1994 年是中国经济转型的重要一年，无论是对宏观经济还是实体企业，国家都释放了诸多政策红利，有效驱动了经济的高速发展。这一年，中国进行了浮动汇率制改革，人民币官方汇率与外汇调剂价格正式并轨，为人民币国际化及中国制造"走出去"创造了条件。同一年，为了深化制度改革与市场经济发展，中央出台了分税制改革和住房商品化改革，两项政策叠加带动了土地产业链的快速发展，"土地经济"也由此浮出了水面。此后，国家为了防止土地腐败出台了一系列法律政策，虽然在某种程度上遏制了腐败的滋长，但是并没有解决地方政府对"土地经济"的依赖，也没有有效制止粗放式的土地利用对社会资源的消耗和对耕地的破坏。

第 7 章　土地经济与农村问题

高度城市化的美国，在 200 多年的城市化发展过程中也面临各种棘手问题，但是无论是政府还是民众都保持了对法律制度的遵守与对土地保护的自觉。二战之后，美国城市化进程由于经济及人口增长的需求进入加速期，城镇化率从 1790 年的 5.1% 增长到 20 世纪末的 80% 左右。美国城市化发展主要表现形式是从城市边缘地带开始向外辐射，当边缘地带变为中心的时候，便以中心的边缘地带再向外辐射，这种渐进式的发展被称为"城市扩张"，如果其在延伸的过程中出现无序发展，便被称为"城市蔓延"。城市扩张的主要缺点是将农业用地转换为城市建设用地，从而导致农作物耕种面积的逐渐减少。[1]

城市化与农业的冲突

城市化发展是人类走向现代文明的重要发展路径，也是世界各国推动社会经济发展的重要抓手。在 20 世纪 90 年代中期，中

1　何雪琳：《城市化背景下的美国农地保护》，《沿海企业与科技》，2016 年第 6 期。

国开始进入城市化加速发展阶段，社会结构从城乡二元化走向了城乡一元化。

根据国家统计局统计数据，至2018年末，中国大陆总人口为139538万人，其中城镇常住人口为83137万人，乡村常住人口为56401万人，2018年城市人口占总人口比重为59.58%。这个数据比联合国对中国到2020年有一半人口居住在城镇地区的预测更为超前。当前，美国、欧洲多数发达国家的城市化率已经超过75%，日本则高达90%，实现了城市包围农村的相融相生格局。

中国与美国、日本的城市化发展历程相似，日本在第二次世界大战后是在美国的发展框架下成长起来的，其城市化发展模式也参照美国。而中国自改革开放之初就向日本学习，城市化发展参照日本以郊区向周边延伸的模式。可是，日本在学习美国城市化经验过程中由于要素禀赋的差异导致"城市蔓延"现象发生，给日本带来不可逆转的隐患。与日本相比，中国更具有快速推进城市化的资源要素和发展潜质，但与美国相比还存在较大的差距。美国地广人稀，土地资源优质且丰富，而中国人口规模大、产业结构不均衡、优质土地资源少等因素给城市化发展增加了难度。

从美国的城市化进程来看，美国之所以具备高速城市化发展的条件，是因为地域禀赋与经济实力的双向作用。首先美国产业结构相对均衡，三大产业均为国际领先，尤其二、三产业领先中国数十年，吸附大量的农业劳动力；其次美国农业生产效率是世界最高的国家之一，平均一个农民的产出可以解决170多人的粮食需求，因此在没有粮食供给隐患的情况下发展城市化更能得心应手；再则美国人少地多的国情可以缓解城市化与农地保护之间的矛盾。尽管拥有这三大优势条件，但是美国对于农地的保护与对农业的重视依然从未松懈。美国历届总统都视粮食为外交武器，充分肯定其重要的战略意义。美国农业部在成立之初就把农业定位为制造业和商业的基础，为其他产业特别是制造业提供了大量投入要素，他们把农业称为"产业之母"。但是，中国在数十年的城市化进程中，土地却被演绎成五花八门的"创新"经济，部分地方政府和企业对"土地经济"进行无节制的"收割"，经济、社会、文化等领域产生了连锁反应，这在一定程度上给社会生态体系与可持续经济发展带来风险。

那么，城市化发展是否与农业发展不可兼得呢？当然不是，理性的城市化发展虽然不可避免地造成耕地面积减少，但对农业并不带来破坏。因为城市化本身是一种赋能，其对农业的促进作用主要体现在三个层面。

第一，在城市化发展过程中，农业人口向非农业领域转移为农业规模化经营创造了条件。以荷兰为例，荷兰的耕地面积只有中国的5%，但其耕作效率领跑世界农业，3%的农民养活了国家97%的人口，其农产品净出口额仅次于美国，位居世界第二。荷兰农业耕种条件相对较差，全年可见阳光的天数不到70天，耕地基本位于海平面以下6米到8米之间，洪涝与光照成为荷兰农业的最大瓶颈。在这样的环境下，荷兰只有通过现代化农业种植才能突破先天不足的瓶颈。但是，现代化种植的基础是土地规模化，为此荷兰保留了"地主"制度，即农业庄园化发展模式，以家庭为单位的规模化种植提高了效率与产能。中国在实行土地承包制以后，按人均单元分配，导致分割过于碎片化，不利于规模化生产，同时给土地流转也带来了困难。所以，中国数亿农民向城市转移给土地规模化种植创造了条件。

第二，城市化促进了工业、服务业的发展，为农业产业化发展提供了资金与技术保障。工业反哺农业是城市化发展的初衷，尤其对于发展中国家来说，在经济底子薄、农业基础差的情况下，需要通过工业化带动社会生产力，从而形成可持续化发展，让技术溢出与资本溢出反哺农业发展。

第三，城市化使人口向城市聚集，释放出大量的乡村建设用地，保障了农业耕地。在城乡分割时期，大量农村人口对住房的需求不断增大，低密度的农村自建房不断侵占耕地的面积，形成"房多地少、人多粮少"的局面。随着农村人口向城市转移，减少了农村土地消费的压力，保证了有效耕地面积。

理论上，上述三点假设是成立的，但假如城市化发展过程中出现了不同的误区，那么上述逻辑就难以成立。例如，城市化人口聚集在理论上是可以释放耕地面积的，但如果出现政策性的误导，开发商、市政工程、政绩工程都可能把转移释放出来的土地消耗掉。再如，由于受产业利差的影响，社会资本不投向农业，那么城市化发展为农业提供资金与技术保障的假设就难以成立，工业反哺农业也将落空。

城市化对耕地的影响一直是学术界争论的话题。经济学者认为城市化对耕地影响不大，甚至有助于农业发展。社会学者认为，城市化发展有利于加大对农业的资本投入，同时通过技术创新推动粮食生产率提高；从人口研究学者的角度来看，农村人口向城市化转移对缓解农村劳动力过剩压力、减少土地非农化占用指标、实现规模化生产有积极的作用。这些观点在理论上都是成立的，但如果假设条件不成立，那么结果也就大相径庭。

从中国当前问题来看，快速的城市化发展对农业的影响是两面性的，最为直接的影响是城市化建设过程中大量的耕地被基础设施、房地产等占用。这似乎是一个绕不过去的现象，美国也曾因为城市化发展每年损失约600万亩耕地。国土资源部、国家发展改革委印发的《全国土地整治规划（2016-2020年）》指出，预计"十三五"期间中国会因生态退耕、农业结构调整、建设占用等因素，减少耕地面积约7000万亩。仅五年就减少7000多万亩耕地，那么从20世纪90年代到今天，巨量的耕地占用是显而易见的。

从另一个角度来看，除了城市化建设对耕地的侵占，还有两个因素不能忽视。一是城市化导致食物消费方式的变化，将给中国粮食安全带来严重威胁，这种消费方式的改变主要体现在粮食结构上；二是城市化过快可能导致保障粮食生产的自然资源要素减少或质量下降，如土壤、大气、转基因、水资源等要素都将影响粮食安全与生产水平。在本文中，主要从政策层面与人本要素层面分析城市化发展对农业带来的影响。

土地财政：中央与地方的博弈

目前，中国的土地使用政策是由行政划拨的无偿供应与市场化竞价出让两种方式构成，称为土地供应"双轨制"。从计划经济时期无偿划拨的单轨制到市场经济的双轨制，虽然避免了之前权责与用途上的混乱现象，但是"双轨制"的征收办法并没有从根本上阻断利益相关者对"土地经济"的收割。

在1994年分税制改革之后，中国的土地经济得以高速发展，无论是工业用地还是商住用地都显现出巨大的市场价值。1995年全国土地出让金收入仅420亿元，2010年全国土地出让金收入已达到2.91万亿元，首度迈进2万亿元大关，此后这一数据一路飙升。根据财政部的数据统计，2014年全国土地出让收入达到4.29万亿元，这已经是1995年的100多倍。2018年政府土地使用权出让收入达65096亿元，同比增长25%，创下历史新高。自2011年至2018年，全国土地出让收入分别为33166亿元、28422亿元、41250亿元、42940亿元、32547亿元、37457亿元、52059亿元和65096亿元，具体情况见表7-1：

表7-1　土地出让金与地方财政收入情况

年份	土地出让金（亿）	地方财政收入（亿）	土地出让金占地方财政比重%
2011	33166	52547	63.12%
2012	28422	61077	46.53%

续表

年份	土地出让金（亿）	地方财政收入（亿）	土地出让金占地方财政比重%
2013	41250	68969	59.80%
2014	42940	75860	56.60%
2015	32547	82983	39.22%
2016	37457	87195	42.96%
2017	52059	91448	56.93%
2018	65096	97905	66.49%

从 2011 年到 2018 年数据可以得出，土地出让金已成为地方一般公共预算本级收入的主要来源，其中还不包括开发建设产业链上的各项税收收益。地方政府对"土地经济"的依赖已经从结构性补充收益发展到支柱性收益，可以说土地经济并没有因为"双轨制"政策而发生显著改变，反而激发了土地市场化的逐利欲望。

"土地腐败"是中国反腐工作中最为常见的一种形式，从以往查处的腐败案件中都可以看到，上至省部级领导下至基层村支部书记都有涉及土地腐败的例子。以浙江省为例，仅 2009 年，国土系统内由检察机关立案的贪污贿赂、渎职侵权犯罪案件就高达 61 件涉及 67 人。在中西部地区，土地腐败案件发生率还远高于浙江。无论是"单轨制"还是"双轨制"，都没有摆脱土地利用的垄断局面，这就是导致土地腐败的根源。这说明"双轨制"并没有完全堵住土地利益化的漏洞，要改变土地利益化就必须从"土地经济"的源头进行改革。

在实行土地"双轨制"之前，中国基本上采取按指标划拨的形式利用土地，这赋予了地方政府极大的权力，无论是个人权属土地还是集体土地，只要地方政府需要都可以强制性收储，公共权利被严重滥用，许多耕地被打着公共利益的名义的行政机关强制性征收，这使得耕地面积大幅度减少。直到改革开放二十年后，中国开始关注到土地的重要性，先后修订了《土地管理法》和《城市房屋拆迁管理条例》，它们分别规定了征收拆迁农村集体土地和城市国有土地的补偿办法。但是，耕地流失并没有因为补偿政策的出台而停止，因为此时地方政府对资金的需求过于集中，土地成为地方政府发展性支出的主要资金来源。

1994年分税制改革削减了地方财政的自由度，很多地方政府"钱袋"被中央统一管理以后就不能随意使用，因此一度出现了财力不足现象。与此同时，城镇住房制度改革政策的出台为地方政府解决了"生财之道"。住房公积金制度开始全面推广，"房改房"诞生，私房可以上市交易，公房作为计划经济的产物退居幕后，房地产便顺势而出。在巨大的利益面前出现了"三角利益分配"模式（如图7-1所示），即地方政府与中央政府的利益分配关系、地方政府与权属百姓的利益分配关系，最终地方政府以绝对的优势获得博弈的主动权。

某些地方政府凭借在"双轨制"土地征购市场中的控制权和

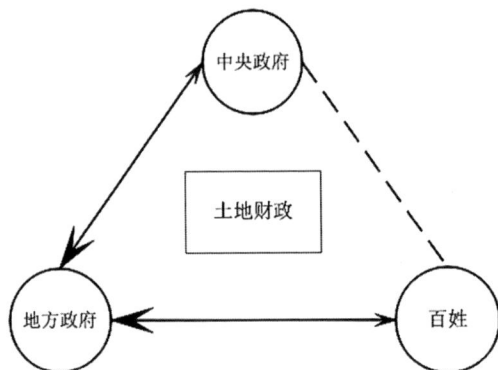

图7-1　土地财政的"三角"利益分配模式

土地一级市场的垄断地位，获得了高额土地收益，获得地方"土地财政"的主要来源。在土地收益分配机制上有一个演变过程的，国有土地所有权代表是中央政府；国有土地使用权实际管理者是地方政府，两者在土地授予权上的博弈从1989年国务院规定中央地方分成比例为4∶6，到1992年财政部将上交中央的比例下调为5%，直至1994年分税制改革后，土地出让金全部划归地方所有。[1] 此举大大刺激了地方政府以土地出让增加财政收入的行为，伴随着土地出让收入的增加，无论城市还是农村，都进行了较大规模的土地征收和拆迁。

1　李涛、许成安：《"双轨制"垄断与城乡间土地征收拆迁补偿差异研究》，《经济理论与经济管理》，2013年第8期。

过度"收割"打破市场均衡

从逻辑上来理解，土地市场的活跃拉升了土地价格，土地价格上涨应该会形成土地管理者与土地权属者共赢的局面。但是在国有土地使用权实际管理者（地方政府）与国有土地使用权属者（农民）的利益争夺中，两者往往处于对抗与失衡状态。

为了保障被征收拆迁居民的利益，中央于1998年、2004年两次修订《土地管理法》，并于2011年出台了《国有土地上房屋征收与补偿条例》。在十八大报告中明确提出要"改革征地制度，提高农民在土地增值收益中的分配比例"。同时在十八届三中全会上提出要进一步建立城乡统一的建设用地市场。一方面要缩小征地范围，规范征地程序，完善对被征地农民合理、规范、多元的保障机制，另一方面要在符合规划和用途管制前提下，允许农村集体经营性建设用地出让、租赁、入股，与国有土地同等入市、同权同价。扩大国有土地有偿使用范围，减少非公益性用地划拨，完善土地租赁、转让、抵押二级市场，最终建立兼顾国家、集体、个人的土地增值收益分配机制，合理提高个人收益。

虽然法律条文经过多次修改，拆迁补偿标准也不断提高，但是与大幅度增加的土地出让收入相比，仍然存在巨大的利差。因为无论是市地还是农地都由政府统一收储为国有土地，再统一进入土地一级市场，以出让、租赁、作价入股、划拨或授权经营等多种形式转让。"单轨制""双轨制"在土地供应价值上有本质的区别，但在土地征收上并没有任何的区别，其表现形式依然是强制性的垄断。例如地方政府从原土地使用者手上征收的价格是每平方米2000元，通过土地整理及提高容积率后，在二级市场拍卖价格不设封顶，少则翻一倍价格出让，多则以数十倍价格出让。原土地使用者并不能享受土地溢价收益，相反还要为房价的上涨买单。

有人认为，政府征收土地的价格与出让土地的价格之所以相差很大是因为政府存在投入成本，因此存在较大的利差是合理的现象。所谓的成本主要体现在征地拆迁补偿支出、土地出让前期配套支出、补助被征地农民支出等，这类支出为政府在征收、储备、整理土地等环节先期投入的成本。那么这部分的投入成本与二级市场出让的收益相比，利润空间有多少呢？以2003年到2014年数据为例，2003年地方政府获得的土地纯收益为1799.1亿元，到2014年，该收益上升到8988亿元，在这12年期间，地方政府获得的土地出让纯收益约为70433亿元，年均5869亿元[1]。由此可见，随着土地市场收益迅猛增长，土地一级市场与土地征收市场的地价差额越来越大，地方政府过度"收割"的行为将不可避免地打破市场均衡，这不但挤占了土地供给者的利益，而且让农地转用量的控制目标难以实现。

如果说，老百姓的利益可以通过政策的不断完善与分配机制的改革相应提高，但是损失与即将损失的农地是不可逆转的。种种现象表明，中央政府和地方政府在土地征收拆迁问题上出现了

---

1 刘展超：《20年土地出让收入40万亿，中央要求更高比例用于农业农村》，《第一财经日报》，2018年9月29日。

明显的目标偏离。地方政府在城市化发展过程中关心的是土地经济为地方带来的经济建设与政绩考核的促进作用；而中央政府在保护土地所有权收益的同时，还关心维系国家粮食安全的耕地保护、城乡居民收入差距等问题。由于地方政府的目标与中央不一致，导致地方政府对土地的干预出现了方向性的偏差（如图7-2所示）。这种方向性的偏差并非个案，更不是偶然性的，而是系统性与目的性的，以致于影响到社会结构与城市治理等问题。例如由于城市土地的征用成本相对较大，地方政府更偏好于征用城郊的农地，这加速了农地流失的同时也割裂了城市合理的空间结构和社会组织形态。

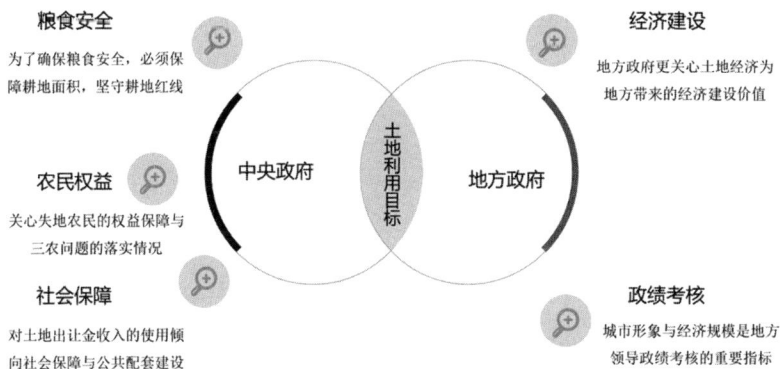

粮食安全
为了确保粮食安全，必须保障耕地面积，坚守耕地红线

经济建设
地方政府更关心土地经济为地方带来的经济建设价值

农民权益
关心失地农民的权益保障与三农问题的落实情况

社会保障
对土地出让金收入的使用倾向社会保障与公共配套建设

政绩考核
城市形象与经济规模是地方领导政绩考核的重要指标

图7-2 地方政府与中央政府对土地价值目标偏差

当前，土地"双轨制"不仅表现在"土地出让双轨制"上，也表现在"土地征收双轨制"上，如果不解决农地与城市土地的价差问题，不解决地方政府对土地征收与出让垄断的问题，那么

地方政府就会利用城市化发展的名义，继续通过低廉的价格征收农民的土地，然后以城市建设用地的形式在土地交易市场上高价格出让。农民利益受到极大侵害的同时，耕地也在快速流失，最终城市化将得不偿失。土地征收与出让的双重"双轨制"成为地方政府为"土地财政"保驾护航的免责牌。

农村的"血液"是否被城市吸干

农村劳动力向城市转移是发展中国家经济振兴的普遍手段。如前文所述，从理论上城市化带来三大好处：一是农村劳动力向城市转移促进工业经济的发展，从而形成反哺农业发展的机制；二是农村劳动力向城市转移能有效调节劳动力结构，平衡农村劳动力过剩与城市劳动力短缺的关系；三是农村劳动力向城市转移能释放碎片化的土地向规模化转变，为农业规模化生产及土地流转创造条件。但是必须注意，西方发达国家农村劳动力向城市转移有两个前提条件：一是农村劳动力因为过剩才向城市转移；二是农业生产力较高，农业安全得以保障。在这样的背景下，农村剩余劳动力向城市转移所释放出来的巨大人口红利不仅能推动工业经济的发展，还能促进农业生产力的提高。

通过对西方发达国家的研究，我们发现农村劳动力向城市转移是建立在几个特定条件上的，由于特定条件与恰当的时间相匹配，所以造就了西方发达国家的繁荣。

首先，西方发达国家的工业发展水平与城市化进程是相匹配的。也就是说，西方发达国家在城市化高速发展之前就形成了相对成熟的工业化体系，这就大大缩短了城市反哺农村的周期，为农村、农业提供了技术与经济支持。所以，西方发达国家在农村人口向城市转移的进程中并没有对农业、农村产生较大的影响。

其次，西方发达国家农村劳动力向城市转移是一个循序渐进的漫长过程，这个周期长达80—100年，给劳动力结构、产业结构及城乡平衡创造了缓冲与调整时间。相比之下，中国用了30多年时间就完成了西方发达国家100多年实现的城市化率，劳动力转移与产业结构的转换显得一蹴而就。

再则，西方国家农业人口向城市转移是"取长补短"，是劳动力结构均衡的自然流动。因为在劳动力向城市转移之前，西方国家就实现了农业现代化，出现了真正意义上的农村劳动力过剩现象。西方国家在"土地革命"中倾向土地使用价值的分配制度，既保留了"地主"的积极性，又保证了农民的合法利益，所以西方国家农业生产基本上是以家庭为单元的庄园化发展，形成"一户家庭种植几万亩土地""10%的农民能养活90%的城市人口"的高产量种植模式。当10%的农民可以养活90%城市人口的时候，农业劳动力向城市转移自然就不会对农业发展产生影响了。

相比之下，中国农村劳动力向城市转移的背景与条件是相对不足的。为什么这么说呢？因为在改革开放初期，虽然农村劳动力存在严重的过剩，但过剩的原因并不是农业生产力过高导致的，而是农业生产力严重不足导致的。在农业产业相对落后的情况下，转移农业劳动力是一种"断臂求生"的悲壮举措。但是转移了这数亿的农村劳动力并不代表农业产业就能高速发展，而是把所有希望寄托在工业增长后再反哺于农业。根据数据统计，仅2000年到2016年期间，中国农村人口就减少了2.2亿。截至2018年，中国农民工总量规模达到2.8亿人左右，农业劳动力向城市转移有效地弥补和解决了城市快速工业化进程中的劳动力短缺问题。但同时出现了一个新的问题，那就是农村的"血液"是否被城市吸干？

城市从农村汲取人才、土地、农副产品等资源，但是城乡二元结构却始终存在，这严重限制了农村人口分享城市较高水平的公共服务。这种长期性的"剥削"不仅制造了城市人与农村人的社会阶层分化，还使农村资源陷入枯竭的风险。受农村劳动力转移影响，农村老龄化日益严重，出现了大量空巢家庭、空心村、土地闲置及农业后继人才短缺等现象。2015年，中国60岁以上的农村老年人比重就高达48.0%。这种现象在中西部地区尤为突出。根据江西省100个村庄的调查，35岁以下青年劳动力不足6%；50岁以上农村劳动力占52.97%，超过半数；其中60岁以上的占总样本的29.21%，江西农村劳动力呈现较为严重的老龄化、高龄化态势，青年劳动力出现断层，留守农村的大多为50岁以上的农民。[1]农村高龄化现象还在扩大，逐步丧失劳动能力。数据显示，中国劳动力平均年龄在37岁左右，而农村劳动力却高达50岁左右，农村劳动力老龄化的速度远高于城市劳动力。

1　余艳锋：《农业劳动力老龄化现状及展望——基于江西省20个县（市）的调研》，《农业展望》，2017年第11期。

　　虽然农村劳动力向城市转移是一种自愿的行为，但是人口的流动更是受政策或环境的诱导。由于当前农村的公共配套、社会保障、机会成本等与城市特别是发达城市相比，存在较大的差异，所以人口外流的趋势难以抑制。

　　从收入利差的角度上看，农业生产者由于受到土地规模、生产技术、市场价格等因素制约，务农收入水平与从事城市生产收入水平差距越来越大，因此选择进城务工是由利差因素决定的。要解决这一问题，就必须通过技术、政策、资本、产业等全方位的乡村振兴才能改善，才能实现工业反哺农业的构想，才能实现城市反哺农村的承诺。

　　当前中国城市化率已达到60%，预计2030年将达到70%。由于中国底子薄、人口多，在城市化发展初始阶段通过"弯道超车"促进增长是情有可原的。但当城市化进程到了中期以后，就必须兼顾质量与生态并行的发展。如果还一味地追求城市化率的速度及城市扩张的规模，那么就会导致城市蔓延的风险。农田被征用、住房被拆迁，大量失去农业生产条件的农民就会涌入城市之中，给城市带来负担的同时也给农业带来了危机。保守估计中国未来农业劳动力合理水平在1亿—1.2亿人口，目前农村有效劳动力也勉强维持在这个水平。如果按照以往每年800万农村劳动力向城市转移的速度，那么到2030年中国城市化率达到70%的时候，中国农村劳动力就会出现严重短缺的现象，给农业安全埋下潜在危机。当然，中国农业发展如果能赶上西方发达国家"10%的农民养活90%的人口"的水平，这种危机将因为农业生产率的

提高而自然消除。但是，在十年内达到西方发达国家的水平估计
有点难。

中国农村"剩余劳动力"转移，已经从曾经的发展红利逐渐
变为农村衰退的压力。经济学家刘易斯认为，在工业化进程中，
随着农村富余劳动力向非农产业的逐步转移，农村富余劳动力逐
渐减少，最终达到瓶颈状态。这个理论被称为"刘易斯拐点"。
他认为拐点将导致城市增长放缓，工业发展进程放慢，最后城市
因为失去源源不断的农村劳动力而失去增长的动力。实际上，他
的观点只是根据当时社会生产力及经济背景所做的判断。他忽略
了人类迎来新经济发展的可能，城市建设与工业生产将通过人工
智能来填补人力劳动的不足，城市或工业已经不需要像前三次工
业革命时期那样依赖密集型劳动力支撑。恰恰相反，中国农业在
没有实现规模化、现代化种植的情况下，对劳动力的依赖依然存
在。城市人口向农村转移更符合当前的逻辑，尤其是高素质人才
向农村转移对中国农业发展的促进有着重要的意义。

综上，城市反哺农村，工业反哺农业，既是承诺也是战略，
不能再拖。

刘易斯理论与中国农村"剩余劳动力"

1954 年，英国经济学家刘易斯在《无限劳动供给下的经济发
展》中提出了著名的二元经济结构下的人口流动模型，这被称为
刘易斯模型。刘易斯认为发展中国家由传统的自给自足的农业经

济体系和城市现代工业体系两种不同的并存经济体系组成，这两种体系构成了"二元经济结构"。他认为，发展中国家的传统农业部门和现代化的工业部门并存，是一种"二元经济结构"，而且农业在二者中处于被动的地位，即工业是社会经济发展的主导部门，农业只是为工业发展提供基础条件。因为，在给定的工资水平上，工业部门面对的劳动力供给弹性是无限的。工业部门在经济中占主导地位，传统农业部门的重要性在于不断为工业提供廉价劳动力。农村生产率极低的剩余劳动力大量存在可以使工业部门以较低的工资获取足够的劳动力。刘易斯认为，经济增长的关键在于工业部门自身的扩张，而这种扩张的物质基础就是资本积累。通过资本积累，工业部门可以更快发展，也能带动和吸纳更多农村劳动力的转移，这样，资本积累被视为经济发展和劳动力转移的唯一动力。[1]

刘易斯对二元经济结构的观点整体是合理的，但是对农业价值的重要性与剩余劳动力的判断有不足之处。因为农业部门对城市的支撑不仅体现在廉价劳动力上，还体现在粮食问题上。在判断农业部门有没有剩余的劳动力的时候，必须要把剩余粮食考虑进去。换句话说，只有农业部门生产力极高，农民在满足自给自足后，还具备把大量剩余粮食转化为商品供给城市人口消费的能力，这种情况才构成农业剩余劳动力转移的充分条件。相反，如果农业部门的劳动生产者无法具备将剩余粮食转化商品的能力，

---

[1]　陈柳钦：《产业发展与城市化》，《中国发展》，2005 年第 3 期。

甚至连温饱问题都不能解决，那么农业部门剩余劳动力的假说是不成立的。这种转移不是"过剩"转移，而是另谋出路，转移"阵地"，是一种迂回策略，把希望寄托在工业部门发展后反哺农业部门。但是，如果"工业反哺农业"周期过长就会出现两种不良后果：一是农田抛荒将会成为一种普遍现象，农业危机将进一步扩大，农业国际竞争力持续衰退；二是重农思想的全面退化，受工业部产生的利差影响，农民对发展农业的价值失去信心。在农业科技落后与产业利差扩大的双重影响下，农业危机将进一步加剧。

1959年到1961年间，中国发生的三年困难时期就与过快转移农业劳动力的因素有关。大跃进期间大量吸收了农业生产者进入工业生产领域，在低效率的工业生产中，既满足不了工业发展的需要，又荒废了农业的发展，"两头空"现象让国家陷入了粮食危机。

对于农业部门劳动力转移问题，许多经济学家对刘易斯的理论做了必要的补充。在改革开放前期，世界冷战氛围一直笼罩着发展中国家，尤其苏联解体以后，发展中国家人心惶惶，国家改革者们纷纷把目光投向资本主义国家经济制度，力图通过经济改革实现强国之梦。苏联作为计划经济的先驱者，除了美国和平演变迫使国家解体，其经济制度的缺陷也是导致苏联国力衰退、民生落后的重要原因。经济学家由此认为"农村包围城市"的经济治理方针并不能解决结构性的问题。将农村大量剩余劳动力转移到城市发展第二产业，让城市化与工业化相辅相成，是实现国家振兴的重要战略，而这一政策在理论上也是逻辑自洽的。

以拉尼斯和费景汉为代表的学者认为，决定农业剩余的因素有两个：一是农业部门的农业生产率，二是农业部门的劳动力总量。当农业劳动力总量随工业化扩张逐渐变小时，保持和提高农业剩余的关键就在于农业劳动生产率的提高。农业部门劳动生产率的提高本身就是农业部门自身发展最显著的表现。这样，农业部门的发展就和工业部门的发展以至城市化的进程紧密地联系在一起。

那么，中国当前农村劳动力有没有剩余呢？这要从中国城市化发展的阶段来分析。中国城市化发展已经进入了中期阶段，从初期阶段大量的农村剩余劳动力向城市转移，到中期阶段农村劳动生产力不足，再到中后期农村劳动力严重短缺。这种周期性的变化与发达国家有着较大的区别。在城市化发展的初级阶段，也就是20世纪80年代末到90年代初，中国农村已经基本解决了温饱问题，因此大量的劳动力离开了传统的第一产业，进入第二产业的低端制造行业与建设行业。在中国，多数人认为只要解决温饱问题，农业部门就可以说有了"剩余"劳动力。而在西方发达国家，对农业部门劳动力过剩的理解是农业部门已经实现规模化生产的能力，农业产出不仅能满足本国的实际需求，而且还要实现以商品的形式对外出口，并形成绝对的国际竞争力。在这样的背景下，农业部门所出现的人口过剩、商品过剩等现象就自然导致劳动力向其他产业部门转移的现象。中国是通过农业人口转移实现工业发展反哺农业，西方国家是通过降低农业生产单位成本创造"剩余劳动力"，从而为其他产业提供支持，促进结构性平衡。严格来说，中国农业部门的劳动力转移并不是建立在"过剩"的基础上，而是建立在分解压力，促进工业的主观战略上。

2000年后，随着中国第三产业的发展，从事第二产业的劳动者又分流到第三产业领域。城市成为中国农村人口的吸附中心，每年有800万左右规模的农民向城市转移。农村空心化在中国城市化发展的第二个阶段已经有明显的体现。在中国很多区域，都存在一个难以逆转的逻辑：一方面农村生产率与知识水平的矛盾长期存在。农村受过中等以上教育的年轻劳动力向城市转移，导致农村耕种质量下降，对现代农业知识难以形成生产性转化；另一方面农村人口老年化导致农村劳动力紧缺，甚至产生抛荒的现象。曾经凭经验耕种的一代农民已渐渐老去，新一代农民受产业利差影响已远离农田，长此以往，这种断层的现象将威胁中国的粮食安全。

根据美国地理学家诺瑟姆对世界城市化发展的研究，城市化发展分为以下三个阶段。初期（人口城市化率在30%以下）：农村人口占优势，工农业生产力水平较低，工业提供就业机会少，农业剩余劳动力得不到释放；中期（人口城市化率30%—70%）：工业基础比较雄厚，经济实力明显增强，农村劳动生产率提高，剩余劳动力转向工业，城市人口比重快速突破50%，而后上升到70%；后期（人口城市化率70%—90%）：农村人口向城市人口的转移趋于停止，农村人口占比稳定在10%左右，城市人口可以达到90%左右，趋于饱和，这个过程的城市化不再是人口从农村流向城市，而是城市人口在产业之间的结构性转移，主要是从第二产业向第三产业转移。[1]

诺瑟姆对城市化"初期"的分析是基于西方国家的研究，并没有充分考虑中国的国情。中国的农业特点是人多地少，第一次工业革命以来农村人口就没有占到过优势。而西方国家地多人少，土地私有化、工业现代化，所以规模化的耕地为农民带来了丰厚的产出收益，自然就优于城市里的产业工人了。可以说，在中国城市化发展速度与农业发展实力不对称的现象比较严重。当前，中国的农业发展相对滞后，假设2030年城市化率达到70%，那么要在10年内实现30%的农村人口养活全国人口几乎是不可能的，更何况30%的农村人口中有效农业劳动力不足一半。

荷兰已经实现了3%左右的农业人口养活全国97%人口的奇迹，美国也实现了一个人养活170多人的农业生产能力。当前，中国农业仅处于勉强自给的状态，必须依靠大量的粮食进口来平衡农业的需要。应该说，中国从城市化初期的农村劳动力"过剩"到城市化中后期农村劳动力短缺，其根本的原因是没有解决农业生产率问题。在没有解决农业生产力问题的情况下，加速城市化推进无疑是从农村"吸血"，例如耕地的剥夺、储蓄的吸收、成本的上涨等问题大大加剧农村的负担，是变相地掠夺农村资源。

从长远来看，二元经济结构将导致城乡贫富差距拉大、加剧农村剩余劳动力转移矛盾，影响了当前"三农"政策发展，也对

---

1 赵玭:《西南交通运输集团战略转型的诊断研究》，电子科技大学博士论文，2019年。

新型城镇化、工业化和农业现代化造成不良影响。在这里有必要解释一下，什么是二元经济结构。二元经济结构是指发展中国家现代化的工业和技术落后的传统农业同时并存的经济结构（传统经济与现代经济并存），即在农业发展还比较落后的情况下，超前进行了工业化，优先建立了现代工业部门。那么在城市化与工业化加速度发展的双重压力下，农村的要素资源将被掏空，第一产业发展将面临巨大压力。

城市化发展过快导致农地流失

中国改革开放40年取得了令世界瞩目的成绩。中国GDP总量在2010年超过日本，一直稳居世界第二。其中的贡献便有城市化发展带来的红利。

城市化发展给城市经济增长带来的红利主要体现在三个层面：其一是基础动力，农村人口向城市转移给城市的集聚带来了巨大的消费市场，促进商品经济的高速增长；其二是外源性动力，城市化建设通过政府干预实现了产业发展，例如政府对基础建设与公共配套的投资拉动了相关产业的发展，创造了就业；其三是内生性动力，城市化发展的基本表现是人口转移与集聚，集聚所形成的市场分工、知识共享、规模经济、科技创新、交易费用降低等优势为中国经济增长创造了条件。

中国城市化进程之快让世界为之震惊。同样以增长20%的规模做对比，英国、法国、德国和美国分别用了120年、100年、80

年和40年，而中国仅仅用了22年时间。然而，城市化进程过快导致城乡建设用地增量不断扩张，违法违规批地、占地和土地利用浪费现象十分严重，耕地面积持续递减，以致于30多年时间全国有600多个县人均耕地低于国际警戒线。

随着城市郊区向外延伸的规划逻辑落地，以交通技术的发展为基础，以点带面的城市中心越来越多，大量土地以区块状的形式被割裂，新城与新产业区不断涌现。从2010年到2015年，仅5年间城市用地规模就扩张了一倍多。城市人口规模从2000年至2015年15年间增长了36%，2015年至今城市化依然快马加鞭，而土地作为城市化发展的要素资源不可避免地被逐步蚕食。在城市化发展进程中，土地流失的主要途径有三种表现形式。

一是城市化规模扩大，建设用地的需求越来越大，公共建设用地与商住开发用地因为市场与利益的需要不断被征用，到2018年全国土地出让金直接贡献约6.5万亿元。

二是城市化推进形成大量的工业开发区，由于开发区建设需要大量用地，造成许多农田消失。到2010年，中国各种类型的工业开发园区就超过了7000个，其中有超过一半的工业开发园区建在城乡接合部，后来随着城市的扩张，原来的城乡接合部也变成市区中心，于是工业园区继续向外搬迁，新的农地又被征用，就这样不断地循环、不断地扩张。

三是城市化发展速度过快，社会文明、工业环保与城市化进程不相匹配，导致大量的耕地因为环保不当造成污染，影响粮食种植。

城市化发展对农地的影响与城市化发展速度、阶段有着密切的关系。城市化发展速度越快，土地的使用效率就越低。因为城市规划没有结合产业逻辑与城市发展逻辑，导致"建设先行、治理后补"。在城市化初期阶段，地方政府在建设用地的指标上因城市更新、拆旧建新、棚户改造释放出来的土地而得以平衡，所以在城市化的初级阶段，农地减少的速度较慢，规模相对较小。到了城市化中期，粗放式的工业发展与城市化扩张导致农地的减少规模加大、速度加快。

从表面上看，城市化进程中占用农地是空间转化的需要，但归根结底是城市管理者对城市发展的错误认知与放任行为所致。对于城市管理者来说，他们在城市运营管理中所遵循的标准过于单一，以区域经济增长指标和城市建设形象为追求目标，忽视了土地的使用效率与城市建设应有的人本价值。在中国城市化加速推进之前，美国是全世界城市化速度最快的国家之一，但是美国也是世界上最早实行土地用途管制的国家。第二次世界大战后，美国经济高速发展的同时带动了城市化加速。在工业文明与城市文明的发展中，耕地与环境成了最大的牺牲品。在那一阶段，美国的优质农地每年以200万英亩的速度递减。为此，美国各州颁布了各自的法案，要求地方政府根据各自经济发展和土地利用规划，通过划定城市线等方法控制城市规模控制城市化对农地的侵蚀，保护优质农地资源。[1]同样，日本因为人多地少对土地的管理

---

1 梁霄：《我国城市化进程中土地用途管制完善研究》，华中师范大学硕士论文，2015年。

更是严格。20世纪初期，日本受美国的影响，在资本主义经济浪潮中工业迅猛发展和城市急剧扩张导致人地关系日益紧张。为了从根本上抑制这种趋势，日本政府于1919年开始就确立了土地用途分区管制制度，严格限制农地转用，为后期的日本发展提供了资源保障。在中国，虽然从1998年到2004年多次修改了土地管理办法，但是某些地方主政者出于政绩考核的考虑，对耕地保护表现出消极的态度，有些甚至是变相抵触。

根据研究分析，当前中国城市化发展导致农地流失的主要原因是地方政府决策失误。最严重的后果是盲目追求城市化规模，导致土地毫无意义的流失。在中国内蒙古，有一座被废弃了多年的崭新城市，距离鄂尔多斯老城区25公里，当初为了建造它，铲平了乌兰河两岸好几座村庄。这座城市投资了上千亿美元，却没有人入住，成了美国《时代周刊》笔下的一座鬼城。当地政府为了政绩，盲目追求城市规模与城市形象，把一个只有2万多人口的城市规划成100多万人口的城市，规模放大了50倍。最终导致大量的农地流失，以财政损失换取GDP的增量。除此之外，河南、云南、天津等地也出现了造城规模过大、速度过快的失败案例，给国家、企业、农民带来了经济损失，对经济、社会、文化、自然等运行体系带来了结构性的破坏。这些好大喜功的决策性失误，实际上是对土地缺乏敬畏之心，对城市的建设规划缺乏严谨的科学论证，对社会经济发展规律缺乏认知和判断。

城市化需要利用农地获取更多发展空间，而集约、节约利用农地资源是高效使用农地的重要措施。要实现集约、节约利用农地资源，就需要对城市的发展空间进行合理的规划，保证占用的农地得到最大程度上的利用，避免出现土地资源浪费的现象。作为一方主政者，保证土地的使用效率就应该像农民守候一亩地的产量一样，如果产量低农民就会陷入贫困，倒逼农民珍惜土地的利用价值。而当前，受流官制与政绩观的影响，一些地方领导并没有这种高度责任感，对土地利用缺少长远考量。正是有了这种心态，才出现对农地保护以及农地转化使用效率的消极与淡漠。实际上，城市的发展要依据各自要素禀赋统筹规划，合理研究土地的利用现状，进而有效地分配土地资源，保证土地资源有较高的使用效率。

粗放式规划导致土地资源错配

国家住房和城乡建设部曾对土地使用情况行过调查统计，报告显示中国城市建设中土地资源利用程度处于极低水平，全国1700多个建制镇的人均用地将近160平方米，而开发区建设普遍布局分散、开发程度不高、土地利用效率低下。2017年中国城镇低效、闲置建设用地分别约为1.27万平方公里、0.14万平方公里。这种现象的出现，与一些地方领导的执政理念及水平有关。一方面是好大喜功，盲目追求规模化，速度化而占用耕地；另一方面是对区域禀赋与城市发展的关系厘不清，因此失去了对城市发展规划的正确判断。

一些地方政府的主政领导为了自身政绩，不顾本地区的实际情况，大规模兴起市政工程，如修建大广场、工业园、政府办公大楼、开发区以及大学城等，这些都直接导致了大量的优质耕地被不合理占用。在2012年，全国共清理出各种类型的开发区8866个。单纯以开发区为例，当中70%以上的区域属于违规建设，60%的建筑用地存在土地滥用和违规应用现象，以上结果无疑拉低中国城市化建设的质量。截至2012年，全国建成46个大学城，占用了多达260平方公里的土地资源。仅1996年到2012年的短短16年间，中国的城市建设用地面积平均每年增加超过3000平方公里，从1996年的21万多平方公里增加到了2012年的40万平方公里左右，并且近一半为耕地。虽然在不断减少的耕地面积中，城乡建设占地只占14%左右。[1]其中，大都属于不可逆转的优质耕地，这对我国的粮食安全具有不可忽视的影响。这种以短期经济效益为导向的土地使用方式，导致了土地利用结构严重失衡。

另外，不科学的城市布局也导致了土地资源的错配。城市的空间布局缺乏全局的规划理念与区块及产业的联动性。一些地市，每个县区之间的空间规划都是割裂存在的，对产业布局没有形成有效的产业带，导致产业配套能力不强，土地生产率转化不高，环境污染及资源浪费现象严重。当然，还有地方主政领导专断的个性影响了城市规划的落地。中国的中西部城市经济收益不高，但是城市的马路很宽，城市的高楼与灯光很耀眼。当领导们醉心于这种表面繁荣的时候，他们并不知道这种现象实际上是中

---

1 罗琦：《城市化进程中的耕地保护问题研究》，华中师范大学硕士论文，2006年。

国建筑文化衰退的表现，也是城市规划和治理能力不足的表现。

在中国元朝，其建筑规划水平就达到了高峰。以元代的城市街道为例，无论大小城市，城市街道一般都是东西南北贯通。元大都在规划设计中，将街道和排水设施安排得井井有条。据熊梦祥在其《析津志》中记载：

> 自南以至于北，谓之经；自东至西，谓之纬。大街二十步阔，小街十二步阔，三百八十四火巷，二十九弄通。城内主要街道宽阔笔直，纵横交错。

较大的街道有十几条，主要街道有千步廊街、哈达门丁字街、钟楼前街、后街、半边街、棋盘街、五门街、三叉街、顺承门南街、省前东街、斜街等。街道两旁修有或明或暗的排水渠，宽约一米，深约一米半，用石条垒砌。

初立都城，先凿泄水渠七所：一是在中心阁后，二是在普庆寺西，三是在漕运司东，四是在双庙儿后，五是在甲局之西，六是在双桥儿南北，七是在干桥儿东西。

说明元大都城的排水系统，早在建城初期就已经有所规划。除了街道，还有众多的胡同和小巷连通四方。街巷也有巷名，如哈达门第一巷、第二巷、第三巷，钟楼前街西第一巷等。马可·波罗曾对大都的街道有所描绘，他说："全城地面规划有如棋盘，其美善之极，未可言宣"，"街道甚直，此端可见彼端，盖其布置，使此门可由街道远望彼门"。各地城市街道，虽不能与大都相比，但基本上也都是经纬分明，东西南北走向，"城厢内外，街道纵横"。大都的街道以宫城为中心延展，宫城前御道宽25

米，东西横街宽15米。元朝的城市规划是以土地集约为基础，充分利用土地价值实现人与建筑、经济与生活、美学与功能的高度契合。

　　现今中国许多城市所呈现的是千城一面、贪大求洋的城市形态。一些地方政府为了满足城市经济发展，忽视耕地保护。由于农地利用缺乏考评体系，导致土地使用效率无从问责，一边是牺牲，一边是浪费，土地利用效率出现"双折"现象。人类与其生存环境之间保持着密切的联系，在城市化建设过程中，如果没有秉持科学发展与可持续发展的理念，就会缺乏对土地的敬畏，这是对子孙后代的罔顾。

第8章　耕地占用平衡机制的失效

民以食为天，土为农之本。

中国历史上的"三年困难时期"敲响了农业的警钟，耕地不仅是重要的生产资料，而且是人类生存和发展的基础，能否保有足够数量的耕地资源直接关系一个国家的食物安全和社会稳定。中央政府一直非常重视耕地的保护，并从20世纪80年代后制定了一系列的法律与政策，已形成了基本的耕地保护机制。其中耕地总量平衡制度是我国法律确定并实施的耕地保护的准则，它要求各地加强土地管理，节约用地，制止乱占耕地。但是，由于"保持耕地总量动态平衡"政策在实践中经常被一些地方政府避重就轻地理解、扭曲地执行，现实效果并不理想。

耕地总量平衡机制的意义

2001年国际经合组织对耕地的定义为"粮食和纤维作物以外，还可以提供土地保护功能、可再生自然资源的持续利用功能、生物多样性的保护功能以及维持多数城市经济的发展能力"。那么什么是耕地？根据上海辞书出版社1979年出版的《辞海》中的定义，耕地是"经过开垦用以种植农作物并经常进行耕耘的土地，包括种有作物的土地，休耕地，新开荒地和抛荒未满3年的土地"。如果根据《辞海》的定义，抛荒3年以上就不能视为耕地，那么试想一下，我们还有多少耕地？

当前中国农村受劳动力转移影响，抛荒3年以上的耕地占比较大，据不完全统计，几乎每个县域农地都有20%以上的耕地抛荒3年以上。加上城市化发展对农地的占用，近40年来中国耕地的折损率非常惊人。另外，中国的耕地资源中优质地仅14%，而中低产地占70%多，后备耕地资源严重不足。虽然中国持续执行了30多年严格的计划生育政策，但由于人口基数规模大、人口老龄化等因素与耕地的面积缩小、产能衰退的现实之间的矛盾日益激烈，耕地逐年减少的严峻态势毫不隐晦地摆在我们面前。

耕地总量动态平衡在1997年被正式提出，1998年开始实施。确保耕地总量占补动态平衡是《中华人民共和国土地管理法》对于占用耕地进行非农建设的一项政策要求，它是通过土地利用总体规划的编制得到贯彻和执行的。当时，国际社会对中国的粮食安全提出了质疑，时任国家总书记的江泽民强调："搞好粮食生产有其特殊的重要性，既要靠科学技术、推广良种和先进适用的技术等；同时还要坚决制止耕地不合理占用。只有依法保护好耕地才能稳定和发展粮食生产。中国粮食不仅现在要靠自给，将来也要立足自给。"但是，从新法实施的第一年来看，效果并不理想。1999年中国全国开发、复垦整治增加土地607.6万亩，但增减相抵，全国耕地面积在当年仍净减了654.9万亩，使耕地总面积减少至19.38亿亩，低于《纲要》所确定的2000年耕地保有量19.4亿亩的目标，人均减少耕地0.05亩。与1997年耕地净减203万亩、1998年耕地净减392万亩相比，中国耕地减少量开始呈现逐年增大的趋势。这说明问题的严重性，耕地总量平衡机制从实施的第一年开始就出现了目标值的偏差，到了后期偏差值越来越大，特别是在"土地经济"崛起之后。

实际上，从法律层面来看，耕地保护机制是完整的，例如《土地管理法》（2004年）第三十三条规定："省、自治区、直辖市人民政府应当严格执行土地利用总体规划和土地利用年度计划，采取措施，确保本行政区域内耕地总量不减少。"其中，第三十一条明确规定："国家保护耕地，严格控制耕地转为非耕地。国家实行占用耕地补偿制度。非农业建设经批准占用耕地的，按照'占多少，垦多少'的原则，由占用耕地的单位负责开垦与所占用耕地的数量和质量相当的耕地。"另外法律的第三十二条："县级以上地方人民政府可以要求占用耕地的单位将所占用耕地耕作层的土壤用于新开垦耕地、劣质地或者其他耕地的土壤改良。"法律还规定了省、自治区、直辖市人民政府应当制定开垦耕地计划，监督占用耕地的单位按照计划开垦耕地或者按照计划组织开垦耕地，并进行验收。

当然，法律第三十三条给土地政策保留了一定的弹性："个别省、直辖市确因土地后备资源匮乏，新增建设用地后，新开垦耕地的数量不足以补偿所占用耕地的数量的，必须报经国务院批准减免本行政区域内开垦耕地的数量，进行易地开垦。"这一条法律实质上为地方经济发展做出让步，是国家对区域经济发展结构性的均衡机制，但是为某些地方政府占用耕地找到了理由。

中国实行耕地总量动态平衡是采取省级政府负责制，各省、自治区、直辖市必须保证本行政区内的耕地总量不得减少，省级政府必须采取措施加强土地管理、处理好保护耕地和建设用地的关系，确保本行政区域耕地总量不减少。若耕地总量减少了，国务院则要责令省级人民政府在规定的期限内组织开垦出与所减少的耕地数量与质量相当的耕地，并由国务院土地管理行政部门会同国务院农业行政主管部门进行验收。从逻辑上来分析，耕地减少了可以通过开荒来补足，并且经由国土系统验收通过。那么就存在两个问题：一是荒地从何而来？毛泽东时期中国已经进行了大规模开荒造地运动，要再以大规模的开荒造地来填补耕地折损的窟窿势必破坏自然生态；二是由国土部门验收地方政府开垦土地的质量，是否合理。虽然土管部门属于垂直单位，但是人事任用基本是属地化管理，容易形成互相妥协的利益格局。因此，在各种因素的影响下，中国耕地占用平衡机制出现了失效现象。

耕地保护的效用价值与漏洞

虽然中国有诸多制度为维持耕地总量动态平衡保驾护航，但是实施效果不太理想，这是控制耕地减少的制度不完善，监管机制不科学等因素导致的。通过梳理分析，中国耕地保护制度主要有五个层面，每个层面总体上对耕地保护都有着积极的意义，但也存在一些制度上的"漏洞"，给耕地保护带来压力。

第一，农田保护制度。农田保护制度是国家安全的底线，是确保农业生产能满足一定时期人口和国民经济对农产品最低需求量的重要措施。这种被严格保护的耕地被老百姓称为"保命田"，也就是通常所说的基本农田。基本农田占全国耕地总量的80%，国家对其实行更加严格的保护制度。从理论上来讲，只要守住基本农田，国家的大部分耕地就不会减少。但是在对基本农田的划分依据存在先天的不足，目前一般沿用计划经济时代"一刀切"的办法，通过土地利用总体规划的方式来划定基本农田，由上级政府下达规定，省、市、县、乡（镇）四级政府按规定将现状耕地按照80%的比例，划定为基本农田。但由于区域地理环境不同，容易导致耕地配比不均，从而制约区域经济的发展。例如浙江西南部区域、江西赣东北区域、安徽浙赣皖区域，丘陵面积过广，耕地质量差，但根据规定的比例，不得不将质量差的农地也纳入基本农田规划。在后期城市化进程中需要建设用地的时再报中央审批，由于早期数据电子化水平较低等原因导致信息混乱，地方政府浑水摸鱼加大占用耕地的比例，或偷梁换柱。而对于那些地势平坦，土地肥沃的平原地区，例如江苏南部、江西鄱阳湖等区域基本农田超过90%的地区依然采取"一刀切"的办法，浪费了宝贵的耕地资源。因此，中国基本农田测量办法需要重新修订，必须由多方科研机构实地丈量，并建立新的遥感数据库进行实时监控。

第二，耕地"农转非"审批制度。农用地转用审批的功能是为了防止土地的所有人或使用人随意变更土地用途，从而危及国家的粮食安全和经济安全，目的是保护农业长远发展利益。假设"农转非"的条件严格，而且行政机关依法审批、严格核准，耕地的流失就会大幅度减少。但在实际操作中一些地方政府为了逃避基本农田占用监管，频频调整县、乡级土地利用总体规划，钻了用地审批管理松散的制度漏洞。尽管国家对土地使用采取集中审批制度，但控制土地"非农化"的初衷并没有实现。20世纪90年代开始，许多地方大兴开发区建设，最高峰时全国达8000多个，其中经国务院批准的仅占6%。[1]即便到了2017年后，地方政府依然设立各种名目突破耕地的审批限制。这主要是制度的缺陷导致的信息不对称，造成管理的松散。现行"征地制+批租制"的土地农转非制度与机制使得地方政府可以获得大量的土地转换收益。政府征地越多，卖地就越多，财政收入则越多。因此应该完善"农转非"审批制度，一方面要在审批流程上进行改革，减少审批环节，加强审批核准机制；另一方面必须完善土地征收市场机制，通过提高农民利益，让政府"倒地"成本上升而减少耕地的征用。在许多发达国家，给予被征地者的补偿往往要超过土地的市场价值，这既保证了农民的利益，又有利于土地资源的优化配置。近年来，江苏、浙江等地相继出台了《关于对失地农民实行生活补贴的实施意见》《关于做好农户承包地使用权流转工作的若干意见》《关于实施（宅基地管理暂行办法）的有关补充意见》

---

1 李新安：《城市化土地"农转非"与失地农民的保障》，《宁夏社会科学》，2006年第5期。

等系列政策和法规，并取得了一定的效果。

第三，耕地"占补平衡"制度。耕地占补平衡是建设占用多少基本农田，各地人民政府就应补充划入多少数量和质量相当的基本农田。占用单位要负责开垦与所占用基本农田的数量和质量相当的耕地；没有条件开垦的，应依法缴纳耕地开垦费，专款用于开垦新的耕地。耕地占补平衡是占用耕地单位和个人的法定义务。占用耕地的单位或个人按照"占多少，垦多少"的原则，补齐其占用耕地所造成的耕地减少的空缺，保证一定时期内的一定总量的耕地。那么这就出现一个问题，只要土地有利可图就能通过"开垦费"来解决问题。羊毛出在羊身上，地方政府会通过抬高土地评估价格出让土地给开发商，开发商通过提高房价让老百姓来买单。纵观世界各国的土地保护政策，中国对土地保护的法律可谓是全世界最为严格的之一，但是为什么中国成为世界上耕地最容易被征用的国家之一？究其原因，主要由于中国现行的土地出让制度逐渐变成了某些地方政府获取土地收益、增加财政收入的渠道。中国地方本级财政收入60%以上依赖于土地出让金。一些地方政府领导扭曲了城市化目的，盲目扩大城区进行"城市经营"，使得土地利用者并不按照规划的内容进行，以至出现了"规划跟着领导走，规划随着变化修"，换一个领导修一次规划的现象。[1]

第四，耕地占用的异地补偿制度。实行跨耕地占用异地补偿

1　黄木易、吴次芳：《城市化过程中实现耕地总量平衡的博弈分析》，《农村经济》，2006年第11期。

制度的目的是能够为一些地区经济的快速增长提供土地保障。例如跨省域耕地占补平衡政策，可以使经济增长速度较快但耕地后备资源匮乏的地区，在不违反耕地占补平衡政策的情况下，为经济增长提供土地保障。这样，这些地区就不会再受到耕地后备资源匮乏的制约，从而能为经济增长提供土地保障。实行跨耕地异地占用异地补偿制度有利于实现全国范围的耕地总量平衡。但是一些地方政府为了财政的需要，不惜采取违法、违规方式来达到经济增长的目的。因此，片面强调耕地总量的区域平衡，不仅使耕地总量平衡难以实现，也会使这一原本利国利民的政策成为制约中国经济发展的障碍因素。国家必须出台制度，促使地方政府通过提高资源利用效率来实现经济发展，而不是依靠增加资源投入和消耗促发展。这一点浙江省政府做得相对较好，例如浙江开化县生态环境资源丰富，也是浙江母亲河钱江源头，政府在经济考核过程中并没有把开化县的GDP作为重要考核指标，而是把生态保护作为考核指标，这样提高了经济落后地区保护耕地的积极性。

第五，土地复垦制度。土地复垦实行"谁破坏谁复垦"的原则；各级人民政府土地管理部门负责管理、监督检查本行政区域的土地复垦工作；各级计划管理部门负责土地复垦的综合协调工作；各有关行业管理部门负责行业土地复垦规划的制定与实施。土地复垦制度是增加耕地的重要方式，但这一制度还有待完善。目前复垦质量还有待提高，否则复垦就会加大公共成本，损害耕地的有效性。尤其中国矿产区、海边滩涂区等复垦质量还不容乐观，多数达不到耕地的标准。

在中国现行的耕地占补平衡工作实践中，逐级分解下达的耕地保护指标仅保证耕地数量上的占补平衡。尽管为了抑制地方政府占用耕地的冲动，下达了折抵指标，即占用一单位面积的耕地要补充质量相当的耕地，但是地方政府为了经济发展需要，往往占用了优质耕地，而补充劣质的耕地。总体上说，现行的耕地总量动态平衡的实质是保证耕地的数量平衡，却无法保证质量平衡。由此可见，要在明确耕地保护主体责任和权利的基础上，加大耕地占用方的责任代价，提高耕地保护方的利益补偿，才能避免地方政府消极的耕地保护行为，才能有效激发耕地保护主体的积极性，改善耕地数量平衡下耕地质量严重下滑的局面，最终实现耕地总量平衡的目标。

监管缺位下的"偷梁换柱"

耕地占补平衡政策实施多年来，某些地方政府为了完成占补指标，想尽一切办法"上山、下海"，明明知道是愚昧无知的举措，为何还明目张胆地去做呢？因为所谓的"变通"，已经成为各地政府的常态，套用鲁迅先生的一句话解释，走的人多了便是路。以浙江某发达城市为例，某市国土资源局官方网站在2011年11月22日刊发了一条新闻：《我市耕地占补平衡保障工作受到了市领导的充分肯定》的报道。

新闻的大致内容是市委市政府对相关部门的耕地占补平衡保

障工作给予充分肯定。新闻的后面详细地解释了该市如何实现了占补平衡的办法。

　　仅2011年1月份到10月份，某市共落实耕地占补平衡指标21647亩，其中新垦造耕地15519亩，还向衢州、丽水调入耕地占补平衡指标10627亩。实现占补平衡的策略主要体现在两个方面：其一，围海造田，某市土投公司在2011年筹集20多亿元资金进行围涂造地，仅某县一年时间实现了围涂造地6000亩以上；其二向外争取指标调剂。某市国土资源局主要领导多次带队亲赴衢州、丽水等地联系落实指标调剂工作，并与衢州市新签订2万亩耕地占补平衡指标调剂协议，约定"十二五"期间每年为我市提供4000亩指标，这为我市今后一段时期重大建设项目上马提前储备了一定的耕地占补平衡指标。

该新闻还特别强调了某市耕地占补平衡工作面对的困难："今年5月丽水景宁开发造地质量问题被《焦点访谈》报道后，省林业厅加大了对涉林地开发造地的管理力度，审核把关更为严格，低丘缓坡开发造地工作推进受到一定影响。"

从某市官网新闻可以看出，当时在浙江省为了完成占补平衡指标，"上山、下海"是一种较为普遍的手法。大家都知道，这种"偷梁换柱"的行为不仅对原有耕地是一种掠夺式的侵害，而且对生态也是一种规模化的破坏。丽水、衢州地区大量的山头被削平，山林被"农田"化的现象较为严重。占多补少、占优补劣、占近补远、占水田补旱地等情况普遍存在，特别是花了很大代价建成的旱涝保收的高标准农田也被成片占用。耕地出现数量与质量双降的现象。

"没有买卖就没有伤害"，购买土地指标自然不是私人可为之，只有地方政府才可以根据土地使用情况向其他公共部门购买用地指标。地方政府与国土部门购买建设用地指标这一现象并不一定出于私利，却暴露了弄虚作假的投机行为，这对区域经济与社会发展带来更深层次的危害。

2010年11月29日，河北省在土地反腐案件中做了一件轰动一时的事情，河北省高院核准邢台市中院对原石家庄国土资源局局长、市地产集团董事长顾旗章的死刑判决，缓期二年执行，剥夺政治权利终身。该案涉及省、市、县三级国土局长，他们都在土地整理复垦中存在弄虚作假，贪污受贿的行为。据《财新周刊》记者了解，石家庄市国土局窝案被调查的导火索是其虚报耕地复垦、占补平衡的面积，并将置换出的建设用地指标倒卖牟利，被国家审计署在专项审计中发现；随后一系列违规和贪腐行为又被牵出。

2005年至2007年，时任石家庄市国土资源局局长、石家庄市地产集团董事长的顾旗章，利用职务便利，伙同付素林和高邑县土地储备中心主任赵献珍，在高邑县瓮窑旧址建设土地复垦项目中，弄虚作假，虚报建设用地面积和复垦施工质量，骗取建设用地置换指标。根据现有土地管理中总量动态平衡、增减挂钩政策，集体建设用地复垦为耕地后置换出的用地指标，可以用于城市建设。这样一来，便腾挪出了稀缺的建设用地资源。从2006

年石家庄市国土局允许高邑县对当地闲置的瓮窑启动整理复垦项目，到2007年该项目通过河北省国土资源厅验收，总共新增置换指标4860亩，已置换使用1965亩。而实际上，土地复垦纯属虚报，昔日的瓮窑被推倒后，并没有实施多少复垦，一层薄土下，砖头瓦块堆砌，根本不具备耕种条件。有村民指出，整个瓮窑复垦区面积仅有900多亩，但当时立在村里的牌子却多写了几千亩。连瓮窑对面的耕地，也被计算成复垦面积上报给有关部门。顾旗章等将高邑县虚报的土地指标在市域内出售后，将指标款转入为伪造手续设立的高邑县国土资源局土地开发整理中心账户，供三人非法占有。根据法院公布的数据，共计侵吞公款6156.085977万元，其中顾旗章实际占有1380万元。该案件的特殊性在于利用国家政策的条件与自己职务的优势套取国家资金，损害农民的利益，更让人瞠目结舌的是系统性腐败，从厅长到县里科长形成了腐败利益链，给国家的财政利民通道带来了极大的损害。

2015年，习近平总书记指示"土地流转不搞大跃进，做好耕地占补平衡"。习近平强调耕地是中国最为宝贵的资源，中国人多地少的基本国情，决定了我们必须把关系十几亿人吃饭大事的耕地保护好，绝不能有闪失。要实行最严格的耕地保护制度，依法依规做好耕地占补平衡，规范有序推进农村土地流转，像保护大熊猫一样保护耕地。

之后，中央对耕地占补平衡进行了严格的整治工作，并于2016年由国土资源部下发了《关于补足耕地数量与提升耕地质量相结合落实占补平衡的指导意见》（以下简称《指导意见》）。《指导意见》就杜绝占多补少、占优补劣、占水田补旱地等现象提出明确指示，时任国土资源部耕地保护司副司长刘明松对此进行了解读。刘明松强调："提质改造、补改结合是落实耕地占补平衡的创新举措，应当注意总结实践经验，审慎稳妥推进。要坚持因地制宜，从自然条件和生态建设要求出发，科学合理地做好规划。要将提质改造、补改结合纳入土地整治规划内容，对整体布局、规模、时序进行统筹安排。严禁违反规划擅自毁林开荒造地，擅自填海、填湖、填湿地垦造耕地，破坏生态环境。不得违背当地农业生产和水资源客观条件，将不适宜改造的旱地强行改造为水田。"

纵观耕地占补平衡制度实施以来的20年，中国在土地管理和耕地保护方面做出了历史性贡献。但也存在较为严重的历史问题。一是耕地后备资源越来越少，很多省份都难以在本行政区内完成耕地补充任务，多年"打白条挂账"；二是新增耕地质量越来越低，"占优补劣"现象非常严重；三是对生态环境的影响越来越大，一些地方采取"上山""下海""垦草""植沙""移林""围湖"等非常规手段补充耕地，引发了水土流失、地质灾害等生态问题。[1]

一项保护的政策，执行后却产生负面的效果，其问题在于监管不力，地方政府对农业与自然缺少敬畏与担当，对未来缺乏责任意识。

1　杨维刚：《三问耕地占补平衡制度》，《中国土地》，2014年2期。

"土地利益"博弈中谁是获利者

在经济增长优先的理念下，一些地方政府都在寻找最快兑现财政收入的机会，所以"土地经济"便应运而生。要对耕地监管制度进行研究就必须首先了解"土地经济"的利益分配关系。

耕地利益相关者主要由五个关联主体构成，即中央政府、地方政府、村集体、企业利益集团、农民（村民）构成（如图8-1所示），他们对利益的需求有统一性也有特定性。在整个利益群体中，中央政府与地方政府是利益分配的主要控制者。他们通过法律与公共权力指导土地的利用与二次分配。

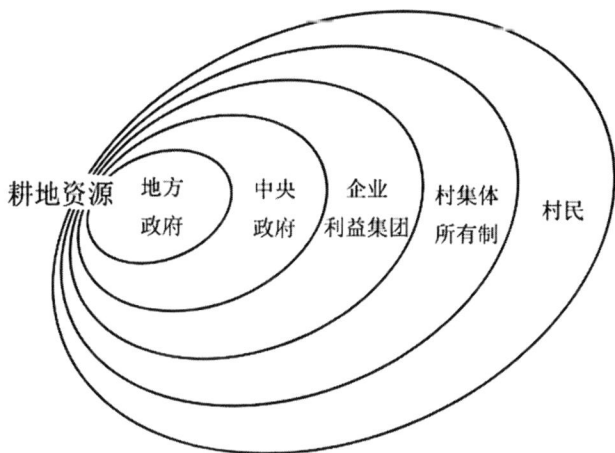

图8-1 耕地利益相关主体

从利益相关者各自利益诉求上进行分析，不同利益相关者有不同的利益需求，不同的利益需求导致的结果与矛盾也不同。

1. 中央政府

从中央政府的层面来看，对土地的保护是以国家利益为主体的全体国民的利益。不仅要考虑村民的利益，也要考虑村集体、企业和地方政府的各自利益，同时还要考虑全体社会成员的共同利益；既要考虑眼前的利益，也要考虑人民长远的利益；既要考虑经济的发展，也要考虑社会的融合与生态的保护，以及土地的可持续利用。中央政府要实现这些利益必须通过立法，并维护法律的权威性与执行力。《土地管理法》在总则第四条中明确规定了"国家实行土地用途管制制度"。该制度是中国耕地保护的一项基本制度，其目的是加强对农用地的用途管制，避免随意变更土地用途。中国新制定的《土地管理法》在第四条中同时也明确指出，"严格限制农用地转为建设用地，控制建设用地总量，对耕地实行特殊保护"。新的《土地管理法》把土地分为耕地、园地、林地、牧草地、城镇村及工矿用地、交通用地、水域和未利用土地等八大类型。对于农用耕地转化为项目用地，政府要根据新《土地管理法》的规定，严格审批。另外在《基本农田保护条例》中规定，在法律划定的基本农田保护区，任何单位和个人不得改变或者占用。国家重点建设项目选址确实无法避开基本农田保护区，需要占用基本农田，农用地转用或者征收土地的，必须经国务院批准。国务院批准占用基本农田的，当地人民政府应当提交由国务院批准土地利用总体规划调整，并增加数量和质量相当的基本农田，以确保基本农田不减少，质量不降低。如此缜密的耕地保护法律在现实执行中却依然被不断地"突破"，说明利益相关者为获取自身利益具有很强的驱动力。

2.地方政府

地方政府由于受考核机制与区域地理要素影响，对土地的价值观更多倾向追求本地区利益最大化。自从1994年分税制改革后，地方政府的财政支配权受到限制，新的财政增长点成为地方政府迫切的需要。按常规来理解，地方财政收益是一个产业收益的总和，由不同产业提供的税收实现地方财政的目标，所以发展合理、科学的产业经济是地方政府的主要目标。但是由于当前对地方领导的考核机制一定程度迎合上层组织或主管领导的偏好，所以形成了粗放式的考核体系。对地方经济的考核主要是总量考核机制，而对经济结构的构成指标没有要求，对社会保障与农地保护也没有具体的考核内容。以城市化建设的名义实现土地经济的转化便成为地方政府的普遍手段。土地经济利益最大化让地方政府纷纷组建了各大国有平台参与经营，例如城投公司、农投公司、水投公司、土投公司、绿投公司等，五花八门的国资企业应运而生。从土地一级开发到二级开发都有国资企业的身影。受国有资产的保值和增值及政府税收的稳定增长等因素影响，土地经济热度不减。

3.企业利益集团

企业利益集团是接手地方政府或国资企业"土地剩余价值"的运营机构，例如房地产开发商。政府通过土地整理后，刨去成本后在市场上公开拍卖，价高者得。开发商优先追逐经济利益，很难自觉考虑对社会、文化、环境的影响，对耕地保护更没有内在动力。[1]因此开发商无论以多高的价格购买土地都会在商品房市场上加价出售，老百姓成为"土地经济"最后的买单者。许多学者一直呼吁开发商要集约化利用土地，不要蚕食耕地、挤压弱势群体的呐喊实质上是没有搞清楚土地经济的逻辑关系。

4.村集体

村集体的土地资源是在特定地域内，除个人土地以外村民共同拥有的权属土地。这部分土地的价值在城市化进程中得以放大，尤其是一二线城市的村集体，土地成为最大的资产。例如杭州市各大区县，村集体土地以留用地的名义入市开发，可以由村级股份制公司自主开发运营，也可以割让49%的股权与开发商合作，产生收益后按村民合法人数进行分配。杭州市区很多街道资产都有数十亿规模，每年产生的租金收益让每人可以分到1万到5万不等。这是国家对城中村改造的政策红利。但是在中国也有一些县区，村集体用地往往成为政府平衡土地指标的工具，强制性征用，村民没有得到合理的利益分成。长期以来，农村集体土地的法律主体一直被虚置，导致土地征收中利益诉讼主体不明确。所以，应该尽快通过立法明确界定农村集体土地所有权主体，弥补因农村集体土地所有权主体缺位所造成的失地农民权益受损，同时应该通过普法教育来强化集体土地的使用权保护理念。否则随着中国法治建设的完善与信息的对称，这种强征强用

1　吴泽斌：《耕地保护利益冲突及其管理研究》，浙江大学博士论文，2011年。

的现象将构成中国农村的新矛盾。

5.农民或村民

农民的利益诉求主要是追求合理的安置和长期的社会保障。中国土地所有制只承认"国家所有"和"集体所有"两种形式，不存在土地私人所有。因此，在公权的影响下，农民对耕地的保护没有自主的权利，只能按国家政策争取更多的征地补偿。在2013年中央一号文件出台前，农民对自己权属的耕地没有多少话语权。中央为了保护农民的土地权益专门出台文件，提出要改革农村集体产权制度，强化对土地承包经营权的物权保护，并要求在2018年内完成农村土地承包经营权确权登记颁证。虽然这项权益相对于地方公权来说是弱小的，但这具有里程碑式意义。

综上所述，在耕地保护面前，不同利益相关者代表了不同立场，但是归根结底，地方政府是最大受益者。因为开发商获取的是地方政府"土地经济"的剩余价值；村集体代表的只是小部分幸运的农民；中央政府享有法律的解释权与制度的审批权；农民既不是土地的所有者，也不是制度的监管者。农民土地显性权益，如土地承包经营权、宅基地使用权、集体建设用地使用权都得不到有效的保障，是因为在土地征收中公权使用过度。中央政府出于粮食安全和社会长治久安的考虑，强调要保护耕地，18亿亩基本农田的底线不能突破；一些地方政府发展经济，千方百计地把基本农田变为非基本农田，再把非基本农田变为建设用地，并采取以租代征、分批审批、化整为零等多种方式欺瞒中央政府。[1]没有转让权的农民在这样的交易中相应地失去了大量土地权利租金。温铁军的研究表明，在土地征用过程中，如果成本价（征地价加上地方各级政府收取的各类费用）为100，拥有集体土地使用权的农民只得其中的5%—10%，拥有集体土地所有权的村集体得25%—30%，60%—70%为地方各级政府所得。据调查，土地违规案件中70%是由地方政府违规造成的。[2]

土地保护需要提高农民的权利

当前，中国用世界上最严厉的土地管理法却没有实现最有效的土地管理，这主要归结于"利益"与"监管"的矛盾。从中央的层面来讲，推进城市化发展不仅推动了社会文明进程的发展，而且也实现了经济增长的目标；而从地方政府层面来看，城市化进程最直观的办法是把土地转化为收益，一方面是财政的需要，另一方面是成果的展示，所以在耕地上做文章是顺理成章的事情。中央与地方在城市化发展的价值目标上产生了距离，导致利益的需求不一致。另外在监管上由于土地"双轨制"没有改变土地垄断的实质，所以在征用"双轨制"与出让"双轨制"上都存在逐利的空间，从而引发了疯狂且限价的征地、疯狂且不限价的卖地现象，加剧了农地的流失，抬高了住房的成本。要实现耕地

1　于兰红：《我国农民耕地保护主体地位的研究》，河南大学硕士论文，2009年。
2　欧阳力胜：《农地征用制度：基本矛盾下的产权博弈分析》，《贵州财经学院学报》，2008年第1期。

有效且积极的保护，就必须让农民广泛参与。

　　第一，让农民参与土地利益对等分红。例如除去土地公共投入成本以外，所获得的市场利益与土地权属由农民共享，而不是以"一刀切"的农地征用补偿办法。在明确耕地保护主体责任和权利的基础上，加大耕地占用方的责任代价，提高耕地权属方的权利补偿，规避地方政府选择性执行耕地保护政策，以便激发耕地保护主体的积极性，改善耕地数量平衡下耕地质量严重下滑的局面。[1] 当然，我们不能盲目鼓吹民粹主义，政府对土地的征收与利用有时是国家意志的表现，应该给予理解并支持。但是既然是国家意志自然就是高瞻远瞩的目标，而不是大搞建设换取土地经济的手段。美国是一个土地私有化的民主国家，但在《美国联邦土地政策管理法》中也有体现国家意志的法律，法律明确了政府有权通过征收的方式获得各种土地。当然法律只是规定政府有权征收，前提是以市场价格为标准，以公平补偿为原则，交易双方在信息充分对称下自愿买卖。为了防范政府发展土地经济，美国还根据"衡平法"的原则制定一些其他的补偿规则。这个规则不仅体现了土地现有价值，还要体现被征用土地的未来价值。另外为了防止政府"蛙跳式"征地对其他农户产生的影响，法律规定政府征用土地时必须考虑因征收导致邻近土地所有者经营上的损失。

　　美国宪法规定了"禁止各州不经正当法律程序剥夺任何人的

1　李国敏、卢珂:《国家尺度下耕地功能占补平衡模式研究》,《地域研究与开发》, 2017 年第 6 期。

生命、自由或财产，或在州管辖范围内拒绝给予任何人平等的法律保护"，由于土地征收是对私人财产的征收，关于私人财产的案件审理会由法院审理裁定，给予财产所有人法律保护。因此，不论产权人对征收范围的上诉还是征地补偿款标准的上诉，法院必须受理。美国的监察专员制度在征地中也发挥着重要作用，监察专员没有法律赋予的执法权，但监察专员作为第三方，具有类似媒体的能力，通过调查走访、发表建议和公布调查结果来监督征地中的不合理行为，以保护产权人的合法权益。同时，监察专员通过提供免费咨询、调节的方式，以第三方中立的身份作为土地产权人与征地机构的沟通媒介，提高了征地效率，减少了征地矛盾。[1]

第二，让农民成为土地法的监督者。尽管中央一直在提倡接受人民的监督，提高乡村自治水平，但是面对一些"强势"的地方政府，农民的民主监督往往并不奏效。农民对失地的意见与诉求必须要严格遵守"逐级上访"政策或所在地法院诉讼才能得以表达，因此一些农民把大量的时间、财力、精力浪费在低效率的信访、维权中，抑制了耕地保护公众参与、监督的积极性。

假设农民拥有对耕地保护通畅的建言与监督权力，那么乱占、滥用、污染和破坏耕地的行为就能及时受到检举和究查。民主与监督能够促使地方政府重构在土地管理领域的角色，转变政府职能，摒弃政府在土地征收中牺牲农民利益换取地方经济发展

1　王凯：《土地征收中的农民权益保障研究》，山东师范大学硕士论文，2016年。

的路径。同时将有效破解单一的GDP考核机制，减少地方政府的"面子工程""政绩工程"，督促地方政府向服务型政府转变。

此外，实现耕地占补平衡还需要建立科学的数据管理系统，在重点保护等级较高的耕地基础上利用耕地功能等级评定系统打破行政区划，按等级划定为基本农田、限制开发耕地和可开发耕地，对后备耕地中较好的优先作为补充耕地、较差的则作为可开发用地，以便在土地自然分布规律下充分发挥不同地域耕地功能的比较优势。同时，应考虑打破国家对土地一级市场的"垄断"，可以考虑修改仅在国有土地上进行二级开发的规定，这样可以充分释放土地市场的竞争优势，减少"坐地起价"的利益垄断。

第9章　城市化进程中耕地保护的对策

　　城市化发展对耕地的影响是世界性话题，每个国家都采取了不同策略应对城市化发展对耕地的影响。美国应对城市化扩张曾采用了一系列策略，从立法到规划，经过时间的考验已经取得了明显的成效。其中最有名的是"城市增长边界"与"蛙跳式"的空间发展模式。2000年，美国规划协会联合60家公共团体组成了"美国精明增长联盟"（Smart Growth America），确定精明增长的核心内容是：用足城市存量空间，减少盲目扩张；加强对现有社区的重建，重新开发废弃、污染工业用地，以节约基础设施和公共服务成本；城市建设相对集中，空间紧凑，混合用地功能；鼓励乘坐公共交通工具和步行，保护开放空间和创造舒适的环境，通过鼓励、限制和保护措施，实现经济、环境和社会的协调。城市蔓延是世界各国都面临的问题，也是中国城市化进程中一个巨大的挑战。精明增长最直接的目标就是控制城市蔓延，其具体目标包括四个方面：一是保护农地；二是保护环境，包括自然生态环境和社会人文环境两个方面；三是繁荣城市经济；四是提高城乡居民生活质量。通过城市精明增长计划的实行，可以帮助社会可持续发展。那么，中国的耕地保护现状与未来究竟如何呢？

耕地意识的觉醒

改革开放以后，中国对耕地的保护意识逐步增强，将其与计划生育、节约资源、环境保护并列为基本国策。改革开放之前，中国的耕地保护基本处于"失灵"状态。在1949年后的30年的时间里，城市对农村的"掠夺"是触目惊心的。城乡二元化更多的是让农村生产劳动力去养活城市工业劳动力，并引发了"大跃进"，农民在国家工业化进程中的自主性被剥夺。最终因为"两头不着边"而丧失有效需求，导致改革不见成效。直到改革开放后，中国农民的真实需求才得以释放，在效率与责任的推动下奠定了中国农业自给自足的基础。我们将改革开放以来的耕地保护政策变迁划分为五个阶段，以此来分析中国土地政策的演变及价值转化（如图9-1所示）。

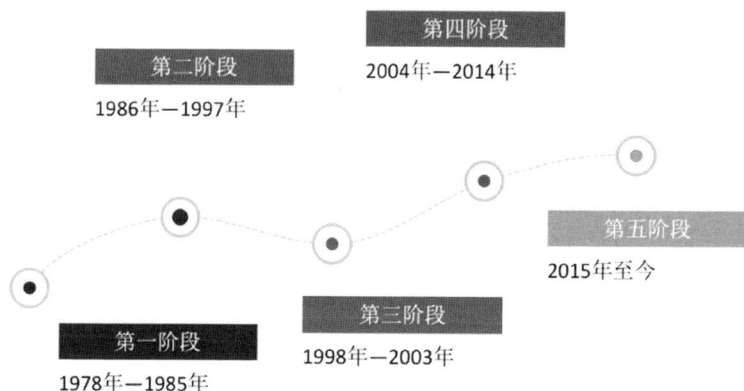

第二阶段
1986年—1997年

第四阶段
2004年—2014年

第五阶段
2015年至今

第一阶段
1978年—1985年

第三阶段
1998年—2003年

图9-1　中国耕地保护政策变迁一览

第一阶段：耕地意识的觉醒（1978年—1985年）

1978年11月24日晚上，安徽省凤阳县凤梨公社小岗村西头严立华家残破的茅屋里聚集了18位农民。这18位农民决定冒天下之大不韪，联合签下了一份"生死状"，这一项壮举不仅改变了全村人的命运，还被称为中国改革开放的里程碑。在这份不到百字的"生死状"中三条内容比较特别：一是分田到户；二是不再伸手向国家要钱要粮；三是如果干部坐牢，社员保证把他们的小孩养活到18岁。在会上，队长严俊昌特别强调，"我们分田到户，瞒上不瞒下，不准向任何人透露"。于是这位严队长就把村里的土地进行了分割承包，开创了家庭联产承包责任制的先河。幸运的是，当年小岗村粮食大丰收。自小岗村的模式成功后，中国农村改革就像一股激情澎湃的春风，迅速吹遍了大江南北，保守派们想尽一切办法都无法阻挡，到1983年全国大包干到户的生产队达到了95%以上。1982年1月1日，中共中央发布了该年一号文件，这个文件名为《全国农村工作会议纪要》，它在"75号文件"的基础上又大大向前跨了一步。文件的突破点是这样一段话："目前实行的各种责任制，包括小的包工定额计酬，专业承包联产计酬，联产到劳，包产到户、到组，包干到户、到组等等，都是社会主义集体经济的生产责任制。"1991年，党的十三届八中全会，强调把家庭承包制"作为我国乡村集体经济组织一项基本制度长期稳定下来，并不断充实完善"。到1993年3月，全国人大正式通过决议，把家庭承包制正式载入我国宪法。可以说，1978年不仅是中国改革开放的新纪元，更是中国农业社会对耕地效率与劳动价值的认知的觉醒，是耕地意识的觉醒。

第二阶段：耕地保护的萌芽期（1986年—1997年）

1986年国家土地管理局成立后，我国开始探索如何制定耕地保护政策并陆续出台相关政策。例如制定了《土地管理法》，对建设用地审批和毁坏耕地处罚等做了规定。但伴随着一些地方城市化与工业化的无序扩张，耕地的减少损害了农民的利益。土地征收一元化模式再次让中国农民丧失了自主性或自主权。从1986年到1998年，两件大事值得关注，一是城市化与工业化的发展让中国农民第一次享受到了"农转非"带来的发展机会；二是1994年《国务院关于深化城镇住房制度改革的决定》发布实施，这标志着中国商品房市场正式启动，中国耕地流失的速度从此加快。虽然国家在同一年出台《基本农田保护条例》，此后的几年，政府工作报告上都强调要建立健全基本农田保护制度，但是"土地经济"无边界的收益让所有的制度都无法阻挡其发展的步伐。这一年，对于中国创业者来说是最好的年代，华润置地、世茂、富力、路劲、星河湾、中惠熙元、复地、禹洲、凯德置地等一大批房企接踵而来，创造了深圳特区的奇迹，为全面开拓中国房地产市场奠定了机会。同年，深圳市政府在香港成功地举办了"94深圳房地产（香港）展销会"。这次展销会成交总金额虽然只有11.15亿港元，但是为中国房地产的发展抛出了诱饵。在耕地急速流失的情况下，中央于1996年通过了"实现耕地总量动态平衡"的决议。为了更好地保护耕地资源，1997年第一次在刑法中

设立了"破坏耕地罪""非法批地罪"和"非法转让土地罪"。总
体来说在改革开放的前二十年，中国逐渐认识到耕地保护的重要
性，并多次在政府报告中提及耕地保护，陆续制定了一些政策，
但是耕地政策没有系统性，与其他政策之间协调性不够，实施中
过度依靠行政手段，执行效果欠佳。[1]

第三阶段：耕地保护政策的探索期（1998年—2003年）

1998年以后，中国工业发展已经开始从沿海地区逐渐向中
部城市延伸，伴随而来的城市化改造也拉开序幕。首先，中部地
区与沿海地区三四线城市的工业热潮高涨，市、县、镇各级行政
机构纷纷规划工业园区，有些区县还设置多个工业园区。耕地转
性为工业、商住用地对于多数县区来说并不需要严肃而慎重的考
察，而是能成为自豪的亮点政绩，甚至很多人认为城市竖起了大
烟囱就是社会进步的表现。这种粗放式的工业崛起对耕地的破坏
几乎是毁灭性的，全国先后有近万个工业园区诞生，比美国与欧
洲的总和还多。其次，城市化在这一时期飞速发展，尤其是省会
城市的城市规模与1995年相比至少拓展了一倍。由于城市的扩
张，城中村数量与规模在这一时期达到高峰。在工业化和城市化
双重压力下，耕地保护的压力日趋严峻。1998年中央重新修订了
《土地管理法》，在法律条文中首次采用了强化性的语言："十分
珍惜、合理利用土地和切实保护耕地是我国的基本国策"，可见

---

[1] 方贤雷：《我国耕地保护政策研究》，安徽大学硕士论文，2010年。

当时的耕地保护有多么迫切。同一年，国务院又修订了《基本农田保护条例》和《土地管理法实施条例》来完善土地保护制度。在后续的几年里，国土资源部（2018年更名为自然资源部）层层加码，发布了一系列文件来保护耕地资源，这一时期耕地破坏的速度得以遏制。

第四阶段：耕地保护政策的发展期（2004年—2014年）

　　2003年以来，由于农业危机初见端倪，中央看到农村劳动力向城市转移过快，农村出现"空心化"现象，专门出台鼓励发展农业的政策，并决定逐步取消农业税费，还给予农民种粮补贴，实际上是扩大了农民分享耕地利益的权利。2004年中央继续强调各级政府要落实耕地保护政策，强调依法管理和加快农地征用制度的改革。2005年为了提高地方政府耕地保护的责任，国务院颁布了《省级政府耕地保护责任目标考核办法》，并在随后的时间内加强该办法的实施。为了更好地实施耕地的总量平衡政策，国土资源部颁布了《耕地占补平衡考核办法》，将各级政府的实施情况进行定量考核。此后，中央文件不断强调耕地的质量保护和基本农田保护。2008年中央十七届三中全会决定进一步扩大农民地权、赋予农民更加充分而有保障的土地承包经营权。中央从取消农业税到增加农业补贴，从耕地的保护责任到占补平衡，无疑是想提高农民对耕地利益和耕地保护利益的分享权利，让土地成为农民生存和发展的资本。

第五阶段：耕地保护的完善期（2015年至今）

耕地保护受"土地经济"与执行监管制度的影响，到了2015年已经出现较为严重的危机，一方面地方政府垄断一级土地市场，农民在耕地保护上失去了成本优势而导致"土地经济"的狂飙突进；另一方面耕地占补平衡从2000年开始到2015年几乎成了一些地方政府公开的谎言，"偷梁换柱"、以次充好的现象不仅成为腐败的温床，更成为蚕食耕地、破坏生态的催化剂。2015年，习近平总书记指出，"耕地占补平衡政策是对工业化、城镇化建设占用耕地不断扩大的补救措施，是国家法律和政策允许的，但必须带着保护耕地的强烈意识去做这项工作，严格依法依规进行。要采取更有力的措施，加强对耕地占补平衡的监管，坚决防止耕地占补平衡中出现的补充数量不到位、补充质量不到位问题，坚决防止占多补少、占优补劣、占水田补旱地的现象"。习近平对于耕地占补平衡出现的执行扭曲问题给予了及时纠正，并明确指出了问题的关键，这给各地政府套取耕地行为踩下了刹车。同年，中央出台了一号文件《关于加大改革创新力度加快农业现代化建设的若干意见》，从农业结构、农业质量、农业技术、农业生态等领域提出了要求，并提出了"中国要富，农民必须富"的理念。一号文件明确了要保持农业补贴政策连续性和稳定性，逐步扩大"绿箱"支持政策实施规模和范围，调整改进"黄箱"支持政策，充分发挥政策惠农增收效应。2016年，国土资源部下发了《关于补足耕地数量与提升耕地质量相结合落实占补平衡的指导意见》（以下简称《指导意见》）。《指导意见》就杜绝占多补少、占优补劣、占水田补旱地等现象作出明确指示。2017年中共中央国务院出台了《关于加强耕地保护和改进占补平衡的意见》(中发〔2017〕4号，以下简称《意见》),《意见》确定了我国新时期耕地保护的目标任务，提出了加强和改进耕地保护的总体要求和政策措施，成为构建中国特色耕地保护机制的一个纲领性文件。《关于加强耕地保护和改进占补平衡的意见》(中发〔2017〕4号）的出台，是中国耕地保护史上具有里程碑意义的大事，是新时期落实最严格耕地保护制度的具体举措。《意见》一方面坚持目标导向，针对耕地保护目标，围绕实现耕地数量、质量和生态"三位一体"保护，系统提出了加强耕地管控性、建设性和激励约束性多措并举保护政策，进一步增强政策的系统性、协同性和可操作性，推动耕地保护制度和政策走向成熟；另一方面坚持问题导向，针对耕地占补平衡中"占优补劣"的突出问题，坚持统筹协调与差别化管理相统一，改进耕地占补平衡政策，完善耕地保护补偿机制和耕地保护责任目标考核机制，推动耕地保护权责利相统一，更加广泛地调动各方面保护耕地的主动性和积极性。[1]2015年到2017年期间，中国在两年内不断强化耕地保护，并频繁出台政策来保护农民的利益，这反映了中国对耕地保护的重视与决心是非常大的，中国耕地保护的法律与制度正在不断完善。截至2018年，已经形成一个相对完整的保护体系（如图9-2所示）。

---

[1]　陈美球、刘桃菊:《新时期提升我国耕地保护实效的思考》,《农业现代化研究》, 2018年1月15日。

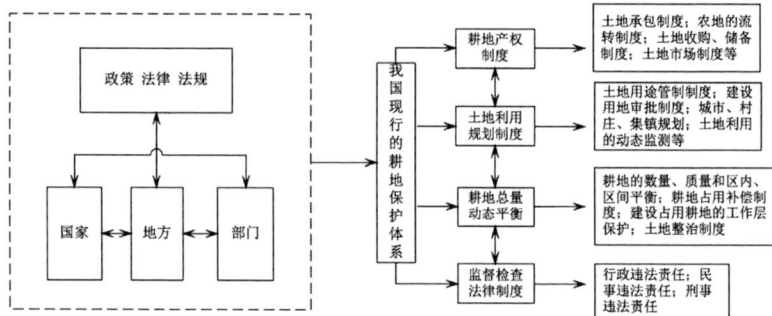

图 9-2　中国耕地保护体系

城市开发边界与土地利用率

虽然中央国土部门对非法批地、非法占有耕地制定了严格的处罚措施："凡非法批准占用耕地2公顷以上、其他土地3.3公顷以上；非法占用耕地0.66公顷以上、其他土地1.3公顷以上，皆开除公职。"但是这些现象数十年屡禁不止，而地方上真正以侵占耕地而受处分的正职领导干部也极少。

2013年以来，"划定城市开发边界"的要求就陆续在与新型城镇化相关的会议和政策文件中出现，并在北京、上海等14个特大城市、大城市作为试点先行推进。近年来，中国特大城市的城市蔓延已经得到有效控制，但是中部不少城市依然存在推进城市规模化"竞赛"。例如江西省南昌市，继红谷滩新区后又先后开发了九龙湖、象湖、艾溪湖等新的城市片区，2017年又新增数十平方公里的赣江新区，大量耕地可能被公建项目、房地产、工业区占领，南昌"鱼米之乡"的城市风貌已经逐步地从地图上消失。实际上，南昌作为中部地区的后起之秀，更应该吸取发达城市的经验教训，把经济发展与城市资源潜力结合在一起，利用鄱阳湖的资源优势发展有机农业及农业产业融合，利用世界闻名的中药基础发展中药产业链，而不是与其他城市比高楼、比规模。应从城市发展的动态视角划定城市开发边界和规划用地规模，适度满足城市的发展需求，约束城市无序扩张，逐步推进南昌市由外延发展向内涵提升转变。当前，区域经济发展已经形成"高端集聚，低端扩散"的局面，中部地区一方面要积极承接发达地区的产业延伸，一方面要挖掘自身区域要素禀赋，创造城市集聚的价值与魅力，避免虹吸效应带来的区域马太效应。

从国家层面来讲，耕地保护政策必须形成一个高效的政策体系，完善每一个政策环节，形成集规划、审批、监管、问责、考评于一体的综合管控模式。

首先，严控城市开发边界划定，优化城市用地结构和布局。划定城市开发边界是控制城市蔓延的技术手段和政策工具，通过在城市周围形成独立、连续的界限，控制城市空间的非理性增长，引导城市开发和再开发行为，保护自然资源。以日本为例，日本在经济高速增长时期，注重综合协调土地利用规划。国土综合开发规划、国土利用规划、土地利用基本规划及部门土地利用规划组成了日本的土地利用规划体系。各个规划之间协调良好、相互促进，有利于更好地保护有限的耕地资源。日本在土地保护政策体系形成之前也曾因城市蔓延付出了惨重的代价，因此中国不能重蹈覆辙，应该规避城市蔓延的陷阱，积极完善土地管理政策体系。

其次，对全国工业园区进行逐一排查，对土地利用率低、使用效率差的工业园区进行整治，尤其是三四线城市需要考虑对工业园区进行重新整合，取消县区工业园区的审批，进行跨区兼并整合，由市一级政府统筹工业生产基地的布点与管理。对历史遗留的工业园区要采取土地利用集约化、规模化的优化布局，依据产业环境、要素资源情况等确定园区的区位和规模，引导工业园区向城镇主要空间走廊集中，减少零星工业点布局，从而抑制城市边缘区发生的跳跃式无序扩张。

第三，对城市商务区进行集约化管理，城市服务业的增长以生产性服务业的增长为主要特征，是知识和技术密集行业，其提供服务需要的办公用地面积较小，可通过楼宇办公实现用地集约化，土地使用向立体空间发展，以便相应提高土地利用强度。[1]在许多国家，国家行政机构都是以租用写字楼开展办公，而在中国几乎所有的部门与行政、事业机构都有独立的物业，据统计其占用耕地的规模超过总比例的30%。为此，中央于1988年颁布实施了《楼堂馆所建设管理暂行条例》，2007年，中共中央办公厅、国务院办公厅印发了《关于进一步严格控制党政机关办公楼等楼堂馆所建设问题的通知》，严厉打击乱建豪华办公楼等问题。十八大后，作为对中纪委推进的"反腐风暴"的配合，中共中央

---

1 王家庭、谢郁：《产业发展是否推动了中国的城市蔓延？——基于35个大中城市面板数据的证实检验》，《西安交通大学学报（社会科学版）》，2017年第4期。

办公厅、国务院办公厅又在2013年发布了《关于党政机关停止新建楼堂馆所和清理办公用房的通知》。毋庸置疑，耕地保护一方面要严格控制，另一方面要通过"挤水"释放土地。

地方政府和中央之间出现了目标性的偏差，中央政府的目标是保证耕地数量和质量平衡，以及国家粮食安全和生态安全。地方政府的目标除了执行中央的耕地保护政策，还要积极扩大财政的自主权，通过更改耕地的用途增加财政收益与提升城市形象。于是某些地方政府在制定经济发展规划的过程中，不按法定程序来，甚至违法占有耕地以扩大城市规模。在这种背景下，中国出现了"土地经济"引发的社会综合征。其影响的不仅是经济产业结构，也不仅是耕地保护，更重要的是可能导致社会阶层产生两极分化，社会价值体系发生扭曲。中国百姓在现阶段需要承受较大的压力，主要压力来自收入水平与消费能力的落差；文化水平与生产力的落差；区域环境与发展机会的落差；购房能力与生活权利的落差……如果周而复始循环着这些严重失衡的生活形态，将可能导致一个民族陷入愤怒、投机、多疑、自卑、恐惧的综合征。当前要解决这一系列问题必须从社会利益分配的源头上进行改革，既要防范土地垄断带来的耕地破坏，又要解决劳动力转移带来的抛荒现象；既要解决利益集团的土地利差收割，又要解决城市暴富者的"荷兰病"[1]现象。

---

1 荷兰病（the Dutch disease），指一国（特别是指中小国家）经济的某一初级产品部门异常繁荣而导致其他部门衰落的现象。

发挥土地利用的积极性

中国耕地保护的关键不在于土地私有化与公有化、不在于法律的广度与深度，而在于系统化的执行能力与国家治理结构的有效规划。从西方国家的耕地保护政策来看，完善耕地保护制度，对鼓励保护者的积极性起到了关键作用。

关于耕地减少的成因，主流学者认为有四点：一是农业结构不均衡导致抛荒；二是生态退耕导致耕地面积减少；三是城市化建设占用耕地；四是自然生态形成灾害。这些原因在耕地保护过程中确实存在，但导致耕地保护出现重重困难并非这些表层原因，而是利益的博弈。必须通过完整的法制工具与有效的监督才能阻断利益相关者越界的行为。要完善耕地保护制度必须从土地利用权属者与土地管理权属者两个方面考虑。土地利用权属者是农民或村民，除了要加大农民对耕地的保护权利，也要加强政府对土地破坏的监管力度。

当前存在问题不仅是因为地方政府主导"土地经济"，也因为农民对土地利用不科学，对耕地保护意识不强。随着城市化与工业化发展，中国农村劳动力出现大规模转移，农业生产与工业生产出现了劳动价值严重失衡的现象，所以大规模抛荒现象在中国东南部及中部地区较为普遍。受"土地经济"的冲击，耕地使用者对耕地的价值认知发生偏差，产生了"厌农重利"的思想，多数农民与政府在征地矛盾中主要的焦点是耕地补偿的价格问题，而不是耕地转性或流失问题。要重新树立农民正确的耕地价值观，就必须树立农民对耕地收益的预期信心，进行有效的土地流转与耕地补贴。

以美国为例，1936年美国国会通过《土壤保护和国内配额法》。该法对"增强地力"的农作物进行补贴以提高土壤质量。1956年的"土壤银行计划"则是战后最重要的土壤质量计划之一。所谓土壤银行计划，目的是通过短期和长期退耕一部分土地以减少过剩农产品的生产，确保增加农业收入，保护全国的土壤、水、森林和野生动物资源免遭浪费和破坏等。另外，美国法律规定农场主必须与政府签订土地退耕计划，期限的长短取决于退耕后的用途，农场主把一部分土地长期退出耕种用于植树复绿，每年可从政府那里取得补贴。此外，美国还建立表土保留制度，在耕地上搞建设时，先把耕地表层的可耕作土壤集中起来，然后运到别处造地。这些制度虽然在《中华人民共和国土地管理法》中都有提及，但没有成为专项执行的强度，更没有明确的法律对农民抛荒进行约束。

在法国，法律规定私有农地要用于农业，不准弃耕、劣耕、闲置。为此，法国政府设立专门的农地整治公司。农民在出卖土地时，必须通知农地整治公司。如果农地整治公司认为买卖不合理，它就会提出收购农民的土地。法国这种农地买卖的限制制度对中国具有一定的借鉴意义。另外，丹麦为了保证耕地权益者所控制的耕地得到有效利用，规定土地拥有者不得将耕地作为遗产赠予子女，子女要获得土地的耕种权必须按市场价格向父母购买，子女如果不热爱农业从事其他职业，父母可以把土地按市场价格转让给其他农场主。丹麦的土地政策是要保证耕地必须留用在从事农业生产的人手上，而不能成为一种商品倒卖或抛荒。

当然要实现农民对耕地种植价值的回归，必须先要实现合理的粮食市场和形成规模性的科学种植，实现产量与价格双丰收才能平衡劳动价值所存在的利差。"三农"政策是一项系统化工程，地方政府必须抛弃急功近利的理念，加大惠农政策的落实才能解决抛荒的问题。

韩国跟中国的情况十分相似，也是由国家主导工业化和城市化，自20世纪60年代以来，经济快速发展使韩国从一个传统的农业国家转变为一个新兴工业国家，但也造成了耕地的快速减少和耕地质量的下降，影响了韩国的农业发展。于是韩国采取一系列的措施保护耕地，并取得了显著的成绩。韩国政府推行的耕地保护并非就耕地而论耕地，而是从农业发展甚至国家可持续发展的高度，提出了涵盖耕地保护、利用、开发各个环节的一整套体系。韩国政府根据本国的特点实施了许多创新的管理手段，例如代耕制度和设立农地基金。代耕制度是韩国政府为防止农地的休耕和弃耕、充分利用农地而实行的，通过法定的程序，可以使耕地的使用权短时期内转让，以提高耕地的使用率。农地基金是为了筹措土地开垦和开发需要的资金，弥补因农地转变用途而导致的损失。当政府或者其他主体要转变农地的用途时都必须缴纳一定的费用用于农地开发。农地基金除了上述缴纳的费用外，还包括基金运营所产生的收益。农地基金对韩国的农地开发起到了显著作用。代耕制度和设立农地基金的管理手段对中国的耕地撂荒治理和耕地开发资金不足等情况有重要的借鉴价值。[1]

　　另一方面必须实行公务员考核制度改革，把干部考核的权重因子设计得更符合区域发展要求。从地方政府层面来讲，耕地保护缺乏激励性，某些地方政府以及乡镇干部对保护耕地始终持消极态度。实际上耕地保护与经济增长、社会稳定、生态环境息息相关，最终都是社会的共享收益，但是部分中国地方干部认为无论在耕地保护上做出多大贡献，对自己的升迁并没有影响，反而成为"死板""落后"的象征。耕地保护制度的完善不是依靠一部法律就能解决，而是要让参与耕地保护的利益相关者都能发挥相应的积极作用。

建立城市规模评价体系，防止城市蔓延

　　城市蔓延不等同于文明蔓延，这是我们必须明白的事情。城市蔓延是人类社会发展到一定程度后出现的一种违背自然规律的"病态式"发展。

　　以地理学视角来看，城市蔓延主要是指城市空间的低密度扩张，在此过程中涉及农业用地规模化向建设用地转化，由此产生一系列经济、社会、环境等问题。其中，经济的问题主要表现在城市无限扩张造成了人均服务设施成本的增加、土地资源的浪费以及中心区的衰退等；社会问题主要体现在种族、贫富在空间上

1　杨兴权、杨忠学：《韩国的农地保护与开发》，《世界农业》，2004 年 11 期。

的隔离，增加了社会暴力与不稳定；环境问题主要指蔓延造成农业用地、湿地的减少，以及蔓延式发展增加了机动车的使用，致使环境污染加重。[1]

当前，中国还处于加快城市化的阶段，城市数量迅速增加、城市空间不断扩展，城市蔓延正逐渐对经济、社会、生态等构成威胁。许多城市的扩张占用耕地的比例达50%—80%，部分城市已超过90%，换句话说，大部分城市以占用耕地扩大城市规模，已形成较为严重的城市蔓延综合征。二战后，美国城市蔓延堪称全世界规模最大、最为严重。它带来的中心城区衰退、社会分化、财政危机与生态环境破坏问题一直困扰美国政府。中国自改革开放以来，城市化加速发展，从20世纪80年代初城市化率不到20%发展至今已超过60%。中国城市蔓延程度虽然没有美国高，市中心也没有出现大规模衰退，但城市周边扩展十分迅速。中国大城市的蔓延表现与美国不同，中国城市蔓延的动力主要来自城市交通、房地产、低价征地成本，而美国主要是工业需求。相比之下，中国城市蔓延的复杂程度比美国高。

美国学者莱斯特·布朗在1995年出版《谁来养活中国》一书，向中国和世界发出了警告，中国粮食问题在未来将成为一个世界性的粮食问题。庞大的人口数量与内生性大陆型地理环境决定了中国人只能自力更生，靠自己养活自己。尽管中央在宏观管理上非常重视耕地保护工作，但地方耕地保护却屡屡失控，中央三令

---

1 李强、刘安国、朱华晟：《西方城市蔓延研究综述》，《外国经济与管理》，2005年第10期。

五申要求各地加强土地管理，节约用地，制止乱占耕地，却屡禁不止，土地违法、投机取巧等问题突出。

中国城市化的主要资金贡献是土地经济与房地产业的税收贡献，美国城市发展的经济来源为人口与居民增加后的税收。房地产开发是推动中国城市蔓延的基础动力。当前中国城市化发展更多是体现在规模效应上，随着耕地被大规模的吞并，城市集约化发展迫在眉睫，必须尽快建立一套城市规模评价体系，不同的城市必须根据要素禀赋去设计城市的边界，控制"城市病"的蔓延。

保障农民保护耕地的权利

茅于轼曾说："城市扩大，用了很多的地。而失去土地的农民，因为没有土地所有权，土地属于所谓的集体，农民对土地没有发言权。"因此，这就涉及一个新的问题，那就是农民作为多方利益的博弈者之一，始终处于最弱地位，使得强者有更多"机会"去影响耕地的保护。耕地保护除了须从法律上加以完善，更应该从农民对土地的权属地位上进行制度强化，确保农民对耕地的保护有合理、对等的地位。

为什么说农民在耕地保护利益博弈中是弱势群体呢？首先是农村"负担"日益增重，失地将会是压倒他们的最后一根稻草。不得不肯定改革开放40年中国的农村富裕了，但是富裕的前提是支付了另一种代价。从20世纪80年代开始，中国数亿农村劳动力向城市二三产业转移，但由于户籍限制，多数劳动力把青春献给了城市，负担却交给了农村。他们的养老、教育、结婚生子以及培养下一代等成本交给了农村，大大加剧农村的负担。

更为关键的问题是，他们的耕地已经被转用，失地成为他们难以避免的困境。据国土部门统计，当前中国有7000万左右的失地农民，到2020年这个数字将可能超过1亿。随着人口老龄化的到来，他们将成为农村的"三无"人员，即无地、无业和无社会保障的人。其次耕地产权不明，缺乏法律的保障。西方国家多数农民拥有土地所有权，而依据我国宪法、民法、土地管理法和农业法的相关规定，农村集体土地所有权体现为三级制的"农民集体所有"，即"村农民集体所有"、"乡（镇）农民集体所有"和"村内两个以上的集体经济组织中的农民集体所有"。[1]换句话说，农村集体土地所有权的法律关系主体是三个层级的"农民集体"。现行法律并没有明确规定"农民集体"作为土地所有权主体的构成要素和运行原则。没有明确产权代表和执行主体的界限和地位。所以在土地征收"双轨制"下，农民保护自己耕地的法律地位是有限的，这给地方政府在一级土地市场提供了垄断的机会。基于这两点，农民在地方政府、开发商等相关利益者构成的博弈中处于劣势地位。

博弈论又称对策论、赛局论等，是二人在平等的对局中各自利用对方的策略变换自己的对抗策略，达到取胜的目标。在一般博弈过程中参与人、参与人的策略、参与人的支付等集合构成了

---

1 笑蜀：《给农民土地永佃权可不可行？——于建嵘、陈志武对话中国农村土地制度》，《南方都市报》，2008年2月4日。

三大要素。农民作为参与人，由于谈判权的丧失，所有的策略都将失效，所以注定在博弈中是弱势的群体。这就造成耕地保护政策在实际运行中没有取得预期的效果，反而在一定程度上助推了滥占、乱用土地的行为。

美国经济学家奥尔森（Mancur Olson）认为，在一个社会里存在许多利益集团，他们为实现某种特定的群体利益而采取集体行动。利益集团的存在是为了谋求利益，其谋利的方式，往往是"分蛋糕"和"抢瓷器"式的。所谓"分蛋糕"式，就是不采取增加全社会总体利益的情况下，使自己的利益份额不断地增加。如同到商店去抢瓷器，为了多抢一只瓷器，不惜打碎两只瓷器。由于利益集团关心的只是本集团的"特殊利益"，他们谋利所采取的往往是类似于导致社会总体利益减少的"抢瓷器"方式，而不是采取有利于经济发展、增加社会"普遍利益"的投资、创新方式，利益集团还使得整个社会把更多的资源和精力投注在再分配活动上，降低了社会整体效率和总收入，实际上成为经济增长的阻碍力量。

当前由于城市化的推进还在继续，第二三产业还没有达到严重过剩的程度，第一产业的收入受劳动利差的影响冲淡了农民对耕地资源的"生命"依赖，所以矛盾的焦点只是停留在权益的保护层面，如果中国经济出现了周期性的下行趋势，那么失业率势必就会上升，农民对土地的依赖就会如同对生命的依赖一样重视，矛盾焦点就会发生改变，从而引发灾难性的冲突。应当警惕，农民长期处于博弈当中的弱势群体未必是好事。提高农民保护耕地的博弈优势有利于利益结构的平衡，防止腐败与社会矛盾的加剧。

建立农民权益表达机制

耕地保护的矛盾，很大程度上是因为地方政府阻断了农民参与耕地保护决策的权利。从理论上来说，凡是涉及农民利益的土地管理事项都应该属于农民参与决策的内容，包括土地利用总体规划、土地征用、征地补偿费用、安置方案以及其他涉及农民利益的事项。但是地方政府的习惯性抵触，导致农民参与能力下降、参与意识淡薄，而随之出现的是信任危机、极端情绪及邻避现象。赋权于民，通过耕地权益博弈的方式尊重和保障农民的权益，不仅是在耕地权益博弈的平台上改变农民地位，更是让国家机制贯彻得以信息畅通。[1]

英国的耕地保护就是一个具有探索意义的案例。英国大部分公共事业都是私有化的，因此英国的征地范围并不限于公共利益，强制购买权既可为公共利益服务，也可以为私人用途服务。《规划与强制性购买法》规定，城市开发项目只要能够促进当地的经济、社会、环境的发展均可使用强制购买权。这一点与中国较为相似，中国农村耕地产权转让收益分配制度具有强制性和垄断性。国家单方面确定征用土地的补贴标准，这种补贴标准是强

1　于兰红：《我国农民耕地保护主体地位的研究》，河南大学硕士论文，2009年。

制性的非市场价格，不能体现农民的意愿，更不能真实地体现耕地价值。按理来说，不满意就可以有申诉的权利，但是目前中国的土地申诉通道是有限的，有时候只能通过信访来解决，而信访机构本身就属于政府的组成部分。

英国的土地征收程序可分为用地申请阶段、征地通告阶段、审批听证阶段、补偿议定裁决阶段和征地者入地阶段。英国征地补偿目标清晰，并充分考虑了土地权利人的利益，被征地人的土地因征收部分造成剩余贬值时，有权要求征地机关赔偿其承担的损失，确保当事人的征地损失都能获得赔偿，这也是计算补偿金额和测算损失的依据。不仅如此，任何土地利益相关人觉得自身的权益受到侵害时，都可以在规定的时间内向当地的土地裁判所或法律部门提出诉讼。土地裁判所作为英国行政司法体系的一部分，不属于法院，也不属于行政组织，其始终以公开公正无偏私的原则负责征地补偿费评估裁定和征地补偿争议的裁决，平衡公共政策，其组成人员包括法律人士、测量人士和评估人士，保证了裁决的专业性。征地主体对土地裁判所的裁决有异议不服的情况下，可以上诉法院或向高等法院申请司法审查来维护自己的权利，以保证裁决的合理合法性。[1]

日本 2001 年对《土地征收法》的修订最为全面，其改变了公益事业的认定方式，创立了当事人代表制度，明确了公益事业认定厅和征收委员会的职责。征收委员会与英国的土地裁判所类

1　王凯：《土地征收中的农民权益保障研究》，山东师范大学硕士论文，2016年。

似，征地委员会针对兴业人与土地所有人对征地事项的申请，作为第三方中立人对征地事宜作出公平公正的裁决。征收委员会委员需要有法律、经济、行政等方面的知识和经验，解决征地时出现的问题，但不得来自地方团体和公务员，以保证其行使权职的独立性。公益事业认定厅负责日本公益事业的认定，采用二阶段审查模式确定公共利益：第一阶段审查依据《土地征收法》对公共利益事业做的详尽式列举，罗列了49项公益事业类型，主要涉及交通、教育、医疗等诸多方面，没有被列举的项目第一时间被排除，政府没有征地的任意权；第二阶段土地征收事业公共性审查认定程序阶段，在满足公共事业认定后，地方都道府县知事或国土交通大臣依据事业合法性、公益性、起业者完成事业能力、有助于土地适当合理利用四个方面对土地征收事业再次认定。[1] 其实，在欧美等发达国家，农民协会是市场经济中最有活力的经济力量。在法国73万个农场中，绝大多数农场主参加了产前、产后流通领域的农民协会；德国几乎所有农户都是协会成员；在荷兰每个农民至少是3个合作社的成员。

　　假如中国农民像城市工会组织一样，拥有代表自己利益集团的合法组织，畅通的权益申诉渠道，那么农村的社会矛盾就会大大减少。这就需要政府在相关制度上的创新，赋予农民选举出来的利益组织参与到土地管理决策当中，其他任何利益集团不得干预。同时政府在耕地保护中的强势地位应逐渐淡化，归位到服务

型政府。

强化农民对土地的权属地位

中国经过了几千年来的社会变迁，从奴隶社会到封建社会，农民的问题就是国家治理的核心问题。农业生产被世界公认是一切文明的物质基础，是社会稳定与国家实力的标尺。中国是世界上最早建立起来的农业国家之一，农耕文明历史悠久，从大禹治水到秦汉"授田制"、西晋的"占田制"、北魏隋唐的"均田制"，都是为了保证"耕者有其田"，都把安定农民、重视农业生产作为国家大事与执政纲要，制定的各种制度都是为了保证农民的安居乐业和农业的稳定。"理民之道，地著为本"观点，几乎是所有统治阶级、思想家和政治家的通识，谁违背了这一原则，国家就会发生历史性的变革。

中华人民共和国成立以后，农民分到了土地，曾出现了空前的生产热潮，但是由于历史的原因中国农民却依然过着温饱线下的困难生活，直到改革开放后中国农民才逐步走出温饱线。温饱解决了，但是新的问题又出现了，中国的城市化发展与劳动力转移不断消耗着农业的资源要素，农民在耕地保护过程中出现了新的利益矛盾，以至于演变成群体邻避事件。究其原因，主要是在中国现行制度环境下，农民的耕地保护法律关系主体地位被忽略，农民因为没有土地的产权而被一些地方政府剥夺了话语权。

一般而言，产权是指通过法律程序确定某种经济个体占有某种财产的权利。产权经济学认为，产权指私人、组织、政府在一定时间内对财产行使或控制的使用权、收益权和转让权。它包括属于本人的财产（拥有所有权）和不属于本人的财产（不拥有所有权）如租赁，但归本人支配和控制的财产权利，产权也包括在交易中对商品和劳务的权利。1967年哈罗德·德姆塞茨提出，产权作为一种社会契约，可以用来解释人类的各种经济行为，以及因为这些经济行为而导致的经济增长，同时产权也决定了个人在经济活动中的主体地位和最终的财富分配比例。

按照法律规定，农民集体是耕地的拥有者，它享有耕地的所有产权，但实际中这种产权过于虚化。因为耕地虽然在法律上属于农民集体，但农民集体不能任意改变耕地的用途，缺少了对耕地的决策权。因此，在"国家所有"和"集体所有"的两种形式下，农民是不存在对土地拥有所有权的。这种产权与使用权之间的混乱、虚化，限制了农民的生产自由和保护耕地的积极性。同时农民在耕地转让中无法获得合理的补偿收益，这就为一些假借国家意志侵占农民土地权益的地方政府创造了条件。

同样，农村集体所有的土地不能够直接卖给用地单位，而是由国家征用，然后再由政府代表国家行使权力拍卖给其他利益集团。这实际上就是否定了农村集体作为土地产权主体的地位，政府成为农民行使土地权利的代理人。所以，必须明确耕地的产权，并通过法律法规的形式予以确定，建立归属清晰、权责明确、保护严格、流转顺畅的现代耕地产权制度；明确农民集体对耕地的产权，国家通过法律的形式将耕地的收益权和处置权归还给农民集体;同时国家还要通过财政、税收等其他形式来对耕地进行宏观调控。[1]

《中华人民共和国农村土地承包法》(2018年)第十七条规定,通过家庭承包取得的土地承包经营权可以依法采取转包、出租、互换、转让或其他方式流转。那么是否可以在此基础上进一步明晰农地所有权主体,强化和稳定农户的承包经营权,完善市场化的农地使用权流转机制呢?不管是耕地产权的明确还是承包使用权的扩大,都必须尽快通过法律法规的形式确定下来,以此来构建农业规模经营,提高土地资源配置效率。

---

[1] 方贤雷:《我国耕地保护政策研究》,安徽大学硕士论文,2010年。

第四部分

城市治理与增长

　　当城市化发展到一定程度以后，各种要素禀赋就会形成一种"共振"作用，在溢出效应与集聚效应作用下催生出新的经济、社会、文化形态，这些新现象的出现让城市利益相关者措手不及，因为这就是一把双刃剑，带来经济增长的同时也带来城市治理的困境；作为城市的运营者，必须考虑空间、人口、经济三大要素的联动性，从三大要素的规律与逻辑找到适合区域发展与治理的最佳路径。谨防城市蔓延带来社会、经济环境成本，通过"精明增长"体系的建设与城市蔓延的定量分析控制城市发展的边界。另外，在数字经济背景下城市的有效治理可以通过技术来实现，利用区块链技术重构城市信用体系对实现城市的有效治理意义重大，但也要防范民意失真下的数字谎言。

第10章 城市蔓延的形成机制与治理路径

　　城市化发展虽然因为集聚效应而促进经济增长，但是城市发展并不是越快就越好，规模越大就越有实力。推动城市化本质是改善人类生活质量，增强经济发展动力，归根结底是为人类服务的，是社会合理分配的一种机制，如果偏离这一宗旨，将可能事与愿违，城市蔓延便是问题之一。

　　城市蔓延特指城市空间出现持续性扩张，在扩张过程中失去了以产业禀赋与人本主义为核心的规划。比如建设规模的增长远远超过了人口的增长；产业基础建设规模远远超越产业发展速度，以及违背了产业发展的方向与生态体系。城市蔓延体现在居住与生产两个维度，居住是以美国的"蛙跳式"空间转移为代表，将居住、就业与生活配套分离，通过私有交通工具实现空间转移；而生产则是无节制地发展产业园区，先摊大饼再做招商，一边走一边看。前者将导致社会阶层分配不公和种族隔离，增加城市成本，影响交通效率，破坏生态环境。后者消耗公共资源，影响产业结构，尤其是对耕地的破坏触目惊心。无论是居住型蔓延还是生产型蔓延，都会因为缺乏理性规划带来不可逆转的损失。

日本城市蔓延的代价与教训

　　日本是世界城市化率最高的国家之一，中国的城市化发展很大程度上是参考了日本当年的发展经验。高效率、高溢出一直是日本城市化发展的特点。但是到了20世纪90年代后，日本城市蔓延的弊端逐步显现，给日本的经济、社会、环境带来了极大的影响。分析日本城市蔓延现象可以对中国城市化发展提供警示。

　　日本城市蔓延经历了三个阶段，从1955年到1970年，日本以地方为单元的城市蔓延对耕地形成极大破坏，乡村的消失并没有增加耕地面积。根据数据统计，1950—1977年日本城镇化率从37%上升到76%，年均增长1.5个百分点，伴随着工业化的快速推进，临海地区工业用地的开发，大城市周围新开发区工业的集聚，极大地加速了日本城镇化进程，年轻人大批流入大城市，地区间差距不断拉大。到了20世纪70年代的中后期，日本为了控制地方城市蔓延，学习德国实行了土地区划整理，有效地控制了地方城市蔓延。但是后来学习美国的"大都市圈"规划，再次把日本拉入城市蔓延的陷阱。直到2000年以后，日本再次学习美国的紧凑城市理念，才有效地控制了城市蔓延带来的影响，可惜日本那时候城市化率已经高达80%左右，没有多少可以调整的空间。

　　第二次世界大战以后，日本在美国的帮助下经济得以高速增长，伴随快速的城市化进程而来的是城市蔓延。日本的城市蔓延是自下而上的，这一点与中国的情况不一样。一般情况下，城市蔓延往往是自上而下的，一线城市大都市圈形成后蔓延到周边城市，然后逐渐由上一级的行政区向下一级行政区蔓延，这是羊群效应也是资源溢出的作用。而日本在20世纪70年代之前，由地方主导的城市蔓延较为严重，数据显示1955年日本占用耕地面积5000公顷，到了1973年这一数据增加了十多倍，占用耕地面积高达68000公顷。同样，日本的耕地利用率也由原来的133.9%下降到了109%，种植面积由1960年的81.29万公顷减少到1970年的58.1万公顷。地方政府肆无忌惮地瓜分了土地蛋糕，随之而来是村落在不断消亡，环境污染越来越严重，生活成本与日俱增。到了70年代后，日本中央政府通过制定大量政策、法规并采取措施制约地方城市蔓延，对土地的使用进行严格监管，地方性的蔓延才得以控制。但是后来新爆发的"都市圈"再次把日本拉入城市发展的陷阱。都市圈的城市蔓延取代了地方性的城市蔓延，从1970年到2003年，日本耕地面积减少了107万公顷，土地的利用率下降到94%。可见，"都市圈"带来的城市蔓延比地方性城市蔓延更为严重。

日本都市圈带来的影响不仅体现在对耕地的消耗，还体现在高额的社会成本与投资分配不公等方面。交通拥挤、地价飙升、环境污染、社会治理成为"城市病"难以治愈的症结。此外，都市圈因为集聚效应抽取了欠发达地区的生产性投资及各种发展要素，导致区域发展结构严重失衡，从而引发了产业结构失衡。幸而，在2000年之后，日本开始控制城市规模和城市形态，从城市土地集约化利用延伸到都市圈规模评估与空间布局等领域，最终有效地控制了城市无序蔓延。

当前，中国部分城市出现的蔓延趋势与日本曾经的城市蔓延有相似之处。日本的城市蔓延是地方政府通过土地重整节约成本而导致的，而中国地方政府则通过土地出让获得财政收入来支付基础建设，刺激城市蔓延。中国必须吸取日本的经验教训，不要试图通过城市建设的杠杆实现城市增长。保守与过激行为都有可能影响城市的发展，破坏城市的生态体系。

美国靠什么走出城市蔓延陷阱

美国的城市蔓延是由点到面的发展路径，洛杉矶、拉斯维加斯、菲尼克斯等城市形成蔓延逐步引发全国性的城市蔓延。美国的城市蔓延经历了四个阶段：1950年到1970年，美国经历了由单点城市带动全国城市的蔓延，造成了社会矛盾加剧。1970年之后，美国开始不断出现"反城市蔓延"运动，为了控制城市蔓延提出了"新城市主义"。但是顾此失彼，"新城市主义"虽然在一定程度上缓解了城市压力，却并没阻止新的城市蔓延爆发。到了2000年美国被迫启动了"精明增长"计划，用系统化的组合政策控制了城市的蔓延。此后，美国在"精明增长"战略上不断优化政策的效用性，紧凑型城市发展成为美国城市发展理念。

可见，美国的城市发展并非一帆风顺，而是经历不同的变革才实现了今天的科学性与严谨性。从共性来看，美国的城市蔓延同样导致了两大后果。首先是结构性失衡，政府对新城巨大投入使老城被"孤立"，税基与劳动市场转移以后，老城的发展根基被动摇，从而形成了恶性循环，而其他相对较弱的地区也因投入不足而陷入发展困境；其次是活动空间放大、割裂导致成本增加，如政府的财政成本、居民的生活成本、企业的运营成本，同时种族歧视、社会隔离也不断加剧。但是，美国的地理环境及土地保护制度的差异性让城市蔓延最终得以控制。正是因为这种差异，让日本等模仿国家掉入了"陷阱"。

首先是美国拥有世界领先的科技力量，这种力量能让美国对耕地的损耗产生抵消作用。从1950年到1992年间，美国农业用地减少了9.4%，但是美国利用科技种植技术让农业产量提高了50%以上，正因如此，城市蔓延对耕地的破坏并没有让美国为农业而担忧。

其次是美国对农业的保护制度比较完善，所以城市蔓延并没有伤及过多的耕地。美国土地以私有制为主，国家拥有小部分土地，这给无序化的城市蔓延带来成本与法律的制约。即便是国有土地，美国在城市化发展中也只使用了四分之一的开发指标。日本在学习美国的"新城市主义"过程只看到新城市给美国带来的发展机会，却没有看到美国制度的特殊性，从而顾此失彼，牺牲了大量的耕地。

再则，美国城市蔓延并没有给环境带来多大的威胁，美国地广人稀，自然环境非常优越，所以城市化蔓延对环境的破坏相对其他国家来说几乎忽略不计。再加上美国对环境保护有一套成熟的机制，通过空气、水质和土壤环境质量与人的密度关系进行计算，得出最优城市规模。如此看来，美国城市蔓延总的来看是利大于弊，最多也是功过相抵。

即便如此，美国为了把城市蔓延带来的不良后果降到最低，在2000年启动了"精明增长"计划。"精明增长"计划实际上是城市的体检表，依托于不同城市的现状进行各项指标评估，由此确定城市发展规模与发展战略。计划推行后，有70%的州选择了精明增长政策，并取得了良好效果。在十年以后，中国一二线城市也借鉴了"精明增长"的策略，比如旧城改造就是策略之一。但是，中国各地旧城改造各有利弊，良莠不齐。多数城市只选择了美国旧城改造的理念，没有选择美国旧城改造的实质。因此，在多方利益的驱动下，城市改造不但没有实现存量空间的优化，反而加剧了城市蔓延。

精明增长的政策协同作用

"精明增长"的实质是理性增长，是对城市蔓延的反制措施。精明增长的概念首次提出与实践是在美国。美国自第二次世界大战之后便迎来了高速发展，除了地缘政治与海外利益扩张带来的增长，通过城市化发展推动的各项产业增长也有目共睹。但是，增长的背后却牺牲了环境与土地，打破了社会的结构与文化传承，因此便有人为"停止城市蔓延"而呐喊。到了20世纪90年代，在美国各界的呼吁下形成了反城市蔓延的精明增长联盟组织，精明增长理论由此提出，并得到了探索性的实践。

精明增长其实并没有一个固定的标准，因为它是一个控制城市蔓延的政策体系。从城市蔓延的评判标准上看，主要是通过居住、就业与服务的协同性来确定。从居住密度、城市中心的职能价值、街区联系的方便程度等方面进行多维度的测评。但是由于社会的利益诉求不一致，精明增长标准化便难以统一，不同的利益组织有不同的理解，因此精明增长只能在类别上设定目标。在控制城市蔓延过程中遵循以保护农地、保护环境、繁荣经济、提高生活质量为四大核心目标。由于每座城市的要素禀赋存在较大差异，因此在目标侧重点上也存在一定的弹性。美国"精明增长计划"受到了世界各国的关注，发达国家与发展中的大国都纷纷效仿，而最终结果却是大相径庭。因为精明增长的结果不仅体现在国家资源层面，还体现在国家的文化背景与制度的差异上。

精明增长要干预或者阻止城市蔓延，只依赖于理论是不够的，必须通过制度机器赋予精明增长以工具作用，从而有效地阻止城市蔓延的爆发。美国精明增长的政策工具主要体现在"限制城市扩张边界，提高土地使用效率"等方面。同时还有保护环境，改善居住质量与生活出行交通环境等一系列政策，提出了控制、改善、增长相结合的城市发展理念。在具体执行过程中，美国是通过多维度的政策来执行的，其技术与政策相结合的模式值得学习（如图10-1所示）。

美国通过精明增长控制城市蔓延的政策还有很多，每个州都有相应的补充政策。归结起来有三点经验适用于世界各国的学习。

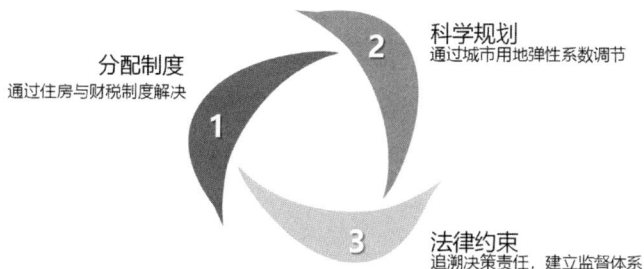

图 10-1　美国精明增长的协同政策

一是分配制度。合理的分配制度是精明增长的驱动力，通过不同制度实行多种分配方式有利于调动各方面的积极性，从而促进经济增长的效率，控制城市无序蔓延。在分配制度上，能有效控制城市蔓延的就是住房分配与财税政策。从住房分配角度来看，住房的有效供应决定城市的集聚价值，同时也决定了城市蔓延的速度。住房成本关系到城市人才的集聚与劳动价值的效用发挥。当城市的居住成本脱离城市劳动人口的可支配性收入时，城市就难以避免地进入了"病态"，住房便会成为利益集团的谋财工具和城市蔓延的诱因。长此以往，城市的产业将会因为"假性繁荣"而导致成本转移的陷阱，最终以自欺欺人的形态崩溃。正因如此，美国、新加坡等国家对房价和供应量的控制一直不敢懈怠，美国注重于住房与人口的有效匹配，注重于收入与房价的合理平衡，并通过税收政策来调节住房商品的刚性需求属性。

美国是最早实行房产税的国家之一，为了保证住房资源的合理性，美国将购买住房面积与征税强度进行关联，住房越多或面积越大，其征税的比例就越高。美国住房交易除了必须缴纳2%—4%的交易税，还必须每年缴纳0.8%—3%的财产税，此外还有其他相关配套性税收，因此在美国炒房是不理智的，因为累进税制足以让房屋投资者为此付出代价。同时美国通过"取长补短"的二次分配模式支持有效刚需。另外，美国通过严格的土地法律与规划制度控制城市因为建筑而蔓延，实行紧凑型城市规划，确保土地在增长中的使用坪效。而新加坡却采取了更为严厉的供需配置计划，实行组屋制政策，弱化住房的商品属性。

新加坡在公共交通最为便利的区域建设组屋，城市的服务者或年轻人可以以低廉的价格向政府租赁住房，等资金充裕的时候可以向政府申请购买住房，同样以低廉的价格获得。为什么能做到低成本供应呢？因为新加坡住房基本由政府承担供应，由于土地价格可以忽略不计，事实上，政府只承担了建设成本与资金成本，所以老百姓可以以极低的价格购得住房。为了防止资源分配不公，新加坡将住房面积与家庭人口进行了关联，比如年轻夫妇生了小孩可以向政府重新申请购买更大面积的住房，但是原住房必须卖给政府。这样既保证了住房的有效流通，又避免了恶性炒房。当然，新加坡也允许少量的商品房开发，这是满足高收入人群品质化需求，但是价格只有高收入人群才能承受，无关社会大众。

二是科学规划。有效控制城市蔓延需要科学的城市规划。当前中国面临高速城市化发展与土地资源过快消耗的矛盾。中国土地本就存在人多地少、农地质量差等问题。进入20世纪90年代后，中国经济发展与城市扩张迎来了双重增长，但是存在的问题也是有目共睹的，许多地方政府为了追求经济增长而忽视了城市蔓延带来的后果，不切实际地扩大城市规模。尤其一些中部地区，在人口流出的情况下，不但不思考产业结构调整与城市集聚优势，反而通过土地财政的支持不断扩展城市规模，盲目推进新区建设。这样一来，有效的经济增长与人口集聚没有形成，城市的规模却与日俱增。这种现象在国际学术界被定性为无序蔓延，这一理论依据最直接的表现就是城市用地弹性系数过高。所谓的用地弹性系数是城市用地增长率除以城市人口增长率。当前中国城市用地增长率与人口增长率出现了严重倒挂现象，全国平均比例在1.8 : 1，有些地方甚至超过了3 : 1，远远超过世界1.2 : 1的合理标准。部分地方政府主政者往往把用地弹性系数过高误认为是一种有远见的战略，为其获得短期的政治资本。正是在这样的一种理念传导下，每一任地方主政领导都会乐此不疲地扩大蔓延的步伐。人或组织都有一个共性，那就是逐利。城市蔓延，归根结底都是逐利所导致的后果，无论是组织还是个人。世界上许多国家都曾经犯过类似的错误并为此付出沉重代价。精明增长的提出逼迫地方政府充分地利用已开发的土地进行改造升级，优化城市的空间布局，提高增长效率。而对新区建设，必须是充分、科学的评估体系才能启动，在规划上往往会根据区域禀赋进行合理分区，完善功能，使其具备生产、生活所需功能的同时，与老城区之间有相互补充与联动，形成有机的城市增长体系。

　　三是法律约束。城市蔓延所导致的城市土地资源浪费、农业用地丧失、社区个性丧失、湿地破坏、环境恶化、交通拥挤、种族隔离及社会贫富分化、中心区衰退等问题，看似是一种增长带来的必然现象，实际上是法律的缺失与制度失效现象。解决人与环境的矛盾、城市与农村的矛盾、贫困阶层与富裕阶层的矛盾、新文化与传统文化的矛盾，通过各项矛盾的治理自然而然就能有效控制城市蔓延的速度，构建可持续发展的城市生态体系。当然，治理是一个苍白的词汇，因为治理本身不具备驱动力与目标性，更不具备权威性与震慑力，而是要通过民主、科学的政策机制，利用法律工具才能实现权威与价值。比如地方政府以农地与环境为代价，创造的土地财政不仅不能称为精明增长，而且还应该受到法律制裁。当然，一部好的法律并不是以制裁为目的，而是以防范为基础。地方政府或利益集团要突破土地与环境的边界就必须突破法律设定的门槛。但是有人要问，土地与环境方面的法律在中国其实并不少，为什么在控制城市蔓延方面显得如此脆弱呢？这当然不是法律脆弱，而是监督与执法的脆弱，因此在制度设计上必须进行优化，让监督与执法更加透明、严肃。不仅要阻断既得利益者的干扰，还要让破坏规则的人或组织付出惨重的代价。

对于已经出现的城市蔓延，精明增长则通过旧城区的改造优化来提高城市结构的粘合性，充分发挥旧城区的使用价值与空间坪效，实现价值再造作用。对于已经延伸的新城区则通过项目优化，合理配置重新规划，阻断前期的放任型发展，让环境污染降到最低，土地价值发挥得更高。同时，通过财税政策协调资源的合理分配，让二次分配渗透到城市的公共配套，基础建设、老百姓生活等领域，引导城市要素的合理聚集，实现精明增长。

中国"城市蔓延"的形成机制

一般而言，城市集聚是人口转移与产业发展的共同结果，但是随着西方20世纪60年代"新城市主义"的崛起，许多发展中国家纷纷效仿，背离了城市人口与产业禀赋的实际而实施造城运动。与之同时，一二线城市盲目地启动了"大都市化"运动，一些地方主政者看似持有改革派的果敢作风，却动机不良。在扭曲的价值理念与城市自身遗留的问题共同作用下，就形成了中国的"城市蔓延"（如图10-2所示）。

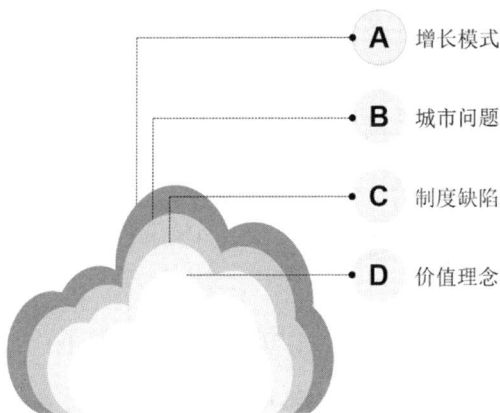

图10-2 "城市蔓延"的形成机制

其一，经济增长模式问题。一直以来，中国经济增长模式备受关注，除了产业结构需要优化以外，地方财政来源与发展性投资规模也成为讨论的焦点。经济增长模式看似是一个经济增长的过程与渠道，但背后是一个增长的政策体系。当前中国经济增长模式对城市蔓延的耦合关系主要体现在多个层面。首先是发展性投资。地方政府在GDP考核机制与区域发展竞争中，由最初以完善基础设施投资，降低企业入驻成本理念，发展成以城市形象投资为主导的误区。一直以来我们都认为只有通过政府不断投资才能拉动社会投资，政府投资越大拉动的社会投资就会越大。其实这是对凯恩斯经济理论的错误理解，以至于某些地方政府把财政支出绝对性地向发展性支出倾斜，忽视了保障性支出。在这种沿用了40多年的经济增长模式下，经济结构失衡，城市蔓延是必然的结果。其次是土地经济的诱导。某些地方政府在超越自身能力的情况下无节制地发展城市规模与强化增长配套，导致财政困难，入不敷出。为了填补投入与收益的不对称，土地经济成为不变的真理。城市无节制地扩张也成为堂而皇之的发展理由。地方政府把"生地"做成"熟地"再高价卖出，所获得的土地出让金及税收为地方政府的发展性支出与形象工程建设提供最便捷的支持。[1]

其二，城市遗留问题。中国城市建设自改革开放以来四个阶段，每个阶段都有特殊的历史使命与时代理念，导致城市出现了

---

1 郑荣华：《警惕误入"城市蔓延"的陷阱》，《中华工商时报》，2019年6月6日。

较为复杂的遗留问题。这些问题主要体现在文化、规划、产业、环境、交通等各个领域，给城市的治理与改造带来了困难。例如城中村的形成便是忽视了弱势群体与城市发展的耦合关系，导致了老的城中村拆了，新的城中村又出现了。旧城改造牵涉社会各个阶层与各个领域，其繁琐程度与舆论压力可想而知，成功了是理所当然，失败了将受到万人唾弃，甚至会因为利益矛盾的爆发而影响到主政者的声誉与前程。在这种背景下，"新城主义"似乎成为地方政府的救命稻草，想发展就"修编"，"画地图"式的城市经营理念成为一个时代的记忆。当然，这不是特指中国，在西方国家和亚洲首先掀起城市化建设的日本也曾掉入"新城主义"陷阱。

其二，制度的缺陷。中国城市蔓延与制度是密不可分，这在学界基本上得到了肯定。中国经济增长一直以来是由政府主导，通过行政手段推动城市化发展的力度一直占主导地位。再加上土地产权不明晰、户籍制度不完善、住房分配不科学等因素，城市"野蛮"扩张便成了必然的现象。首先从土地产权角度来看，中国实行的土地政策具有特殊性，因为土地所有制是国家制定的，土地归属国家、集体所有，个人或企业只能拥有土地的使用权，并且在使用类别上还必须经国家相关部门审批后才能使用。因此，在政府、集体、企业、个人的多方博弈中，政府与集体是一致的，所以获得了强势的权力，而企业与个人在博弈中显然是弱势群体。这就导致引致性土地需求推动了城市蔓延。土地本身是一种生产要素，由于土地带来的住房、工业、配套设施等能成为快速获利的商品，所以便形成了引致性土地需求。无论是工业用地还是商住用地，政府在现有的土地政策中拥有完全的决策权力，这就给土地的消费带来便利，城市蔓延成为政府单方面的意愿。其次是户籍制度对人口流动的影响导致了城市蔓延。各城市出于自身的利益、对人才的"偏爱"，给户籍制度设立了较高的门槛。外来务工人员为了孩子教育、医疗必须就地落户，但是落户的条件让他们陷入了困难。原因有二：一是落户政策与高额房价的矛盾，一般二线以下的城市落户政策都以购房落户为条件，外来务工人口要想落户就必须购房，没有能力购买高价城区房就去郊区购买住房，这就催生了郊区住房市场；二是户籍制度与社会福利的矛盾，在社会保障还不够完善的情况下，教育、医疗、养老都成为一种稀缺的资源，而户籍关系到资源分配，学区房便成为青年人不惜代价购买的目标，这种分配模式直接推动了住房价格，传导到土地经济。再则，分税制改革触动了"土地财政"的敏感度，1994年分税制改革后地方政府的财权被削弱，事权被扩大。在这种情况下，地方政府要发展就必须面对财政危机。以杭州市为例，分税制后杭州市财政收支缺口直到2004年才有所缓解，但是政府作为投资主体的财政支出却不断在扩张。如总投资约330亿元的杭州地铁1号和2号线的资金来源主要为财政投入加银行借贷，而后者又是由政府来担保。面对巨大的财政压力，地方政府往往在违背发展规律和突破各种规划限制，超常规地征地卖地，以获取巨额的土地出让金，使得城市建设用地量大大超过其合理水平。[1]

其四，价值理念。自从20世纪90年代"新城市主义"的思潮传入中国，成为各地城市发展的理论依据。一些地方政府为了捞取政治资本而好高骛远。相对新城建设，旧城改造是一个相对漫长、复杂且不见"成就"的工程。主政者往往主动绕过旧城发展新城，在这种主导思想的影响下，市、县、镇三级政府纷纷效仿，城市蔓延已经不是大城市的"专利"，小城镇也同样存在。新城市主义发展在中国逐渐演变成与初始目的大相径庭的运动，在这场运动中，地区与地区之间形成心照不宣的竞争关系。土地带来的规模、价格、利益成为各大利益集团追逐的目标，土地市场被货币化与政治化分割，城市成为各种商品堆砌的载体。

2015年，习近平总书记在中央财经领导小组第十一次会议指出，要认识、尊重、顺应城市发展规律，加快提高户籍人口城镇化率，引导调控城市规模，优化城市空间布局。[2]对于城市的扩张，我们常常以美国、日本为参照，认为与发达国家相比，中国的城市规模与建设还有较大的空间。但实际上没有考虑中国的特殊性，中国的文化传承与制度变迁与美、日有着较大的差异，所以导致的后果也会大相径庭。因此，中国在借鉴发达国家新城市主义的过程中，必须依据区域禀赋与发展要素进行评估，避免功利主义与虚荣主义的思想，扶正以人为本的发展理念，让"增长"

1　刘卫东、谭韧骠：《杭州城市蔓延评估体系及其治理对策》，《地理学报》，2009年第4期。

2　参见新华网《习近平主持召开中央财经领导小组第十一次会议》http://www.xinhuanet.com/politics/2015-11/10/c_1117099915.htm，2015年11月10日。

与"蔓延"形成合理的平衡。

城市蔓延带来的成本分析

非理性的城市蔓延是对城市边界扩张的利益转化，西方国家与日本所出现的城市蔓延是在城市化率到达50%以后爆发的，而中国的城市蔓延是伴随着快速的城市化进程而产生的。其动机与危害存在差别。中国城市化率到2020年已经达到60%，这相当于美国1950年的水平。为了这个水平，美国奋斗了将近100年，而中国只用了40多年。所以，美国所出现的城市蔓延是在长期积累中，伴随着人口增长与经济增长的理性蔓延，而中国出现的蔓延是爆发性蔓延。美国从1920年以后，开始控制城市蔓延，又经历了1950年的明智规划，1970年增长管理，1990年的蔓延治理，共四个阶段。从增长时间与精明治理两个维度上化解了城市蔓延带来的危害。

多数学者认为，城市蔓延造成的危害主要体现在地理空间上，例如对农地的侵占、土地利用效率低、环境污染、交通拥堵、社会治理混乱等弊病，但这些都是一种结果的表现形式，城市蔓延造成的影响用经济学与社会学来解释就是"成本"的付出，归纳起来可以分为三大类（如图10-3所示）。

1.经济成本

城市蔓延区域越大，其投入的成本就越高。主要表现在三个方面：

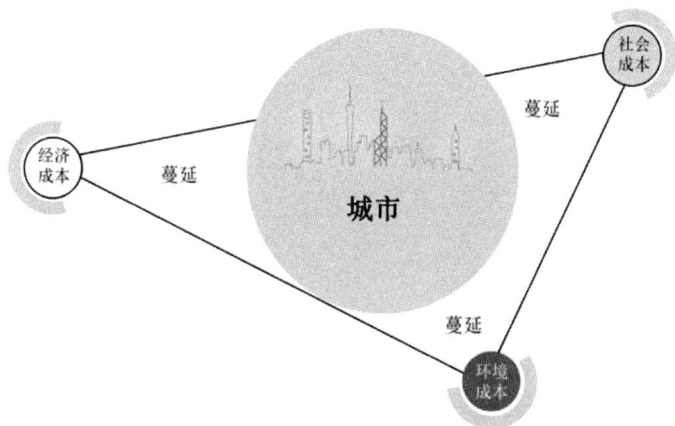

图 10-3 城市蔓延的成本构成

一是政府投入。为了保证生活与生产的条件，政府必须投入基础配套设施。在硬件上政府必须投资道路、桥梁、水电、环境、教育、医疗等设施，从软件上还要投入跟位置相匹配的人力资源。这些投入并非一次性投入，而是持续性投入，这对于地方财政的压力是巨大的。因为卖地是收割性收入，只能维持基础建设的投入资金，如果城市的可持续经济增长能力没有形成，地方政府就会陷入债务危机。

二是家庭生活成本。根据央行公布的《2019年中国城镇居民家庭资产负债情况调查》，城镇居民的家庭负债参与率高，为56.5%。根据此前公布的数据，在1996年的时候，中国全民负债率为3%，而到了2019年的时候，全民负债率已经达到56.5%，其中房贷与交通成本为主要的家庭债务。住房成本与交通成本增加与城市蔓延有着密切的关系。

三是时间成本。想必大家都有同感，城市的出租车越来越难打。这并不是出租车越来越少，相反出租车还在增量。导致出租车难打的根本原因是时间与空间的错位。几乎每个城市都有一个不成文的规矩，出租车交接班地点是以司机居住地为标准。出租车司机受居住成本的影响，其居住空间随城市蔓延向外延伸，原先住在A点的因为拆迁或成本被迫搬到B点，随着B点的成本增加再搬到C点。由此一来，出租车司机将在上下班的道路上浪费更多的时间。这个时间就是乘客与司机的双方成本。随着城市蔓延的推进，家庭将为郊区化与交通拥堵付出越来越高的时间成本与机会成本。由于成本的转移与硬性支出，人们会因此减少其他方面的开支，比如教育、娱乐和健康等消费支出数量，从而影响消费市场的健康发展。

2.社会成本

城市蔓延容易导致城市霸权主义的崛起，政府主导的城市蔓延往往会依托行政权力、政策优势、资源整合以及执法权力单方面对城市的边界与空间进行拓展。在这一过程中，农村生活与生产空间被强行压缩、传统文化与生活方式在短时间内被改变、弱势群体诉求被忽略而引发行为与思想上的冲突，降低了行政部门公信力的同时，也阻断了上下沟通的纽带。在这种背景下，国家的宏观政策与战略意图不容易被基层大众积极地接纳与配合，消极、懈怠、利己的思想会延续很长一段时间，甚至引发邻避危机。邻避危机起源于20世纪60年代的欧美国家，由于群众对国家、政府所支持的项目不理解，从而导致对立冲突。20世纪90年代之后，随着中国城市化的高速发展与城市霸权主义的崛起，中国"邻避冲突"逐渐暴露，并成为影响社会稳定的导火索。从数据显示，近年来"邻避冲突"虽然有所减少，但是这都基于维稳的力量，而并非思想认同的结果。要化解"邻避冲突"，就必须停止城市霸权主义的行为，行政部门要强化政府决策的公信力，做好各方利益的平衡，加大信息公开与民主建言，增进政府决策透明度，消除民众疑虑。

另外，中国的农村是一个熟人社会，较城市而言其社会价值更为明显，人们的道德与行为在某种程度上受熟人社会的制约与影响，正是因为有这种特殊的文化背景，几千年来中国的农民相互帮助，和谐共处。如今城市蔓延的蛙跳式开发割裂了传统邻里关系，消解了"邻里文化"与熟人社会，传统乡村社会中的道德秩序被打破，加剧了社会层次的分化。这种现象带来了社会不均，加剧了弱势群体的生活成本，容易激化矛盾。

3.环境成本

城市蔓延是以土地为载体不断向城市外部扩张，形成以空间、环境、成本为代价的利益转换。中国由于人多地少，城市文明起步较晚，所以基本国情决定了中国城市化发展不宜走蔓延的步伐，而是要让社会文明、经济增长、人口规模与城市化相均衡的稳步发展，尤其要注意土地的集约化发展与环境的保护，否则得不偿失。城市的蔓延主要通过居住空间、商业空间、配套空间与生产空间的扩张而形成。因此，城市一旦失控就会导致多方面的危害。

首先是对农地的危害，虽然政府采取多种措施保证耕地，但在城市蔓延面前18亿亩耕地红线已是岌岌可危。每年国家一号文件不断加码施压，但是地方经济增长的模式没有改变，依然难以控制土地经济的诱惑，耕地减少成为必然的趋势。再加上这些年中国加大了交通网络的建设，公路、铁路、机场成为侵占农地的重要项目。地方政府在大交通配套下不断开辟新区规划，少则一万亩，多则数十平方公里。例如2016年审批通过的第18个国家级新区"赣江新区"，规划面积465平方公里，常住人口约70万。这个面积相当于杭州主城区的面积，而杭州主城区承载了近千万常住人口的规模。截至2018年底，全国共有19个国家级新区，多数新区涵盖老城区面积，也以庞大的人口规模作为支撑。但也有几个新区却是无中生有，基本是以农田、山丘等基底"画"出来的，对农地面积的侵占不可估算。

其次是对水资源环境的破坏。随着三四线城市粗放式的工业不断推进，农地减少的同时，湿地资源和地下水资源也受到了巨大的消耗与破坏。根据2011年国土资源部公布的数据，中国每年被重金属污染的粮食高达1200万吨，相当于广东一年的粮食产量，可以养活常住珠三角的4000万人口。近年来，国家加大了环境整治，环境污染得到了有效的改善，但是水资源的破坏依然较为严峻。水利部2016年在《地下水动态月报》中公布的数据显示，水利部对2103个地下水监测点进行监测，发现Ⅳ到Ⅴ类水占80%左右。Ⅳ表示不适用于人类饮用，Ⅴ表示污染严重，也就是说水利部2103个地下水监测点中的水有80%是不适用于人类饮用的，可见污染程度之重。尽管环保部门提出相反的看法，但是也不能否定地下水质量下降的现实。

中国地下水开采量一直是位居世界"前茅"，这也是无奈之举，但是当地下水质量也令人担忧的时候，说明污染治理迫在眉睫。同样，地下水的枯竭势必给湿地退化带来影响。几十年来，城市不断地扩张，许多湿地遭受严重的破坏，退化严重。这种后果将传导到气候环境、生物繁衍、第一产业等领域，构成巨大的成本。

城市蔓延的定量分析

城市蔓延，简单理解是城市用地规模远超于城市人口与经济增长的规模，从而导致城市发展的生态系统遭到破坏。主要的特征表现为农地减少、环境危机、交通拥堵、社会矛盾、经济风险、文化流失、信任危机等。因此，解决非理性的城市蔓延便成为全球一致的治理目标。但是，究竟如何判断城市蔓延的形成与严重程度呢？这一问题在学术界争论了数十年，因为城市蔓延涉及城市地理学、经济学、社会学与环境学等众多学科领域，地理学者、规划学者、环保主者、土地经济学家等都从不同的角度给出解释。比如，地理学者侧重于城市蔓延的区域规模，经济学者侧重，通过城市蔓延对经济发展的影响逻辑，城市规划学者侧重于如何通过规划设计优化空间利用率，社会学者侧重于城市蔓延对社会阶层分化与矛盾的影响，环境学者侧重蔓延给环境带来的变化，这些碎片化的观点并没有形成权威的评估体系。直到2000年前后，美国一些学者才根据城市蔓延的影响因子与城市发展现状进行计算分析，建立了城市蔓延模型。当前，学界对于城市蔓延的评估基本形成了相对统一的理念，从研究架构上形成了城市蔓延的界定、测度分析、影响程度、形成机制与治理方法五个维度。而对于城市蔓延的定量分析则从人口规模、居住密度、就业结构、交通指数、用地规模等因子进行分析，经过计算确定城市蔓延程度。1999年，贝尔托（Bertaud）和马尔佩齐（Malpezzi）提出了"紧凑指数"（compactness index）p（rho），即在现实城市中，从每一个居住地通往中心城区（CBD）的平均距离，和具有同等面积、人口均匀分布的圆柱形（即理性）城市平均距离的比值。

$$p = \frac{\sum_i d_i w_i}{wc}$$

式中：

p（rho）是蔓延指数；

d是第i片土地到CBD的距离；

w是第i片土地上的人口，作为d的权重；

w是研究地区的总人口；

c是具有同等人口规模和建成区面积的圆柱形理性标的城市圆周上的点到其圆心的平均距离，约等于其半径的2/3。

这个公式虽然能够计算出受地理空间的影响，人的出行与生活因为城市蔓延而带来诸多不便的同时也将承受巨大的机会成本。但是，这只是从地理角度的推测，这种推测本身具有片面性，无法实现多元、立体的城市评估。尽管2003年Lopez和Hynes对此进行了补充，提出综合多种方法的"蔓延指数"标定模型，但是依然属于单项标测定方法。Lopez和Hynes认为城市蔓延虽然有很多种表现形式，但是"密度"是最为核心的要素。因此提出了反映居住密度分布的蔓延指数，公式如下：

$$SI_i=\{[(S\%_i-D\%_i)/100]+1\} \times 50$$

SI_i：某一城市的蔓延指数；

$D\%_i$：在高密度i地块内居住的人口比例；

$S\%_i$：在低密度i地块内居住的人口比例。

通过公式计算SI的值在0－100，SI指数越接近0，蔓延程度越低，越接近100，蔓延程度就越高。

后期，不断有不同领域的学者对城市蔓延进行定量分析，但是多数是片面性的，没有从城市蔓延的成因上进行定量分析，所以导致争议不断。托伦斯（Paul M.Torrens）认为，评估城市蔓延应当将城市所表现出来的各种症状进行综合分析。2008年，Torrens以得克萨斯州为例，从城市增长、社会因子、活跃空地、分散化、通达性、密度、碎片七个方面进行蔓延的定量测量，得出结果为蔓延与"精明增长"共同存在共同发展。[1]这是当前城市蔓延评估方法中最为系统的方法之一，但是西方国家与中国在国

1　Paul M.Torrens.A Toolkit for Measuring Sprawl.[J]Applied Spatial Analysis & Policy 2008（03）.

情上存在差异，因而在评估体系的构建上中国应该更为立体、更为多元，只有这样才能得到科学的定量分析结果。

根据中国城市化发展的进程、历史基础以及中国的政治体制、文化背景、经济发展模式等因素，可以建立一个符合中国国情的评估体系（如图10-4所示）。

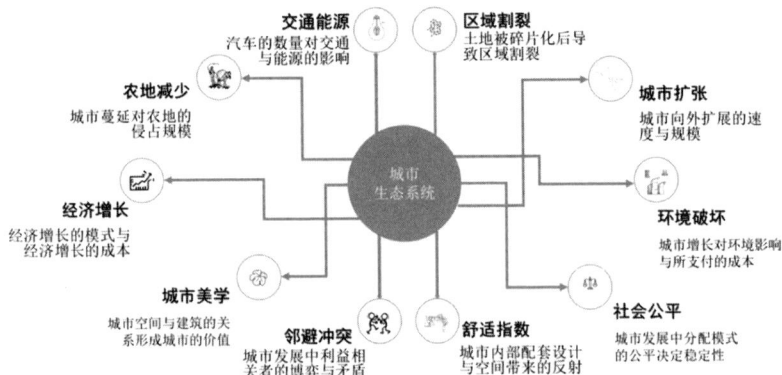

交通能源
汽车的数量对交通与能源的影响

区域割裂
土地被碎片化后导致区域割裂

农地减少
城市蔓延对农地的侵占规模

城市扩张
城市向外扩展的速度与规模

城市生态系统

经济增长
经济增长的模式与经济增长的成本

环境破坏
城市增长对环境影响与所支付的成本

城市美学
城市空间与建筑的关系形成城市的价值

邻避冲突
城市发展中利益相关者的博弈与矛盾

舒适指数
城市内部配套设计与空间带来的反射

社会公平
城市发展中分配模式的公平决定稳定性

图10-4 中国城市蔓延评估要素

1.交通、能源问题

多数人认为，城市蔓延能有效缓解交通拥堵问题。这是物理空间的解释，认为密度决定拥堵，向外扩展就可以破解拥堵现象。但事实证明，城市蔓延不但无法解决交通拥堵问题，反而刺激了汽车的使用需求，从而导致交通拥堵。另外汽车拥堵增加了能源的消耗，从而影响环境。通过对城市交通网络与汽车数量、能源消耗的定量分析可以为城市蔓延提供数据依据。

2.区域割裂问题

蛙跳式发展把城市切割成碎片化区域，城市空间变得相对分离。同时因为集聚效应被分解以后，工作效率降低，管理难度加大，给城市发展增加较高的成本。其中城中村就是因为早期蛙跳式发展带来的弊端，被割裂的空间给后期城市的规划、土地利用带来了被动的局面。

3.农地减少问题

城市蔓延对农地的侵占主要表现在工业用地、住宅用地、公共配套用地三个方面，城市蔓延规模越大，城市郊区的农地数量减少就越快。同时带来的连锁反应是城市周边农地的质量加速退化。城市蔓延最直接的手段是通过土地价值的转化获得收益，但是非理性的蔓延往往会造成得不偿失的结果。

4.城市扩张问题

从理性的角度分析，城市扩张的速度与人口集聚的速度、经济增长的速度是相匹配的，如果打破了这种平衡就会造成城市蔓延。国际上对城市建设规模采用了弹性系数进行计算，用地增长速度与城市人口增长速度保持在1.2∶1是比较合理的，但目前中国平均系数已经超过了1.8∶1，反映了中国城市扩张带来的蔓延已经是较为普遍的现象。

5.经济增长问题

从传统思维上来看，城市蔓延增加土地供应必然释放生产要素，推动经济增长。但是这种思维只考虑了增量，没有考虑减量。土地作为生产要素的同时，也因为商品的属性在市场上交易，所以对土地利益的"收割"必将影响土地的生产价值。大规模的工业园区建设，以及无限制的住宅开发，获得土地出让金的同时往往降低了土地的利用坪效。因此在建设用地利用上必须建立一套科学的土地效用评估体系，鼓励"紧凑城市"的发展理念。

6.环境破坏问题

大规模的建设与日益增加的车辆对城市的空气、湿地等生态环境带来了严重的破坏。通过对生态环境的评估来确定城市蔓延的程度是较为直接的办法。另外，城市蔓延带来的社会环境变化直接影响到城市的安全与稳定，从社会治理的角度进行评估，填补城市发展的漏洞，能有效控制城市蔓延。

7.城市美学问题

兰德尔·欧图尔说，在一个人看来美好的东西，对另一个人则是丑陋的。在城市蔓延中，很多传统文化与建筑生态都遭到了破坏。这种破坏往往容易传导到社会治理与传统伦理的问题上。但是城市美学属于意识形态的范畴，用美学的标准无法进行有效的定量分析，所以必须建立一个直观的数学模型，为城市更新与传统文化遗存的矛盾提供理论依据。

8.社会公平问题

教育、住房、医疗等问题成为城市化发展无法回避的问题。城市蔓延导致的社会阶层贫富分化越来越严重。食利阶层利用权力与财富获得了优先的教育权、发展权、健康权等，在造成同城贫富差距的同时也破坏了社会风气，影响了社会的创新能力与稳定的环境。及时完善社会二次分配机制不仅能维护社会的公平正义，还能控制城市的非理性蔓延。

9.邻避冲突问题

随着城市蔓延与城市霸权主义的崛起，邻避冲突越来越严重。大量的工厂与公共设施的建设给弱势群体带来了恐慌与伤害。从近年来邻避冲突事件的增长可以印证城市蔓延的程度。防范、解决邻避危机能有效缓解城市蔓延的速度与规模。因为从逻辑上来看，要解决邻避危机就必须建立项目的评估体系，控制地方政府随意性发展。同时，防止邻避冲突就要让民众拥有对城市发展的知情权与参与权，从而有效控制蔓延。

10.舒适指数问题

当然，城市不是越紧凑就越合理，所谓的紧凑城市是相对的，尽可能满足生活的舒适指数的同时节约空间，让集约化带来红利反哺社会大众。通过社区的舒适指数评估可以防范过度"紧凑"带来的负面影响，比如消费、卫生、治安、环保等等。同时舒适指数也为城市发展提供规划依据，让城市与人的关系更为和谐。

城市蔓延是一个系统性的量变与质变过程，所以对城市蔓延的评估至少要对这10项指标进行定量分析计算，然后根据不同指标的权重对城市蔓延的程度进行确定。对于单项指标的分析需要根据不同领域的专家进行建模计算，很多学科之间都存在难以逾越的代沟，需要集成化合作。比如城市美学领域就涉及美学与建筑专业的学科。城市蔓延的美学定量分析主要由建筑技术与已知建筑形态进行对比分析，同时利用遥感图像和城市地面覆盖物特征进行对比[1]。如计算公式：

$$\sigma^2 = \frac{1}{N} \sum_{i=1}^{n} (X_i - \overline{X})^2$$

式中：

σ^2 表示图像像素偏离平均值的方差；X_i 表示图像中某个具体像素值；$\overline{X}$ 表示整个图像像素的平均值；N 表示图像像素的数目。通过图像美学对城市进行扫描，用数据与艺术思维角度评估城市蔓延的程度与影响。比如通过计算像素方差决定蔓延程度，从地面景观对阳光的返照率确定城市的紧凑程度，紧凑程度越低，蔓延的可能就越大。

而城市美学的另一个维度是通过审美对城市进行评估，比如对商业、住宅、文化、艺术、工业等区域进行合理规划，遵循人与自然环境、人文生态环境、经济生产环境等相互促进的和谐关系。

美国精明增长组织曾发布《度量城市蔓延及其影响》的报告，将城市蔓延定义为"城市土地的扩展速度远远超过人口增长速度的过程"。这个报告看似在多角度分析城市蔓延的形成机理，但是这只是针对美国的国情，相对中国来说并不适用，因为中国的城市化发展与社会、文化、经济、体制的耦合程度过高，因而建立一套中国城市蔓延的评估体系迫在眉睫。通过对城市蔓延的十大要素定量分析，能相对精准地确定城市生态系统的健康程度，从而分析出城市的蔓延程度，为城市的发展提供有效的理论

1　张坤：《城市蔓延度量方法综述》，《国际城市规划》，2007年第2期。

支撑。

城市蔓延的治理途径

当前，学术界一直在争论城市蔓延的利弊关系，实际上城市蔓延是城市向外扩张的一种表现形式。只是这种表现形式分为理性与非理性，理性的城市蔓延是随着人口增长、经济增长而循序渐进且具有战略性、规划性的扩张；而非理性蔓延是满足各方逐利的无序化扩张，危害极大。无论是学界还是政界都有一种主观放大的声音，认为城市蔓延是城市发展的必经之路，是发展中国家向发达国家转变的一种途径，是社会各种进步要素溢出的一种形态。持有这种观点的人其实是对攫取利益的一种掩盖，从而产生制造蔓延理性的假象，这为城市化发展带来了诸多隐患。

当前，中国城市蔓延必须结合经济、社会、农业、制度等途径进行治理。从大的结构上可以划分为四个维度（如图10-5所示），四个维度之间不能分割而治，而是要协同治理，形成有效的治理机制才能防范与控制非理性城市蔓延。

1.坚持紧凑城市发展理念

对于紧凑型城市发展理念在中国至今还有争议，这种争议是偏激的，是一叶障目的行为。争议的主要焦点是中国作为发展中国家，加大居住密度会让中心城区雪上加霜，促使交通拥堵进一步恶化。片面地把"紧凑"等同于"密度"是概念上的陷阱，这种逻辑就如节约粮食等同于不吃饭一样牵强。首先从紧凑与密度

紧凑城市 01

坚持紧凑城市的发展理念

增长模式 02

转变经济增长模式，摒弃土地经济

现代农业 03

加快现代农业发展，抑制城市蔓延

土地市场 04

完善土地市场制度，弱化土地利益

图 10-5　中国城市蔓延治理途径

的关系来分析，鼓励紧凑发展不等同于超负荷发展，紧凑城市的理念是强调土地混合使用和密集开发的策略，通过科学规划让人们居住在更靠近工作地点和日常生活所必需的服务设施周边，是一种基于土地资源高效利用和成本规划的发展思维。这种思维不局限于老城区，对于新区开发也应持有这种理念，让生活、工作、休闲结合得更紧密，节省时间成本与机会成本，让城市红利与知识溢出能发挥最佳效果。对于老城而言，并非只有加大密度才能满足紧凑的需求，而是要通过规划疏导满足更合理的需求与可持续的增长。巴塞罗那通过"城市针灸"治理模式唤醒了一座拥挤不堪的老城，并成为世界城市改造的经典案例。巴塞罗那这座拥挤的老城通过对街区巷陌的改造与梳理，让其承载了更多人口的同时，满足了文化、艺术与休闲的品质需求。在改造过程中，通过对城市传统文化脉络进行点状改造，节省了改造成本也为城市保留了文化记忆。同时，通过对人的活动习惯与建筑格局的关系进行梳理，形成区段化空间集散效应，把拥挤转化为分流，改善了居民的生活品质。如今巴塞罗那不仅满足了原有居民的生活需要，还承载了世界游客的慕名来访，社会与生活秩序依然井井有条。可见紧凑型城市并非只是对空间密度的挤压，而是对空间广度的合理应用，提高综合效益。

造成城市蔓延的更多是工业用地与商业用地的增加，因此紧凑城市的发展概念不仅仅局限于生活居住区。中国改革开放40多年以来，虽然经济增长获得了巨大成就，但与之相消耗的土地相比，依然存在效率不高、增长不对称的现象。尤其是大量的工业用地，基本是以牺牲耕地为代价，粗放式发展带来的利益与所消耗的土地成本并不匹配。此外，农业规模缩小、环境污染等问题普遍存在，因此控制城市工业用地、避免工业用地盲目扩张和碎片化布局迫在眉睫。只有发展紧凑型生产基地，才能提高工业用地的使用效率，才能对环境集中化治理。建议在全国范围内展开对工业用地、商业用地的整治，对闲置用地、无效率用地进行清理，让炒地、囤地的人为此付出难以承受的代价。

2.转变经济增长模式

分税制改革以后，土地财政成为地方政府的主要收入来源，仅2018年，中国土地出让金收入就高达6.5万亿，同比增长25%。统计显示，自2011年至2017年，全国土地出让收入分别为33166亿元、28422亿元、41250亿元、42940亿元、32547亿元、37457亿元和52059亿元。另据财政部数据，2018年地方一般公共预算本级收入97905亿元，同比增长7%。经过计算，2018年土地出让收入约为同期地方一般公共预算的66.48%，而2017年的比例为56.9%。从数据可以确定，中国土地财政已是不争的事实，地方政府对土地财政的依赖已触目惊心。土地财政的背后便是城市蔓延，城市不断向外扩张，利益有多大扩张就有多大。所以斩断土地财政的依赖是阻止城市无序蔓延的根本条件。同样，政府为了拉动产业经济与服务经济的发展，大张旗鼓地规划商务区与工业区，导致中国多数商务区与工业区没有正常发挥应有的经济效益与社会效益。因此，政府必须重启服务用地与工业用地的评估机制，避免重复建设、恶性竞争的现象。鼓励集约化办公不仅能让集聚带来的知识溢出拉动产业的发展，还能有效控制社会资本的无效投入，让资本回归技术、回归生产序列。导致当前产业用地无序化发展的根本原因是部分地方政府的懒政与无知。由于缺乏对区域经济发展的产业规划引导能力，政府有关部门对于土地的审批也就无心过问。当前，一方面要通过产业的梳理进行分类，引导企业向行业中心集聚，节省投入、控制用地；另一方面对新规划产业区可以依据紧凑型城市建设的要求进行规划，提高服务业、制造业用地的单位产出效益。

此外，还要改变政府主导的投资模式。受凯恩斯经济学影响，中国地方政府成为当前市场的主导投资主体，由于政府发挥了公权的作用，所以在项目的推进过程中就要求突出"高效"的特点。但是，高效是一把双刃剑，能把优点发挥到极致，也能把缺点无限放大。某些地方政府无视社会与环境的长远利益，进行盲目规划，滋生炫耀性腐败，造成城市结构松散、资源浪费现象十分突出。受攀比的心理影响，某些地方政府过于倾向发展性投入，而忽视了保障性与服务性功能。通过土地出让获得的财政收入基本投入城市建设与城市规模化支出。几乎每个省会城市都有"多主多副"的城市格局，产业园区与经济开发区更是无限制放大，国家高新技术开发区、国家经济开发区、国家级新区，此外还有许多名不符实或跟风式的园区，VI产业园、互联网小镇、跨贸小镇、新能源产业区等等五花八门。显然，当前必须重新审视政府主导的投资模式，鼓励社会力量参与投资，让市场的"无形之手"决定供需关系。

3.积极发展现代农业

为什么要发展农业来抑制城市蔓延呢？因为发展农业可以增加农业用地的需求，有效抑制生产要素向城市转移，从而形成一种相对平衡的城乡价值理念，抑制城市蔓延的预期。当前，导致城市蔓延对农地侵占的原因除了制度、利益，还有一个非常重要的因素，那就是农业生产收益不高，导致抛荒现象严重，农民对耕地保护的意愿与现存利益相比产生了动摇，所以出现了买方市场一支独大的现象。

中国拥有数亿农民，但是农业进出口额还做不过只有22万农民的荷兰。究其原因，除中国耕地质量不佳以外，更重要的是城市化发展过快导致落后的农业生产方式与工业化产业利差让农业失去了发展的动力。因而必须全力发展现代农业才能扭转产业矛盾，提高耕地保护积极性。中国农业受人多地少的影响，耕地碎片化以后无法形成规模化生产，再加上农业产业链发展的落后，农业种植、农业设备、粮食市场几乎被国外所垄断。比如农业机械设备，中国在20世纪90年代国企改革以后就一蹶不振，全国拖拉机生产企业随着工人的下岗而退出历史舞台，如今大型拖拉机市场被欧洲国家所垄断，小型拖拉机市场被日本久保田垄断。作为农业流通渠道的粮食市场被美国ADM、美国邦吉、美国嘉吉、法国路易达孚四大企业所垄断。在这种背景下，中国农业失去了发展动力，导致土地、资金、劳动力等生产要素基本向城市转移。面对如此严峻的农业衰退形势，地方政府必须引导城市投入资金，兼顾农村、农民、农业的发展性投入，实现农业流转机制，形成产业化、规模化发展的农业产业链。当然，这需要金融、技术、政策的支持，更需要地方政府对中长期增长模式的改变勇气。

从经济学的逻辑来理解，农业产值增加就会导致农业用地价值增加，而农业用地价值增加就会推动征地成本，这为非理性的城市蔓延设置了门槛。另外如果农业产值增加，农民的积极性就会得到有效发挥，农业生产要素就会向农村回流，农业土地的需求就会增加，包括政府在内的利益相关者在投资过程中就会趋于理性。

4.完善土地市场

城市学者Jan K. Brueckner认为，城市蔓延与城市人口、城市居民的收入以及农业土地的租金有关。他认为城市住户或房地产开发商与非城市土地使用者的农民和农业土地使用者之间的竞争决定了城市空间的大小。土地利益自古以来就是一场赤裸裸的博弈，农民、政府、商人代表着不同的利益，在这场利益博弈中，政府以制度优势获胜，而农民除了失去土地的决定权以外，更失去了保护土地的决心与初心。归根结底，当前的土地博弈都受商业利益的驱使，其核心在于利益分配问题，而不是产业利益的矛盾，更不是发展理念的分歧，而是城市化蛋糕的分配不公问题。这种现象的可怕程度远远超过了不平等的本身，而是价值观与责任感的共同沦陷。

中国的土地所有权是归国家与集体所有，个人只拥有土地的使用权。所以，土地的实际决策人依然是国家，而国家的权力执行者又赋予地方政府，在这种机制下土地的利用边界就显得模糊不清。早期地方政府是通过土地直接划拨形式来支配土地的使用权，后来国家为了控制地方政府的权力实行了土地出让"双轨制"，遏制了土地市场的混乱局面。所谓的"双轨制"是政府一方面保留公共用地与国家用地的划拨权力，另一方面实行土地竞价出让市场。对于土地"双轨制"，很多经济学家给予批判，认为土地使用必须全面实行单轨制的自由竞价市场。持有这种观点的学者不免有些偏激，因为导致土地财政和城市蔓延的根本原因不在于土地"双轨制"，而是在于地方政府没有充分使用好中央政府赋予的"双轨制"权力，或者说地方政府对土地的利用弹性过大，导致地方政府更愿意通过竞价模式出让土地来换取财政收入。而对于土地划拨性质的保障房建设消极以待，从而推高了城市房价，破坏了城市发展的生态体系。以新加坡为例，政府通过土地划拨的权力大力发展组屋制度，让市民与外来人口居有定所，只要参与生产劳动就不担心没房住。同时，新加坡的组屋制度让城市规划更趋于理性，而避免了逐利带来的无序蔓延。因此，中国必须充分地利用土地"双轨制"的优越性，加快保障房的建设，抑制城市逐利蔓延。

此外，中国土地产权制度必须加以规范，模糊的土地权利必将导致利益的倾斜。从当前城市边缘的蔓延情况来看，蔓延较为严重的区域多为模糊不清的农村集体用地。集体是谁？集体与全民所有的区别在于分配权力上，如果是全民所有制就可以按均分配，但是集体所有制是不允许按均分配的，必须服从于国家或地方政府的安排。由于集体用地的产权模糊，某些地方政府往往可以以国家的名义征收，促使集体土地使用权转让顺利转移。可以说，现行的法律制度间接地剥离了农民对集体资产增值的收益权，存在寻租空间的同时也纵容了地方政府对城市发展无序化蔓延的可能。有鉴于此，完善土地市场制度，规范土地"双轨制"权利才能保证群众利益，同时控制城市无序化蔓延。

成本与城市发展的逻辑

自从1994年分税制改革与商品房改革之后，房价就像一匹脱缰的马，野蛮成长，肆意奔跑。从1994年到2018年，中国房价平均增长幅度超过10倍，其增长幅度与速度远高于GDP增长，成为中国最具投资价值的商品。房地产所带动的产业链高达数十项，为中国的经济增长提供了数据支撑。但是，房地产终究不是一项科技创新成果，更不是出口型产品，而只是一个居住功能放大化的金融产品，其特点是消耗资源，影响产业均衡发展。如果从社会学角度来讲，房地产的畸形发展必将导致公信力衰退，社会阶层分化。正因如此，房地产一直牵动着中国人的心，老百姓为"房事"表现的喜怒哀乐正是当前中国社会的真实写照，历史长河中的一个重要符号。

　　2018年，世界500强之一的日本日东电工公司，宣布关闭苏州工厂，撤离中国。过去几年间，已经有15家世界500强企业离开苏州这一块曾经让他们感到无比自豪的"中国新兴的工业之城"，日东电工是第16家。从数据上来看，2012年苏州工业园区利用外资91亿美元，到了2017年下降到60亿美元。当然，外资最为密集的深圳也面临同样的问题。2018年深圳三星电子宣布正式撤离中国。这些外资撤离中国的原因很多，但有一条原因是具有共性的，那就是"劳动成本上涨"。据日本贸易振兴机构调查，受访的在华日企中83.9%认为面临的经营问题中排第一位的是"劳动成本上涨"。根据2018年发布的《经济蓝皮书：中国经济前景分析》，中国制造业的劳动力成本已趋近美国。人均工资水平年涨幅位列全球第一，达到了8%，东南沿海地区的人均工资水平更是远超东南亚国家，人均成本是柬埔寨的4.3倍，越南的2.7倍，印尼的1.8倍，也是南亚印度的2倍。在这种情况下，传统企业纷纷撤离中国或削减在华投资规模，并形成蝴蝶效应传导整个制造业。众多学者都把这一现象归纳为中国产业升级与经济增长模式的改变，认为是经济增长的周期效应。但实际上并非这么简单，因为在中国并非只有外企"倒闭"，还有很多中小企业消失于狂热的创业大潮中，却鲜有人关注、反思。

有人说，房价只是居住成本的体现，是一项普遍存在的民生问题。持有这种观点的人是缺乏社会逻辑的思考。房地产与城市的关系是一个系统性的内生关系，由房价、劳动成本、产业集聚、经济增长等相互作用构成城市的价值。对于中国人来说，当前最大的消费无疑是住房支出，无论是租房还是购房，都要为此承担极大的代价。这种代价会通过成本转移进行分解，最为直接的就是推动劳动成本的上涨。那么，劳动成本上涨以后，企业成本增加，产业的集聚能力下降，从而传导到区域经济发展与城市生活质量（如图10-6所示）。

从房价、劳动成本、产业集聚关系的模型来看，区域劳动成

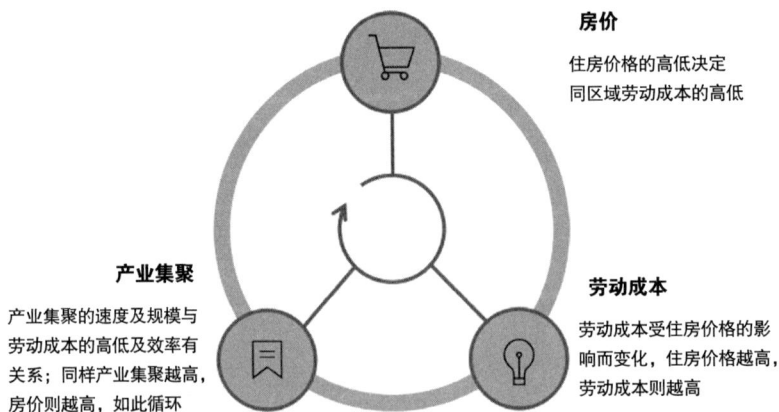

房价
住房价格的高低决定同区域劳动成本的高低

劳动成本
劳动成本受住房价格的影响而变化，住房价格越高，劳动成本则越高

产业集聚
产业集聚的速度及规模与劳动成本的高低及效率有关系；同样产业集聚越高，房价则越高，如此循环

图10-6 房价、劳动成本、产业集聚关系模型

本与住房价格有密切的关系，住房成本越高，劳动成本则越高。北、上、广、深等区域是中国大陆地区住房价格最高的代表，与之相匹配的劳动成本也是最高的代表。那么究竟是劳动收入助涨了房价，还是房价助涨了劳动收入，无论从哪个角度回答，为此买单的还是企业和个人。尤其是非房地产业链的制造企业，在房价上涨过程中，不但没有享受到以此带来的产业红利，反而增加了成本。同时由于消费转移，削弱了传统市场的规模。这就造成了在房价持续上涨的城市，企业集聚效应就会越来越差。除非是部分高利润的第三产业，当利润的空间足够大的时候，利润的增长跑赢了劳动成本的增长，在这种情况下房价对产业集聚影响便可以忽略不计。但是，房价对社会的影响依然存在，城市贫富差距拉大，社会矛盾显现。以杭州为例，杭州市是第三产业集聚的城市，互联网催生下的平台经济是杭州经济的主要特点，另外金融与创新经济也为杭州经济注入了增长的活力。在边际成本与非线性投资收益的作用下，杭州的"精英阶层"保持着高收入的待遇，不断增长的房价因此被成功地"接纳"。而非"精英阶层"逐步被边缘化，最后离开杭州。这种以非线性产业为主导的城市发展模式究竟能维持多久，不得而知，但是房价依然会涨，直到一个暴利产业的衰退。

　　不是每个城市都像杭州这么幸运，温州就是一个沉重的案例。温州市从改革开放之初就领跑中国区域经济发展，以小商品带动大市场的模式，被称为"温州模式"。20世纪90年代温州以小商品制造、加工闻名全国，因此集聚了江西、安徽、湖南等中部省份的外来打工者谋生创业，这是继深圳后又一大充满活力并呈现欣欣向荣景象的城市。受蝴蝶效应影响，产业集聚优势显现，温州似乎成为全球的加工中心。然而，到2000年以后传统的"温州模式"逐步被以资本投资、民间拆借为主导的"新温州模式"所替代，当"新温州模式"无限制地被吹捧后，温州产业经济开始出现了衰退。首先是大量的私营业主纷纷从传统行业转入资本投资领域，炒房与放高利贷成为温州最时髦的话题，传统制造行业因利润不高而被投资者抛弃。第一批获得"暴利"的温州人释放了巨大的消费潜力，推动房价暴涨自然成为顺理成章的事情。而数十万曾经与温州共发展的外来技工与管理者，因为产业凋敝与房价上涨被迫撤离温州。产业的流出让温州经济与房价出现了双折现象。温州从集聚、兴起到流出、衰退，正是印证了房价、劳动成本、产业集聚的相互作用关系，也证明了产业集聚后，房价会上涨。但是房价上涨分为理性上涨与非理性上涨。理性上涨的唯一标准是，企业对劳动成本的接受能力与劳动收入和房价之间相对称，相匹配。也就是说，购房者有能力购房，企业有能力支付劳动成本，在这样的逻辑下房价均衡上涨是合理性的。相反，当企业无力承担劳动成本，购房者没有能力消费住房的时候，房价的泡沫必将破裂。从2008年到2018年温州出生人口与房价走势两项数据显示，人口与价格的关系是有必然联系的。温州从2008年—2012年新生儿出生率持续上升，但到了2012年后温州新生儿出生率持续下降，从新生儿与房价曲线来看，两者基本吻合。

虽然说人口出生数量要影响到住房价格需要较长的周期，但是人口出生数量的减少在某种程度上说明育龄人口外流，年轻人离开温州自然就导致了温州新生儿出生数量减少。显然，这是符合发展的逻辑。

另外，根据温州市统计局的数据，2017年温州市暂住人口总数为127.06万，与2016年相比减少10.3%。不论是基于移动数据分析，还是温州市统计局披露的官方数据，温州的人口呈现净流出态势已经是不争的事实。

反对的意见认为，中国当前房地产泡沫破灭的城市并不多，这足以说明房价是合理的，产业集聚与经济发展是正常的。其实，托住中国房地产的并不是产业集聚下的理性消费市场，而是中国的金融制度与产业转移下的暴利市场。一边是"放水"，一边是"截留"，赚钱的人是同一批，买房的人也是同一批。这种现象是历史的阶段性产物，不具备持续发展的可能。

房价上涨给企业带来的成本不仅仅体现在劳动成本上，更多的是叠加成本。这种成本在某种意义上是企业走向危机的开始，是经济发展的隐患。

首先，资源配置失衡。受投入与产出的影响，金融市场与企业出现投机性"逆转"是较为普遍。因为劳动成本的上升会导致劳动力禀赋发生变化，企业无力承受劳动成本的时候就会改变用工结构来寻求生存。劳动密集型的企业必将受到排挤，取而代之是以资本为主导的新兴产业。这种替代不是因为产业的升级，而是行业的逐利。毋庸置疑，传统产业因为失去集聚效应带来的各种资源溢出优势而更难生存。同时，社会资本受房地产预期利润的诱导而退出传统产业，进一步加剧了实体企业的融资困难，推高了企业的融资成本。资本蛋糕的总量是不变的，但资本的分配是逐利的，房价暴涨让资本的蛋糕向房地产业倾斜，实体企业失去了资本对劳动力要素的替代而更难生存。

其次，创新动力不足。创新动力来自两个条件：一是资源要素整合带来的效率；二是产品转化或销售带来的利润。当这两个条件都不具备的时候，企业要么倒闭，要么转行，要么就是降低产品或服务质量，否则没有存续的条件。通常情况下，企业创新动力是来自可预见的创新收益高于现实成本，而当现实成本无法支撑创新收益的时候，企业就会放弃创新，由此会依赖于低成本、低价格的恶性竞争。

再则，消费能力衰退。一般的市场规律是价格非理性上涨后，需求就会衰退。但是，房地产恰恰相反，价格非理性上涨带来的却是理性的需求增长。因为房子作为一个商品已经超越了居住的价值，既是一个增值的金融产品，更是一个落户、入学、就业的政策产品。这就导致居民会压缩其他商品消费而满足"与日俱涨"的房价。当房价大幅度吸纳社会资本的时候，其他消费市场就会萎缩。首当其冲的就是传统的产业，比如服装业、零售、商贸等，而这些产业恰恰是吸纳就业的民生产业。

因此，决定城市未来的不仅仅是数字与网络，更不是钢筋与混凝土，而是城市的治理与发展。产业集聚可以优化资源配置、提高生产率、降低生产成本、刺激创新动力，同时可以促进产业整体发展，助推城市经济、就业与生活水平的提高。事实上，房价、劳动成本、产业集聚构建的城市经济与社会逻辑关乎每一个人的命运，无论贫富、贵贱，在时间的长轴中都是平等的，任何不合理的事物或逻辑都不会长久存在，当被迫颠覆的那一刻，所承受的代价也许远高于当时非理性的所得。

第 11 章　城市"数字化"价值与谎言

城市"数字化"是全球的发展趋势，是未来智慧地球的构造基础。城市数字化主要体现在两个层面：一是数字化管理与治理层面，利用计算机、互联网多媒体及相关物理技术，将城市人口、经济、环境等要素与城市公共设施相连接，实现全程数字化、可视化；二是通过数字技术与互联网、设计媒介、商业平台等进行连接，实现大数据管理与智能化分析功能，为战略制定、决策、交易提供信息参考与应用平台。两者都是基于信息化技术发展与智慧城市的需要，前者有利于实现国家公共管理效率，后者可以促进社会经济发展及城市合作交流。但是，从"数字化"到"智慧化"的过程中常常会出现一些利己主义者利用技术与管理的缺陷进行人为操控，导致数字失真与信用安全问题。

从"数字城市"走向"智慧城市"

第二次工业革命后，西方国家普遍转向城市为中心的经济运行模式，并利用两次工业革命的成果推进城市建设与经济发展。到了第三次工业革命，西方发达国家的城市化率普遍高达80%以上，发展趋势也由规模建设向深度治理转变，"数字城市"的概念在信息化与工业化的背景下应运而生。

无论资本主义国家还是社会主义国家，都试图借助互联网络的数字效率构建新的经济发展模式，并坚信这一模式是科学、高效的，必然是人类未来的发展趋势。直到2001年的某一天，美国华尔街股票突然崩盘，全球经济学家及金融投资专家诧异地发现，他们一直追捧的互联网经济居然是个泡沫，而且还轻易地破灭了。此后，互联网的热度有所衰退。似乎没有哪个国家像中国那样去强调"数字城市"与"数字经济"的概念了。西方一些国家认为，仅靠互联网本身是不能从根本上解决城市治理问题，更不能形成颠覆性的经济变革。但是，他们忘记了一点，互联网本身是一种具有进化能力的工具。当时，他们对数字化的理解只停留在数字产业化，而不是产业数字化的概念上，直到2005年以后才明白数字化时代将全面到来。

美国互联网泡沫破灭以后的十年，美国互联网商业领域的发展几乎止步不前。而这十年正是中国互联网经济高速发展的阶段，无数只"猪"趁着风口飞上了天。当然，美国只是在互联网商业转化上陷入了误区，在互联网与信息化技术开发上还是不断提高，并以底层技术形式不断应用到智能制造与智能管理等领域。2010年美国IBM公司率先提出的"智慧城市"概念令全世界为之震惊，人们发现原来美国并没有因为互联网泡沫的破灭而"沉沦"。在互联网泡沫破灭后，美国资本市场开始从互联网商业应用向智慧应用转移，也就是说从数字产业化向产业数字化转变。政府的导向也从"互联网"向"物联网"转变。技术研究领域突飞猛进，整合了三次工业革命的成果，让智能制造通过互联网实现与智慧城市的有效对接。

从逻辑上讲，"智慧城市"带来智慧产业，智慧产业带来智慧经济。这既是技术的革命，也是管理的革命；既是经济形式的进步，也是社会治理的进步。两者形成的聚变将颠覆传统的认知，释放巨大的产能。

"数字城市"概念的提出比"智慧城市"大约早十年。准确地说是20世纪90年代末，美国为了加强对全球信息网络的监控，以及更好实现与盟国的协同战略，提出"数字地球"的概念。其目的是出于地缘政治的需要，实现软实力展示与军事扩张相呼应的国家战略。

美国提出"数字地球"的概念是对互联网带来经济、社会、效率变革的高度自信，认为互联网与遥感、定位、智能化技术，可以构建全球化的数字管控体系，实现精准战略需求。事实证明，美国互联网技术的运用确实给他们带来了巨大的利益，也为新经济的发展拉开了序幕。以互联网为基础的数据化管理，引发了全球数字化革命。从"数字地球"发展到"数字城市"，从地缘政治的需求发展到公共管理的需求，从社会治理需要发展到经济变革的需要，变化深刻而全面。

"数字城市"在狭义上的概念是以计算机、多媒体技术和大容量储存技术为基础，以互联网为纽带，运用遥感、定位、地理信息及工程测量技术等对城市进行多分辨率、多尺度、多时空、多种类的三维描述。可以理解为是利用信息技术手段把城市的过去、现在和未来的全部内容在网络上进行数字化虚拟实现。[1]而数字城市在广义上的理解是通过信息技术、互联网技术等实现城市数字化、数据化，以便于信息储存及应用分析，从而提高公共管理能力与应急机制。同时数字城市的内涵还包括人际交流互动及经济生产、商贸合作等应用价值。

"数字城市"给城市发展带来深刻变革。首先是公共管理领域，"数字城市"把地理环境与人的行为关系进行整合。通过网络与信息技术把人们活动的城市变成一个数字平台，进行实时监控与数据化分析，为政府管理决策、应急指挥等提供帮助。人作为城市的创造者，在复杂多变的环境下具有很多不确定因素。人是安全的威胁者，也是安全的守卫者；人是经济与文明的创造者，也是经济与文明的消费者。以人的活动为基础的自然资源、社会资源、公共设施、教育文化与经济交流等要素，如果通过数据形式集成，将更能纠正主观判断的偏差，使得社会管理的行为更加规范。因此，通过数字化可以实现城市运营与发展的科学性，提升政府管理的效率性、政权的稳定性、社会的安全性等。

其次是经济发展领域，通过数字化发展，促进人与人、企业间相互关联、相互作用，实现信息沟通、数据分析、虚拟交易、运行管控等。让虚拟空间弥补现实空间的不足，减少人类对空间的依赖，提高人类对时间的使用效率，由此释放生产力，优化生

---

1 高大利、吴清江、孙凌：《数字城市及其关键技术》，《甘肃政法成人教育学院学报》，2004 年第 1 期。

产要素，提升经济质量与规模。比如企业的办公软件，解决了企业的内控管理问题；平台经济催生下的O2O、B2B、O2C、B2C等交易模式，解决了企业终端销售问题。

由此可见，"数字城市"对政府公共管理与企业经营效率提供了重要支撑。这是基于信息社会成熟发展与工业技术长期积累所呈现的一种形态。但是，"数字城市"所能解决的是效率与安全及人与人、人与空间的关系问题，而并没有真正解决人与社会所产生的内生性问题。也就是说，"数字城市"依然是通过数据工具解决信息不对称与管理效率问题，而没有把人的思想与工具的应用进行有效的统一。所以，从1998年美国先后提出"数字地球""数字城市"概念，到2001年美国互联网泡沫破灭，短短的三年时间美国从欣喜陷入了反思。后续的十年中，美国人把更多的精力放在了应用性融合领域的研究。

在美国提出"数字地球"的同一年，张朝阳成立了搜狐网，马化腾成立了腾讯，王志东成立了新浪。做黄页没有发财的马云也感知到了机会的到来，在1999年成立了阿里巴巴公司，要把黄页搬到互联网上，解决中国人做生意难的问题。在阿里巴巴成立后的一年，李彦宏在中关村创建了百度公司，他立志要把广告统统搬到网上。从2000年到2010年的十年里，阿里巴巴、腾讯、百度成为世界互联网的奇迹。2003年马云已经改变了做黄页的路线，转向了平台交易。淘宝网上线之后成为全球最大C2C电商平台。同年，阿里巴巴推出支付宝，解决了交易信用与金融支付问题。而腾讯的社交平台与网游消费得到飞速发展，成为年轻人消费的主流阵地。百度也自然实现了把广告统统搬到网上的梦想，竞价排名、百度贴吧等商业模式为百度创造了百亿计的收益。

纵观中美两国互联网业的发展历程可以看出，"智慧城市"与"数字城市"的区别在于"智慧"与"数字"的概念。简而言之，智慧是广义的，数字是狭义的；智慧是思想，数字是工具。智慧包含了数字，数字承载了智慧，两者不可分割。但是随着科技发展与社会伦理变化加速，单一的"数字城市"与"数字经济"已经无法满足日趋复杂的社会需要与经济逻辑。"智慧"是一种从工具化管理向集成化管理的转变，是人类技术、文明与社会发展到高级阶段的一种表现形式。所以，从"数字城市"向"智慧城市"转变是一种技术的升级，更是一种思想的进步。

城市"数字化"对社会的应用价值

数字实际上是一种理性的符号，是对客观事物或事件的记录与区别标记。当数字与互联网、云计算及 IT 技术结合在一起的时候便形成数据，其价值就得以放大。数字以数据的形式不断突破边界向外延伸，由静态的记录符号变为生产与管理工具，由工具的属性直接转化为经济的利益。这种逻辑是数字产业化的表现。维克托·迈尔·舍恩伯格曾说："大数据不仅能够使大众获得新知识及全新的价值，而且能够成为改变各类市场、调整政府及其他机构组织结构，甚至缓和官民关系的重要方法。"在城市发展中，数据被广泛应用于政府的组织、管理与战略分析。一些企业通过垄断性的数据采集形成规模化数据库，用于对供应链分析与市场定位，从而为企业创造附加价值。

在现代化城市中，数据的渗透无处不在。在城市的整体规划中，大数据通过对城市地理、自然环境与经济、社会、文化、人口等要素信息进行集合分析，为城市发展与治理提供强大的决策支持。在公共管理领域，大数据的价值主要体现在三大领域。

一是公共交通领域，通过对道路与公共交通工具的实时监控，分析人流、车流与空间、时间的关系，为城市的拥堵给出解决方案。大数据打破了行政管理归属与效率的矛盾。中国交通运输管理主体较为分散，导致交通信息不对称现象较为严重。大数据的出现可以帮助城市建立综合立体的交通信息体系，实现信息集成利用功能。大数据集成了大量与交通有关的信息，比如出租车信息服务系统、城市客运信息系统、智能公交系统、交通信号控制系统等，通过采集这些数据反馈到城市交通指挥中心，及时分析后与城市出行者共享，以此减少交通拥堵与事故。如伦敦市就充分地利用大数据来减少交通拥堵，提高道路的运转效率，当行使车辆接近拥堵地段，地面传感器便为驾驶员提供停车位、道路等解决方案。中国一些城市已经利用交通信息平台与商业旅游进行融合，实现智慧生活、智慧出行的目的。例如，浙江省富阳市在使用车载移动传感器的基础上对全市1100多千米的可测量实景图像以及4万多个兴趣点进行了采集，将其和电子地图以及正射影像结合在一起，在服务架构的基础上发布成为公共服务，以此给市民们以及游客们的衣食住行带来了极大的便利，提升了居民生活的幸福感和满足感。[1]

　　二是舆情监控领域，可以通过大数据捕捉网络关键词与语义的智能分析，及时地掌握舆情及民意，实现打击犯罪的作用。美国是最早把大数据应用到舆情监控的国家之一，但是在 "9·11" 事件以后，美国国家安全部门意识到，他们尽管掌控了全球最大情报网络，拥有最及时高效的情报线索，但由于信息被不同部门所区隔而得不到及时的共享，结果引发了灾难。此后，美国建立了 "棱镜" 数据情报平台，通过对多渠道的数据集合分析，得出不同行为与现象的关联，运用数据的概率分析与逻辑关系预测危机程度。中国人口规模大，区域与文化的隔阂、差异影响社会的融合与安全，通过数字化管理可以实现以社区为单元把千家万户对接起来，不仅能及时掌握舆情还可以促进民生服务。把社区需求与社会资源进行对接，利用信息化技术为大众提供服务，实现供需关系的有效对接，提高效率、创造就业，繁荣社区服务行业。这可以通过不断成熟的区块链技术把每一户作为一个区块与社区进行链接，通过共识机制实现自治管理。最后由每一个社区构建全市社区服务网络，再通过把不同城市的社区服务网络进行链接形成全国社区服务网络，对舆情监控与民生发展将发挥重要的作用。

　　三是安防救灾领域，通过监控、传感器与云计算等集成的大数据分析，对暴力事件与自然灾害能及时做出判断，从而提高应

---

[1]　王春华:《数字城市、智慧城市那些事儿》,《城市开发》,2019 年第 6 期。

急处理能力和安全防范能力。大数据是城市各部门沟通的纽带，能有效地解决政府、企业、公众之间的信息不对称。数字构成了数据，数据形成规模后，经智能化的转换形成了大数据，大数据为实现智慧城市提供关键支撑。

一般而言，大数据的应用价值主要通过六个流程来实现。虽然中国成立了大数据管理局，但是由于目前还没有对数据进行有效的管理与转化应用，所以出现了各种数据乱象。不同主体对数据的采集与管理都基于自身的利益需要而失去了客观性。从理论上来讲数据的意义在于数字的真实性与效用性，所以无论是什么组织或主体都不能违背数据获取的五大条件。即数据影响因子的科学设计、数据的采集渠道、数据的采集工具、数据的采集地理空间与数据的采集目标的有效性，否则获得的数据就会失去客观性与普遍性（如图11-1所示）。

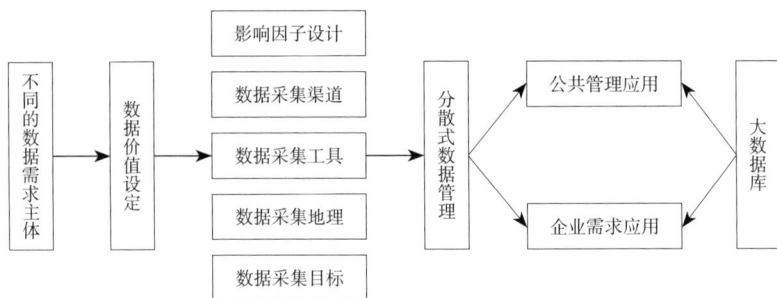

图 11-1　数据的生成与应用价值

中国目前对大数据管理主要依据《网络安全法》，主要体现在对隐私与权益的保护，而实际上对于大数据的形成与管理并没有系统化的要求，导致数据采集、发布、管理并不规范，甚至并不一致。这一部分是受利益的驱动，另一部分是管理松散导致的。当前对大数据采集与管理的门槛要求太低，任何人或机构都可以随便采集与发布数据，导致数据"打架"的现象比比皆是，无论是官方还是民间都出现数据泛滥、混淆视听的现象，甚至还有利用数据谋取不义之财、干扰司法等现象。因此，中国必须在数据采集源头上立法，设定数据发布门槛与责任追究制度。另外在分散式的数据管理现状下，国家亟须整合数据，形成中央数据库或"共识"数据库，取其精华，去其糟粕，让科学、权威的数据来支持公共管理，服务于企业与公众的需求。

经济利益驱动下的数据"陷阱"

数字是指对现实生活中事物数量的抽象表达方式，其本身是直接、客观的，不存在任何立场和感情色彩；而"数据"与"数字"的不同之处在于"据"。用专业的话来说，数据是关于自然、社会现象和科学试验的定量或定性的记录，是人们通过各种媒介与方法获得的数值依据，这些依据真实可信的前提是进行充分科学的计算、统计、分析与调查验证。如果失去了这个前提，那么数据也就失去了意义。在各种利益的驱动下，数据会失去"理性"的严谨，有时还"说谎"，甚至是"欺骗"。

美国最大的无线通信公司Verizon的报告显示，2015年，Verizon公司对世界95个国家进行调查，发现出现了79790个网络安全事件，其中多数与数据有关。从国外的数据安全来看，大部分是数据信息外泄给个人或组织带来损失。例如，2015年美国国税局数据外泄，给10万纳税人带来了影响，造成的直接经济损失超过5000万美元。中国数据失信问题不仅表现在信息泄露等安全问题上，还表现为数据操控与欺诈，其带来的后果已经超越了个人隐私安全、企业内部数据安全问题，甚至影响到司法公正与国家安全。

在利益的驱动下，数据出现了非理性的表达。这不仅仅反映在地方政府的统计报告中，还被商业市场所广泛利用。最为大家熟知的便是电商平台通过成交数据与信用数据诱导购买行为。当前中国三大电商平台的成交数据与信用数据都不能幸免，通过刷单使评论、排名等数据失实已经成为公开的秘密。始作俑者不仅是B端卖家，还有平台运营商，他们出于利益的需要在某种程度上也默认了这些问题的存在。

畅路销（Channel Advisor）股份公司发布的报告显示，中国90%的受调查者会阅读在线评论，并且有83%的受调查者认为，在线评论会影响他们的购物决策。另外支付宝公司发布的《互联网信任环境调查报告》显示，有75%的网民在互联网上交易时对卖方的资质与诚信比较关注，73%的网民在网上交易前一定要考虑商家的信用度，在同等价格下，网民更愿意选择与诚信度高的卖家交易。由此可见，产品的在线评论及销售流量是消费者在网络购买或消费决策过程中优先考虑的因子。因此，在利益的驱动下，卖家与平台运营商在一定程度上已经违背信用的客观机制。

有人会说，电商平台对于打假一向是积极的，对于刷单、评论造假等信用问题管理也比较重视。当然，不可否定电商平台对信用机制的设定与管理也做出了努力，但这存在一个均衡理论。在电商平台发展的初级阶段，管理往往比较松懈，因为"放水养鱼"的理念是电商崛起的重要手段之一。到了电商平台的发展阶段，就会逐渐重视交易双方的信用管理，因为这关系到电商平台自身的法律连带责任与信用。但是，幻想电商平台彻底封杀"信用造假"问题是不可能的。因为平台经济本身就是一个博弈，卖家、买家、平台、执法单位构建了一个博弈框架。

平台运营商需要在虚拟平台上陈列货品，进驻的商家数量越多，所陈列的货品种类就会越多，就越能吸引买家的关注，其流量决定了交易数量，数量决定了平台运营商的提佣收益。进驻的卖家为了实现销售量就会通过非常规手段提高商铺的信用度与商品的销售数量，而电商平台在发展的初级阶段或战略阶段为了自身利益的需要就会采取松懈式的管理，放任卖家的欺诈行为。但是为了保证平台的可持续发展，平台运营商也会通过动态管理控制信用危机，从而实现博弈过程中的相对均衡发展。另外，执法单位一般都是属地执法，而电商平台以其绝对垄断的规模决定数千万商家的命运，某种程度上已经绑架了平台经济与商业伦理。地方执法单位在处理刷单或欺诈过程中只能对个案进行处理，因为不具备全面、彻底的调查能力与条件，所以电商"信用造假"的现象屡禁不止也就不足为奇了。

这场看似均衡的博弈，如果长期得不到纠正，就会出现信用崩塌。同时，这种危机也会传导到制造业领域。一方面受电商销售成本转移影响，伪劣产品会越来越多；另一方面企业创新动力会被投机性的"克隆产品"所替代，从而影响产业经济发展。

2016年，京东与腾讯、百度等8家企业共同签订了国家发展改革委反"炒信"信息共享协议，并且已经共享了因"炒信"而被关店的商家名单及第三方"炒信"公司，号召全社会共同打击虚假交易、炒作信用。在此后的两年中，还有不少互联网企业加入其中。但是，仅靠行业的规范是远远不够的，因为行业中的成员企业一方面为了自身的利益不能根除"信用造假"现象，另一方面受执法权的限制无法对失信的商家进行经济处罚以外的打击。而中国现有的针对性法律《电子商务法》虽然规定电子商务经营者不得以虚构交易、编造用户评价等方式进行虚假或者引人误解的商业宣传来欺骗、误导消费者，但是其处罚办法是模糊的。即便新修订的《反不正当竞争法》，顶格的处罚也只是处一百万元以上二百万元以下的罚款，吊销营业执照。

在美国，信用法律体系和执法监管体系相辅相成，对于平台经济的"信用造假"问题采取"连坐"的法律规定。先后出台的《公平信用报告法》《平等信用机会法》《公平债务催收作业法》《公平信用结账法》《诚实租借法》等16项法律构成了国家信用体系正常运转的法律环境。同样，德国也是商业法律极其严格的国家，在《德国民法典》中也规定，教唆、帮助他人违法的行为要承担连带责任。相比之下，中国诚信体系领域的法制建设还需要不断完善，尤其是对平台运营商、数据发布机构的问责制度要更加明确，更加严厉，用法律的重器倒逼行业的规范。

民意失真下的数字"谎言"

2018年，天津警方侦破一起涉案金额高达800余万元的网络水军案件，被称为"中国网络水军第一案"。由此，网络水军的真实面目浮出水面，让人不寒而栗。在当前的互联网背景下，我们每一天都被人代言，所谓的社会舆论很可能是一帮游荡于社会的"寄生虫"在电脑键盘上的杰作。人们把这些"寄生虫"称为"网络水军"。

网络水军，特指一群操控网络内容与话语导向的人。2000年后，中国互联网爆发式增长，除了各大门户网站的崛起，企业网站、社交媒介等也蜂拥而至，那些试图在信息化的浪潮中扩大自身影响力的人们成为社会与行业的代言者或先知。网络水军的形成实际上是一个商业的转化过程，意味着水军从情绪化向产业化、专业形态转变。根据网络报道，2006年长沙市委外宣办为了扩大网站的影响力有偿选聘网评员，其工资计算方法按发帖量计算，每帖五角钱。此后，人们把这些以经济收益为目的发帖人称为"五毛党"。"五毛党"发展至今，已经形成一个成熟的产业。由个人化行为，逐渐转变为组织化行为，在工商注册类别上被称为"公关公司"或"传媒公司"，归属于咨询企业类别。这种操控水军的公司实际上与传统传媒公司有天壤之别，传媒公司是以固定载体发布合法的信息，而操控水军的公司却以利益为导向，通过发帖、删帖、评论、投票、排名等方式为雇主服务。为了利益，他们通常以诋毁、抹黑或造假等手段来实现雇主方的目标。据不完全统计，当前中国网络"公关"市场整体规模高达数十亿人民币，其雇主身份也呈现多元化。似乎整个社会，各行各业都在谩骂与吹捧，剩下的是看客。

法国社会学家托克维尔在其著作《论美国的民主》一书中发表这样的观点，本该由多数人主导的公共舆论可能以社会领域的"少数服从多数"为原则和理由，压服个人或是少数人的意见和观点，进而拥有无上权威，实现"多数暴政"。如今，中国的网络言论就像托克维尔说的一样，以少数人的观点代替多数人的价值判断，这只看不见的手，就如一把匕首，破坏了社会的公平准则，也伤害了民族自信心。为什么这么说呢？三个方面的问题足以说明水军的危害。

其一，掩盖民意。历史上中国民意的表达机制与渠道都是有限的，从而引发了各种社会矛盾与制度失效。随着互联网发展，中国网民有了历史以来最为自由、民主的言论空间。本来，这是社会主义国家民主制度不断完善的表现与契机，但是网络水军却利用这一机会非法牟利、掩盖民意。网络作为中国人表达情绪、分享生活理念、表达社会认知的平台，保持真实与理性的民意诉求对国家治理是一种有效的促进，也能纠正公共管理过程中的缺陷与不足。但是，"民意"失真就会误导制度，扭曲社会伦理、道德。轻则出现"劣币驱逐良币"的逆向机制，让有效信息被淹没；重则危害社会，破坏经济。因此，连互联网公司阿里巴巴也义愤填膺地表示,"中国网民人数世界第一,中国网络'水军'人数也排得上世界第一。中国互联网的创新能力、技术能力有目共睹,中国互联网发展堪称世界奇迹,但是中国网络'水军'的战斗力、破坏力也堪称世界奇迹"。

其二,误导价值观。美国政治学家拉斯维尔认为,媒介的核心功能是承担社会环境守望者的角色,即消除人们由于对周边环境不确定而产生的守望心态。但是,由网络水军操控的价值导向往往是夸大其词、颠倒是非,让人陷入迷茫与困惑。来自价值观的误导主要体现在两个方面。一是恶性竞争,网络水军通过虚假宣传、夸大事件或产品的价值干扰公众的决策与评判标准,这是一种不正当竞争行为,也是一种欺诈行为;二是恶意报复,网络水军为了利益去帮助雇主打击竞争对手,这种恶意"围攻"现象不仅给受害人或组织带来灾难性的危害,还误导了他人的价值观念,让社会大众的守望心茫然无主,从而产生了自我否定或盲目从众的现象。

其三,危害国家安全。网络水军假借"民意"给政府部门施压的现象屡见不鲜。当有些政府部门意志不坚定,不敢违背"民意"的情况下,就选择妥协,甚至违背法律,践踏制度。当前水军的业务结构,已经从个体和商业领域向行政与公共领域渗透,出于各种目的的组织或个人通过水军制造虚假言论与投票,蒙蔽真实民意,操控事件结果。他们让数据生成与数据结果之间产生断层,试图通过掩盖数据生成过程的方式来获取政治与社会利益。为了既定的目标,网络水军会炮制一些吸引眼球的事件与素材，导致人心恐慌，影响社会的稳定。有些水军甚至被国外势力所利用，借助社会事件煽动人民情绪，扰乱社会安全，破坏国家团结与统一。

在现代城市化中，民意往往是以网络为载体，通过网络平台形成数据化表达，从而为国家、地方等政府部门建立有效的反馈机制。但是，网络水军操纵下的"民意失真"不仅让互联网失去了传达民意的纽带作用，而且还会误导国家治理机器，误导人民价值取向，让国家与人民之间的沟通产生偏离，从而产生不可估量的损失。

第12章　区块链技术重构城市信用体系

《论语·为政》："人而无信，不知其可也。"中国自古以来都是礼治社会。明礼守信是个人立身处世的标准，更是国家为了维系社会生产方式和社会生活而约定俗成的行为规范。在过去重农抑商的社会体系中，通过道德力量去维系社会秩序的运行显得非常实用。但是，现代社会如果仅靠道德力量规范国际化的经济市场与复杂多变的供需关系，显然是不现实的。尤其在经济转轨期，在制度建设与经济发展处于失衡的状态下，功利主义的投机行为就会层出不穷，因此道德的力量就会被弱化，而法治的力量便成为重点。

中国经历了从改革开放之初的资源型发展模式，到20世纪90年代市场浪潮中的机会型发展模式，再到21世纪市场制度化的发展模式，其信用体系不断完善，不断进步，从而为中国经济增长与社会治理提供了保障。如果把改革开放后中国信用体系的发展历程做一个划分的话，那么可以划分为三个维度、三个阶段。三个发展阶段与三个维度就像力学结构一样，支撑社会文明发展与经济增长。前两个阶段，中国完成了机会主义向信用体系的转变。然而，第三个阶段受信息化泛滥影响，社会信用体系再次被搅乱，长此以往，"信用"的权威性就会受到威胁。信息化既解决不对称，也创造不对称。由于社会信用体系是由无数大大小小的信用节点构成，有法律可以触及的，也有法律不能触及的，这就给治理与规范带来了困难。那么，如果有一种工具能把社会各种组织与个人的行为关系、决策过程进行链接，通过平等的共识机制来实现安全、透明、可溯源的合作机制，那么诚信体系就能得到质的飞跃。这种工具便是人们寄予了厚望的区块链技术。

经济转轨后信用体系的发展

中国社会虽然还处于城乡二元结构，但是随着城市化率越来越高，人的社会关系越来越密切，城市信用体系建设在社会信用体系的背景下显得尤为突出。2018年中国城市常住人口已经有8亿多，接近总人口的60%，社会信用体系结构的重心已经从农村信用体系向城市信用体系转移。到2030年中国将有70%以上的人口生活在城市，这使得城市的未来充满着希望与挑战。庞大且复杂的城市化运行，仅靠单一的制度管控与社会自律维持几乎是不可能的，必须靠有效的运行工具与科学的约束体系才能实现。在纵向上需要智能化技术，在横向上需要信用体系，纵横结合、软硬兼施的治理模式是未来城市的发展趋势。

社会信用体系是中国社会主义市场经济与社会文明发展的重要标志之一，而城市信用体系是社会信用体系的一个具象表述。社会信用体系表现在三个维度，一是政府信用体系对公信力的影

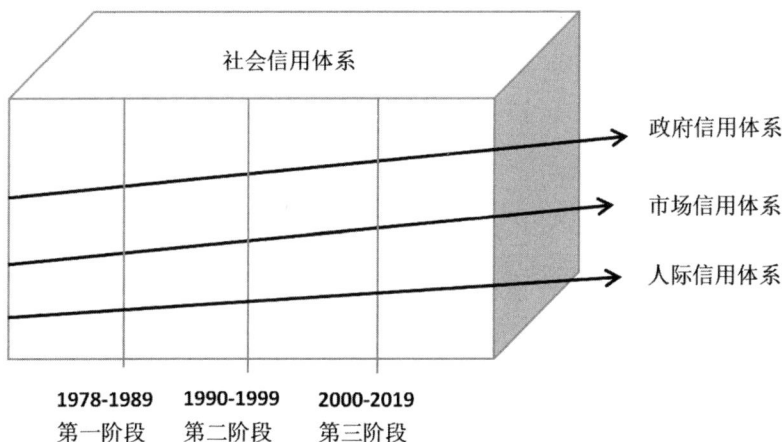

图12-1　中国社会信用体系的三个阶段、三大维度

响，二是市场信用体系对生产组织的影响，三是人际信用体系对社会文明的影响（如图12-1所示）。

从1978年开始到2019年，中国社会信用体系发展经历了三个阶段，其中1978年到1989年为第一个阶段，整个社会信用体系还处于觉醒阶段，社会契约关系从人际约定关系、熟人关系向法制关系转变。由于制度不完善，信用体系的发展只能在经济领域得以体现，没有实现从经济关系向社会关系的全面延伸与融合。当时社会经济发展过于依赖资源禀赋，知识溢出与协同效应并没有形成显性价值。

1990年到1999年为第二阶段，在这期间市场经济与制度的逻辑已基本形成，人际信用与市场信用的意识已被广泛接纳，但是受投机型市场的影响，利己主义再次泛滥，知识产权在监管不力的情况下出现了信用危机。许多在改革开放中成长起来的企业纷纷倒在了信用危机下，遍地造假、仿冒扰乱市场、影响创新。以浙江雪豹服饰公司为例，成立于1984年的雪豹皮件服装厂曾经创造了万人空巷排队购买的纪录。改革开放后，中国经济逐步向好，人均可支配性收入也有较大的提高，受外来文化的影响，追求时尚成为那个时代最为疯狂的记忆。无论是家电还是衣服或布料都成为供不应求的商品。雪豹皮衣上市后，全国各大城市的销售网点基本上是人满为患，上海街头甚至出现连夜排队购买雪豹皮衣的现象。然而好景不长，短短的几年时间，这家站在改革开放前沿的浙江企业就出现了销售危机，"雪豹皮衣"出现了严重滞销，从而引发财务危机、信用危机，最后导致破产。让人大跌眼镜的是，这家企业破产的关键原因是被假冒。雪豹皮衣热销以后，市场为之震惊，随之而来的便是疯狂的造假、售假。市场上出现的皮衣几乎都打着"雪豹"的品牌在销售，一些假货甚至摆在雪豹公司门口进行兜售。更让人瞠目结舌的是，这些造假、售假者不少还是雪豹公司内部的技术与销售人员。由于缺乏法律意识，加上行业监管不力，他们丢掉了信用的底线。尽管雪豹皮衣在数十年后东山再起，但其发展的起落却让人深思，这实际上是人际信用、市场信用、政府信用的一次集体崩塌。

到了第三个阶段，中国已经实现了改革开放的原始积累，经济、人才、制度等要素得以提升。受城市化集聚带来的知识溢出影响，人际信用体系、市场信用体系的建立与融合成为中国发展的重要驱动力。当然在这个过程中，还要感谢国际市场对中国知识产权保护制度的倒逼机制。受人口红利与技术溢出的影响，中国社会生产力得到巨大释放，全球最高性价比的商品不断从中国输出，在国际市场上替代了日本，威胁了美国。因此，中美之间为数不多的几次贸易战便在这个阶段集中爆发了。

第一次：1991年4月—1992年1月。美国声称中国单边贸易保护，知识产权保护不力，对中国纺织品、服装及电子产品等106种产品列出了总共15亿美元的惩罚性征税。后来中美双边协商，签署《中美知识产权谅解备忘录》，中国承诺加入国际条约和修改有关法律，并签署《中美市场准入谅解备忘录》。

第二次：1994年6月—1995年2月。美国再次声称中国知识产权保护不力，向中国24类、价值28亿美元的产品征收100％重度惩罚性关税。中美双边谈判最后达成第二个知识产权协议，中国承诺采取一系列执法措施。

第三次：1996年4月—1996年6月。美国以知识产权与信用体系为由向中国加大了贸易惩罚力度，对纺织品、服装和电子产品等价值30亿美元的中国商品征收100％惩罚性关税。后来经过协商，签署《中美知识产权磋商协议》，对美出版物和音像制品进口不设限额，并大幅降低关税，设立合资企业等。

在以美国为首西方势力的倒逼机制下，中国迎难而上，不断深化政治体制改革，加大知识产权保护力度，有效地促进了市场创新发展与信用体系的建设，为中国从低端生产向高端制造转型提供了市场基础与创新动力。

城市信用体系构建的三大维度

城市信用体系是依托区域环境建立起来的一套发展机制，是以点带面，相互关联、相互影响的平衡发展模式。中国面积大，区域经济发展不均衡，文化理念与制度创新存在较大差异，要想自上而下全面构建社会信用体系的困难是可想而知的。因此，区块式的城市信用体系构建更为理性可行。把城市或区域分为区块，可以以每一个省、市或者县作为一个区块，先建立适应区域发展的信用体系，再通过以点带面逐步联结，最后形成全国共识的城市信用体系。当然，无论哪种方法，构建一个城市信用体系都离不开政府信用体系、市场信用体系、人际信用体系三大维度（如图12-2所示）。

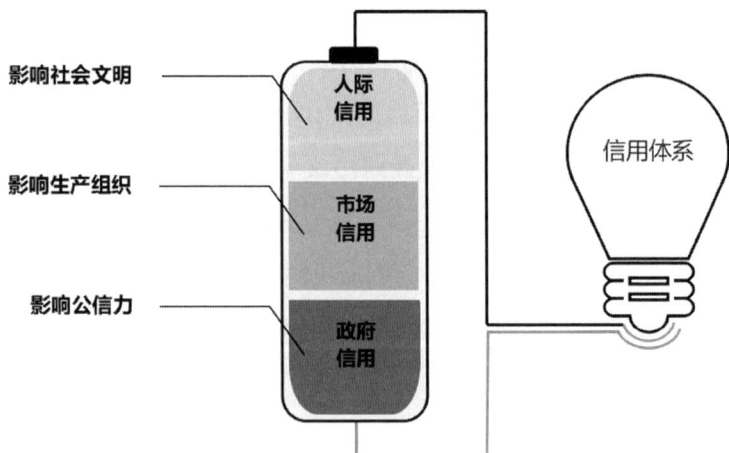

影响社会文明 —— 人际信用

影响生产组织 —— 市场信用

影响公信力 —— 政府信用

信用体系

图12-2 城市社会信用体系的三大维度

政府信用体系是政府遵守社会契约以及相关承诺的意愿、能力和行为的评价，是一种在政治委托—代理关系中产生的代理人信用。可以说，政府信用是联系人民与政府之间的一座桥梁，而地方政府信用则是以地方行政部门为主体的信用，它既包括地方政府对于人民的信用诚意，也包括地方政府履行自身职责的信用能力，还包括人民对地方政府实践允诺的评价高低。地方政府信用的建立是完善地方社会信用体系的前提，是其他信用得以存在与发展的基础。地方政府信用的建立是完善社会主义市场经济体制的重要保障。市场经济赖以运转的基础就是信用机制，地方政府作为市场规则的制定者，若不能在人民心中建立起良好信用，将会直接对市场经济的运行秩序产生不良影响。[1]因此，要构建城市的信用体系就必先构建政府的信用休系。近年来，随着制度化改革与党的"三风"建设的推进，政府的信用体系得到了明显的完善。比如浙江省的"最多跑一次"政策就撬动各领域改革，建设人民满意的服务型政府，促进治理体系和治理能力现代化，为城市的信用体系建设创造了良好的环境，提高了政府的公信力。

市场信用体系是经济活动过程中，合作双方价值共识的契约履行程度的反映。这是人类进行生产活动以来的道德底线。如果缺乏这个标准就无法实现市场的公平性与发展性。中国自古以来就将"诚信"纳入了普世价值，但由于封建社会意识形态中更多体现的是儒家思想，靠觉悟与自律来维持经济市场的运行，缺乏

---

1 尤扬:《加强地方政府信用体系建设探析》,《经济与社会发展》, 2013年第6期。

共识性的标准与法律。中华人民共和国成立以后，在长期的计划经济体制下，生产、流通、分配等环节都由政府包揽，所以在市场领域的信用体系也无法建立。改革开放后为了发展效率，市场的信用体系在一定程度上更是被机会主义所代替，出现了诸如制假售假、虚假广告、偷税漏税、非法经营等问题。"信用制度被喻为'市场经济的灵魂'，它和竞争一起成为资本运动和市场发展的杠杆。有无健全的征信体系，是市场经济是否走向成熟的重要标志。"[1]

人际信用体系是组织以外的行为关系，是人与人之间产生合作与共识的某种约定体系。这种约定是以个体为单位，以事件为链条，形成不同节点、不同价值，从而为社会的稳定、经济的增长、区域的繁荣奠定基础。孔子曰："人而无信，不知其可也。大车无輗，小车无軏，其何以行之哉？"这说明人在社会中的意义是相互成就、相互促进的。社会和世界是主客体关系的运动，这里的主客体关系不但指人与自然的关系，而且包括人与人（个人之间、共同体之间、社会集团和阶级之间、民族之间等）的关系。物质交换关系也不仅指人与自然的物质交换，还包括人与人之间的物质交换。因此人与人之间的交往活动，是社会实践总体的组成部分。[2]城市是由人的集聚而构成的，市场也是由人的参与才建立的，因此人是信用体系的参与者、受益者，更是制定者。生产

1　邓建胜：《用制度捍卫信用》，《人民日报》，2006年1月20日。

2　刘文波：《人际信用的伦理意义》，《湖南师范大学社会科学学报》，2004年第11期。

与交往分别涉及的是主客体关系与主体间的关系，"生产本身是以个人之间的交往为前提的"，而"交往的形式又是由生产来决定的"。[1]所以说，城市信用体系的构建不仅是对社会制度的完善，更是对人的改造。

中国城市信用体系已经实现了从人际信用约定向法制契约规范的转变，但是随着互联网与信息化的高度发展，社会的治理日趋复杂，信息的发布者、价值的传递着、组织的运行者等不仅能利用互联网与信息化技术解决信息不对称问题，而且还能利用信息传播渠道进行决策干预，从而建立新的信息不对称，影响公平，制造危机。所以，必须尽快运用大数据技术、人工智能技术去实现城市信用体系的构建。将开放大数据、AI能力与智能城市信用平台的理念架构进行对接，虽然能实现高效的数据管理，但是由于信息发布端的主观利己行为，使得信息在传递过程中无法实现公平性与权威性。直到世界上一个叫中本聪的人想通过一种虚拟数字货币（比特币）替代传统货币的时候，人们才发现这一构想后的底层技术——区块链，这将有可能是重构人类信用体系的一次伟大革命。

区块链技术是2015年从比特币中脱离出来的应用技术，目前该技术已经应用到金融、医疗、教育等领域，被认为是继蒸汽机、电力、信息和互联网革命后，人类社会第五次颠覆性的变革技术。从狭义来讲，区块链是一种按照时间顺序将数据区块以链

1　王南湜：《从领域合一到领域分离》，太原：山西教育出版社，1998年，第117页。

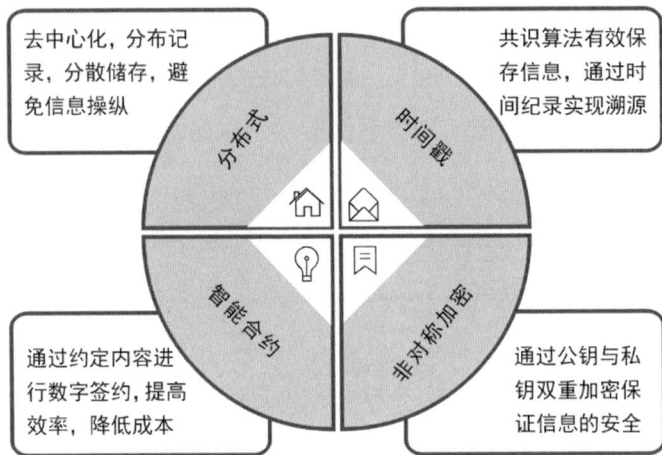

图12-3 区块链的四大核心技术

条的方式组合成特定数据结构，并以密码学方式保护的不可篡改和不可伪造的去中心化共享账户，其能够安全存储简单、有先后关系、能在系统内验证的数据。广义的区块链技术则是利用加密链式区块结构来验证与存储数据，利用分布式节点共识算法来生成和更新数据，利用自动化脚本代码（智能合约）来编程和操作数据的一种全新的去中心化基础架构与分布式计算范式。[1]总结起来，区块链技术有四大核心技术：分布式、时间戳、非对称加密和智能合约。这四大核心技术转化便形成了四大核心价值（如图12-3所示）。

分布式的特点是由多个节点共同组成，采用分布式的记录与

---

[1] 肖琳、徐升华、王琪：《社交媒体发展与研究述评》，《图书馆学研究》，2016年第14期。

储存形式，这样一来便弱化了对中心的依赖，交易双方便不再需要中间人，可以避免中间人控制数据，操纵信息的风险。时间戳的特点在于无法更改，区块链在点对点网络上通过节点间的共识算法实现了一个分布式的时间戳，在系统中每一区块都带有时间戳，区块与区块之间以链式相接，保证信息真实性的同时还可以通过时间溯源，明确责任，量化指标。非对称加密是可以确保信息的安全性，在过去计算机密码领域都是采用对称加密技术，也就是说加密与解密都是同一个密钥，这样就容易导致信息泄密或被篡改，而非对称加密算法实现了两个密钥进行加密与解密，称为公钥和私钥，这就像银行的共管账户一样，凭单方密码是取不到钱的。智能合约概念在20世纪90年代由密码学家尼克·萨博（Nick Szabo）提出，指一套以数字形式定义的承诺，包括合约参与方可以在上面执行这些承诺的协议。[1]充当"信任机器"的区块链技术出现，为智能合约提供了可信的自动化执行环境。通过智能合约，区块链可以降低交易成本，以此扩大可进行的经济活动的规模和范围。另外，智能合约以代码作为合约，以软件定义的方式，规定了数字实体之间的行为内容。因此，智能合约有望实现劳伦斯·莱斯格的互联网治理理念——代码即法律。[2]

1　Michaes G.Smart contracts described by Nick Szabo 20 years ago now becoming reality［EB/OL］.（2016-04-26）［2018-10-11］.https://bitcoinmagazine.com/articles/smart-contracts-described-by-nick-szabo-years-ago-now-becoming-reality-1461693751/.

2　尹浩:《区块链技术的发展机遇与治理思路》,《人民论坛》,2018年第12期。

区块链技术提升社会自治能力

中国互联网与数字经济虽然发展迅猛，但是与国外发达国家相比，我们的互联网及信息技术在应用广度上还是有限的，也就是说产业数字化的发展较慢。目前其所创造的价值主要在数字产业化与经济交易领域，而对社会治理与信用体系的应用始终停留在浅层次上，没有形成可信任的机制与社会共识。早在2006年中国就制定了信息化发展战略（2006—2020），十多年过去了，虽然在经济生产领域与社会效率方面取得了不少成绩，但是并没有形成蝴蝶效应。主要是在数据开放、共享、安全等领域的政策不明晰，归根结底还是缺少一种强有力的技术保障信息社会的公平与安全。区块链技术自2015年以后被全球多个国家采用，经过几年的实践证明，这项技术能使经济、社会、组织都能发生革命性的变化。2019年10月24日，中共中央政治局就区块链技术发展现状和趋势进行第十八次集体学习。习近平总书记在主持学习时强调："区块链技术的集成应用在新的技术革新和产业变革中起着重要作用。我们要把区块链作为核心技术自主创新的重要突破口，明确主攻方向，加大投入力度，着力攻克一批关键核心技术，加快推动区块链技术和产业创新发展。"[1] 此后，区块链概念股票大涨，被视为继互联网后第二个风口。显然这是资本运作的一贯手段，区块链作为一种技术必须与实体进行有效对接，通过

1　王颖：《中国力推区块链技术自主创新（专家解读）》，《人民日报海外版》，2019年10月26日。

技术溢出效应创造价值，而不是一个概念就能实现企业盈利与增长。就如城市信用体系建设，并不是有了区块链技术就能实现城市信用体系的理想构建，区块链技术在城市信用体系领域的利用只是管理思想变革下的产物而已。区块链的去中心、共识算法、非对称加密和智能合约与城市化信用体系的建设有着高度耦合，在城市化信用体系建设中将发挥独特的作用。

社会自治能力是城市发展的必要条件，社会自治能力越强，城市文明程度就越高，城市集聚价值就越大。改革开放后中国在法律与政策上不断地为社会自治创造条件，中国社会自治能力因此有了明显的提升，但与西方发达国家相比依然存在较大的距离。一方面是因为信用体系不健全，在缺乏共识条件及充斥投机意识的环境下，社会自治的土壤就无法承担来自政府部门的放权；另一方面因为是政府部门长期垄断公共服务已形成一种惯性，通过"经济人"的形式虽然能实现资源的有效分配，但由于"信息孤岛"的影响导致腐败或决策失误长期影响区域的发展与信用体系的建设。面对如此矛盾，要建立一个公平有效的社会自治体系就必须建立一套规避利益操纵的共识机制，区块链技术去中心化的分布记录可以有效避免中心化的垄断与利益集团的信息操纵。

人，生来就追求自由。但是无论集体祭祀还是皇权代言，都是禁锢自由的一种形式。后来人们创造了宗教，并与"上帝"或"佛祖"等进行直接对话，心中的隐私与灵魂欲望能得以安全的表达，这算是世界上第一个P2P理论的雏形。由于具有了平等、安全、互信等特点，宗教延续千年而生生不息。区块链的共识机制的核心就是点对点链接，用多人背书代替"权利"背书，避免了人为的利益操纵。当然，区块链的共识并不是一种文字的约定，而是听命于逻辑的数学计算。通过一种叫哈希的计算方法形成每一个节点之间的共识，每一组数据的形成都必须得到51%以上节点的验证方可写入由全体节点共同维护的区块链账本，因而极难篡改和伪造。这使得区块链成为依靠共识机制和密码学算法自动产生信任的系统，可以实现信息流、资金流和物质流等去中介化的自由流通。这种技术的应用是全民性的，大到国家选举，小到社区投票，以及企业交易凭证、劳动计量与薪酬结算等。"区块链技术有能力改变组织形式和其作用机制，甚至可能会改变整个治理体系，将它们从集中的公司或政府转变为分散的组织，并将更多的权力分配给个人。"[1]比如小区业委会成立投票，以往都是通过利益代表发放纸质选票进行选举业委会成员，然后从成员中再选出业委会主任及领导班子，在这个过程中就可能出现因为利益而产生的腐败，一个小区上千户居民往往被业委会代表所代言，公共权力被集中化以后小区居民的利益得不到保障，政府也找不到有效的法律去干预。如果采用区块链技术则可以得到改变，区块链去中心化的分散储存备份特点可以实现全程透明化，无法更改数据，每一次数据的产生都必须经过数学计算确定之后才能到下一个流程（如图12-4所示）。

---

1 Young S.Changing governance models by applying blockchain computing [J]. Catholic University Journal of Law and Technology, 2018, 26(2):1-33.

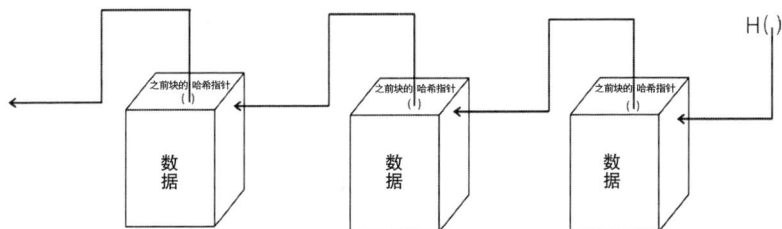

图12-4　区块链去中心化的分散储存模式

区块链把数据分成不同的区块，每个区块通过特定的信息链接到上一区块的后面，前后顺连，呈现一套完整的数据。每个区块的块头（block header）包含前一个区块的哈希值（previous block Hash）。该值是对前区块的块头进行哈希函数计算（Hash function）而得到，区块之间都会由这样的哈希值与先前的区块环环相扣形成一个链条。所以，区块链技术对城市信用体系的建设将起到革命性的变化，可以规避一切垄断与利益操纵，大众可以更有效地组织自己并保护自己的利益。以往经济合作中因垄断所产生的被动性交易，将因区块链技术而改变；各种社会组织因利益所出现的被代言都会因为分布式共识的机制而破产。区块链技术在城市治理、经济贸易、组织管理、社会分配等方面都能得到广泛应用。

构建智慧政府　规避沉没成本

近年来国家对机构改革加大了力度，对公职人员的职业素养进行了强化与监督，整体面貌得以较大的提升。但是中国人口规模之大与地域分布较散，使得行政机构的配置承担了较大的支出成本。随之而来的连锁反应便是中央与地方之间的信息不对称，百姓与地方政府的矛盾与冲突，行政支出与决策风险带来的各种成本等问题长期困扰着国家的治理与发展。由此可见，利用区块链技术的信息化功能与大数据分析等手段建立智慧政府，将有效解决成本过大与公信力危机等问题。

首先是强化政府公信力，政府的公信力是建立在廉政、公平、高效、集约、保障、服务等领域，通过各领域的良好表现获得人民的普遍认可。政府的公信力是政府行政能力的客观结果，是人民群众对政府的评价，反映了人民群众对政府的满意度和信任度。政府公信力涉及两个主体：信用方（政府），信任方（社会公众）。它包含公众对政府的信任和政府对公众的信用，其中政府信用是政府公信力的核心内容。政府信用是社会组织和民众对政府信誉的一种主观评价或价值判断，是政府行政行为所产生的信誉和形象在社会组织和民众中所形成的一种心理反映，它包括民众对政府整体形象的认识、情感、态度、情绪、兴趣、期望、信念等，也体现出民众自愿地配合政府行政的程度。减少政府的公共管理成本，以提高公共行政效率，是现代民主和法治条件下的责任政府的重要标识。[1]利用区块链技术可以约束地方政府因信用失范而导致人民对其失去信任。就城市化改造的现状来看，拆迁导致的群体事件成为一种普遍现象。构建城市的美好明

1　王和平：《论政府信用建设》，《政治学研究》，2003年第1期。

天按理应该得到老百姓的全面支持，但是由于老百姓缺乏信任的基础，所以导致内心的抵触。那么老百姓为什么不信任政府呢？第一对于拆迁的溢价老百姓不认可，老百姓认为政府低价征收高价拍卖，赚取差价剥削老百姓利益，所以他们要求按市场价格进行补偿。而政府认为，政府的拆迁成本不仅限于征收价格，还有公共配套与发展性支出。站在双方立场看都有道理，但政府由于缺乏透明的财政支出数据，无法让更多的人信服。利用区块链技术后，把政府日常开支与公共投入通过数据节点分布记账后形成区块，并用时间戳锁定以防更改，这样就能形成权威的数据。然后通过公钥形式向属地居民开放，居民通过数据对比了解政府在拆迁征收中的实际成本，从而能形成一种共识，减少矛盾。在区块链的设计中，甚至可以把相关法律同步植入链接节点，在不同的节点上做到有法可依，违法必究的管控模式。这种模式在未来可以替代法院或信访部门，成为公平与法制的依据，执法部门可以通过数据警报进行执法。

除此之外，在权力寻租方面也可以通过区块链技术进行管控。腐败之所以能繁衍生息，是因为腐败者认为腐败环境对其释放了有利因素，降低了腐败风险，增加了利益机会。政府部门掌握了公共资源的采销权力与社会信息，所以可以利用垄断资源与制度权利进行交易。无论建设工程腐败还是其他权力寻租，本质上都是利用"信息孤岛"与信息可篡改性进行交易。比如在工程施工领域，工程施工方往往会采取增量或变更设计的办法获得合同以外的收益，而决定变更权利的人往往只掌握在一个人手上，这在无形之中助长了腐败。假设通过区块链技术对工程规划、施工节点、费用支出等环节进行分布式记账，那么就相当于把一个人的决策权力让更多人来确认。只有51%以上的人确认通过才可以进行篡改，如果后续出现了问题还可以通过时间戳进行一键式溯源，找到责任人。在这种机制下，即便领导权力再大，也要秉公执事，因为领导的任何一项决策都是公开透明的。

在信息化安全上，非对称加密的强大优势就发挥作用了。权力部门是制度的制定者，也是制度的裁决者，在这个过程中就会出现利益集团出于自身的利益考虑进行数据篡改，从而导致公共利益受到损失，以致于引发更多的沉没成本与信用危机。比如交通违章处理或城市管理处罚，因为权力部门掌握了大量公民信息与执法裁定权力，在信息网络上可以进行数据篡改。例如交通违章消除处理、城管执法处理等都出现过一些公职人员利用职务之便进行修改的情况。但是，利用区块链技术后就无法进行篡改。区块链加密技术是具备双向功能的，改变了以往加密与解密同一个密钥带来的信息泄露。区块链加密通过公钥与私钥的双重使用办法，规避了信息因泄露而被篡改的风险。这项技术的使用可以阻断权力寻租行为，提高公民对政府或者其他部门的信任感。

其次，降低政府运营成本。无论是行政成本还是决策成本都是因为"信息孤岛"问题影响了效率与监管，加剧了显性成本与沉没成本的发生概率。信息孤岛特指组织或个体之间信息不及时共享，不及时互通导致的不对称现象。城市的公共管理牵涉面既多又广，容易形成信息孤岛。无论是纵向信息沟通还是横向信息

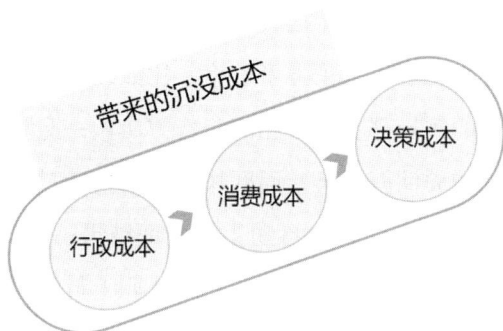

图12-5　政府管理成本构成关系

沟通都缺乏自动化的体系，带来了巨大的行政成本。作为一个公共组织，最大的弊端是各自为政、各自为战，以致难以实现深层次信息互联互通，导致信息脱节，影响服务效率的提高，增加了各项成本（如图12-5所示）。

　　行政成本主要体现在庞大的机构设置与人员配置上。近年来虽然通过制度改革提高了政府职能部门的服务效率，但这个效率并非由技术带来的溢出效率，而是传统绩效考核带来的效率。通过强化管理带来的效率是线性成果，无论是量变还是质变都是有限的。如果是技术带来的效率将是颠覆性的，因此能帮助机构重组，减少冗员带来的行政成本。比如一个县，其机构配置与中央几乎是相对应的，所有的科局都拥有独立的职能与审批权力，不仅解决不了效率问题还给生产部门与社会大众带来程序上的繁琐。地方政府出现的越权、滥权现象较为突出，遇到困难却各自回避，推卸责任，因此带来各种资源的浪费。区块链技术能实现过程透明和智能合约，利用区块链技术能自动导入数据并进行处理，既保持了交易也提高了办事效率。比如领导决策的时候，往往是不同层级的领导都会按自己的工作方法做一遍验证，领导层级越多，验证的周期就越长，而区块链技术由于对各项系统的整合链接，在决策过程中就会自动生成验证结果，减少时间成本。随着区块链在政务系统内的使用成熟，公职人员的规模便可以缩减，从而有效节约财政支出。

本文中的消费成本主要特指政府部门的公务消费。公务消费一直是国家行政机关治理的重点，近年来随着现代金融的完善与国家制度的改革，公务消费得到了有效的控制。当前控制公务消费的主要办法有三种：一是制定报销标准，通过事后审计进行监督管理，这种办法带来的管理成本可能会高于消费成本；二是锁定消费，也就是非现金交易，通过公务卡统一支出来确定消费的合法性，震慑假公济私及套现、乱用现象，但是这种管理办法只是起到统一账本的作用而已；三是阳光政务，通过制度与技术的对接，把消费过程纳入网络监管，实行支出明细、发票、刷卡小票三合一的报账办法进行管理，被称为全程留痕消费。第三种办法是区块链管理办法的底层架构，但是由于之前信息技术的缺陷，无论在效率上还是在制度科学上都不能有效降低成本，提高效率。例如，一些公务人员由于管控压力出现懒政现象，这并不是控制公务消费的真正目的。区块链技术可以把公务消费背后的动机通过链条形式进行首尾相连，然后通过智能合约的形式锁定交易的真实性，避免伪造合同、更改条约等现象。区块链技术可以实现真实性、可行性、权威性为一体的阳光消费，既遏制利己性消费，也允许合理的消费。

决策成本，政府的决策行为关乎老百姓的切身利益，如果一个城市或区域政府主政领导在决策过程中缺少科学化、民主化、公开化、专业化信息就会导致决策失误的风险加大，给国家、社会、百姓带来不可估量的损失。政府部门如何进行科学决策在理论上已经成型了，但在执行过程中决策者往往会偏离理论的框架而选择个人主观思想进行决策，这种现象在中国县级政府较为普遍。所以，必须把理论框架的决策模型搬到网络中，利用区块链技术强制导入，让领导在决策过程中形成科学指导、理论依据、公开透明习惯。正如习近平所强调："要强化互联网思维，利用互联网扁平化、交互式、快捷性优势，推进政府决策科学化、社会治理精准化、公共服务高效化，用信息化手段更好感知社会态势、畅通沟通渠道、辅助决策施政。"

区块链正是实现科学决策的关键技术。区块链分为公有链与联盟链，在公有链上可以把民主化、公开化的程序进行分布记录与储存，让决策的环节更加公开、透明，以少数服从多数的计算方法进行数据保存，实现决策责任量化与可追溯化，从而避免"拍脑袋"式的决策。公有链在纵向链接上可以与更高层级政府进行链接，起到决策预警与监控作用。在联盟链上，地方政府的决策可以与公共服务平台、各级政府大数据中心打通，形成数据对比分析，避免重复建设、重复投资等现象。在联盟链上还可以与智库平台对接，依托多学科、多视角、多维度、多专业的智库力量进行决策，并通过设置公钥与私钥的形式进行决策顾问论证制，保障决策前有专业支撑分析、决策中能矫正微调、决策后有监测复盘的运行体系，从而降低决策风险，防范不可估量的决策成本。

净化舆论环境　构建理性社会

互联网的诞生，是人类文明与技术发展的一次重大革命。从技术层面来讲它奠定了一切智慧产业的基础，实现了速度与广度的通用条件，为人类实现第四次工业革命提供了不可或缺的基础。从传播学角度来讲，互联网的出现打破了信息单一化、中心化、垄断化的局面，建立了平等、无区域化的媒介平台，为社交媒介与娱乐产业提供了无边界的发展机会。但是，互联网却是一把双刃剑，带来产业发展机会的同时也带来了舆论危机。舆论危机通过信息的传达影响意识形态与行为准则，严重干预了人们对世界观、人生观、价值观的判断，从而传达到社会信用体系建设与高度集聚化的城市未来。

从当前的舆论环境与社交媒介的发展情况来看，影响大众价值观与意识形态的主要有"噪声交易"与"沉默的螺旋"两种现象。一个是利益的操纵，一个是精神的操纵，人们从物质到精神都备受攻击。

噪声交易理论起源于金融市场。在有效市场假说中，证券价格与价值之间存在着一个偏差，这个偏差就是噪声。噪声交易者会制造信息，通过广泛发布干预大众决策的信息，促使价格偏离价值而套利。而那些投资者为了追求利润最大化，会忽视与基本面有关的信息，把注意力集中到那些与产品本身无关、但可能影响价格使之非理性变动的"噪音"（错误信息）上，这种行为会在短期内造成价格扭曲，也会影响市场的秩序，以致于引发"劣币驱逐良币"的现象。在互联网背景下，社交媒介汹涌澎湃，这为噪声交易提供了传播的渠道，为市场带来诸多的不确定性。比如一些搜索引擎，会利用大众的搜索偏好进行大数据分析，然后通过内容推送的形式为每一个用户推送"定制"的信息，而这个信息往往是利益集团的商业推广，通过新闻形式或权威的包装隐去了商业目的，潜移默化地干预大众的决策意识。这就给以次充好的商品或服务带来了机会，给具有价值的商品带来了不公平的竞争环境，给消费者带来了损失。

　　而"沉默的螺旋"既是大众传播理论，也是心理学理论。人生来就畏惧孤独，人们在表达自己想法和观点的时候，如果看到自己赞同的观点受到广泛欢迎，就会积极参与进来，这类观点就会越发大胆地发表和扩散；而发觉某一观点无人或很少有人理会（有时会有群起而攻之的遭遇）时，即使自己赞同它，也会保持沉默。此意见一方的沉默造成另一方意见的增势，如此循环往复，便形成一方的声音越来越强大，另一方越来越沉默的螺旋发展过程。该理论是基于这样一个假设：大多数人会力图避免由于单独持有某些态度和信念而产生的孤立。这个理论起源于伊丽莎白·诺尔·诺依曼的《民意——沉默螺旋的发现之旅》一书。其中有一段对狼的描写："对狼而言，其他狼的嚎叫声，会强烈引发自己开始嚎叫……狼群间几乎可以说是借此相互保持友善的状况。所有被压迫、被逐出狼群、被淘汰的狼是不加入嚎叫行为的。"伊丽莎白·诺尔·诺依曼认为，所谓个人意见的表达其实是一个社会心理的过程，并且以螺旋式扩散的传播方式来表明意见或沉默，而利用这一方式如能营造统一的意见环境即可影响和制约舆论。人类组织是由一个个具体的人构成的，城市是由人与组织集聚而形成的，无论是个体还是组织，其发展的过程便是传播的历程。在传播过程中个人或组织都会通过文字、声音、视频等符号来表达内心世界的各种诉求。但是在互联网的汪洋大海中，传播主体的价值表达很容易受到有"蓄谋"的因素制约或干预，从而形成"沉默的螺旋"效应，那些非正义的势力就会利用"集体"的力量代言某种价值趋势，绑架道德、法律与理性，从而瓦解社会信用体系，危害社会。

社交媒体平台具有低门槛的特性，用户只要借助一台接入网络的移动设备，就可以在网络上自由发声。这一特点反而会带来信息鸿沟，共识性舆论更难形成，主流意识形态的统一性建构面临挑战。再加上现在各大社交媒介及互联网平台为了争取流量，在信息审核上有意"手软"，内容的导向也偏向于满足感官刺激或功利主义，这就很容易造成内容传播与网络空间的过度娱乐化、碎片化、低俗化现象，从而降低公众对严肃问题、对主流声音的关注度，公共意识与社会信用面临弱化的趋势。城市中的人们感情越来越淡薄，每个人都以自我为中心，长此以往，便会形成"信息茧房"效应，加重社会不同人群间的心理区隔。因此，必须净化舆论环境，防范"噪声交易"或"沉默的螺旋"等现象的发生。从目前的技术来看，区块链对于净化舆论的效用价值最大，可以利用区块链技术的特点针对性治理。

首先，通过智能合约进行规范。这是对互联网"疾病"的自救模式，或者说自治模式。这种自治模式主要体现在约束与激励两个层面。智能合约是指只有参与信息构建的各方达成一致见解，信息才能合法流动。与传统意义上的合约不同，智能合约是由代码定义并强制执行的，自动完成且无法干预。再通过众多的副本保存方式来防范"数据篡改"，甄别信息的真假可以抵抗虚假共识等信息操纵情况。当前，世界各地均在积极筹建区块链共管体系来监管网络信息流转状态。在海量用户和大数据追溯参照下，区块链信息监管模式能在选择信息的过程中及时预测到"回音壁"效应产生的可能性，避免人们陷入信息"选择接触"的困境。群体成员在一种开放式的良好体验（高频度地行使信息使用权、知情权和所有权）中，积极参与信息推送与接收，全过程可以有效地平抑各种干扰。[1]另外，在激励层面上可以通过密码货币进行有偿内容奖励，鼓励有较高文化水平或专业的内容供应者在平台上分享话题及发布内容，从而创造一个优质的，有意义的内容平台。比如Synereo社交平台利用智能合约解决了传统社交媒体平台利益分配不均的问题，用户可以通过投票、发文等方式获得

---

1 王东、孙彬、徐春：《基于区块链的理念的群体观念极化智力模》，《中国新闻传播研究》，2018年第2期。

数字货币（AMP）激励，目前Synereo将全部AMP的近30％用于用户激励，AMP和美元之间的兑换关系为154∶1。通过建立一定的社交贡献评价机制，记录和评价用户在社交平台上给平台带来正面效应的种种行为，并将其转化为利益反馈给用户。[1]另外，通过编程规约制定互联网交互的全时段可控框架，对过分利益性操纵或极端化思想干预的内容进行分布式、细粒度的规约程序化控制。

其次，通过时间戳进行信息溯源。在"网络背书"的情况下，只靠单纯的道德教育，不能引导人们产生正确的网络行为，"道德批判"常常被网民泛化地运用到网络媒体中，导致网络暴力，危害社会。[2]公众在被蒙蔽的情况下，会被负面言论迷惑，产生某些过激反应或参与舆情公愤，泄愤式的言语谩骂、嘲弄戏谑、道德声讨等会对真实世界造成严重暴力伤害。[3]如造谣、诋毁、谩骂等网络暴力因为犯罪成本小而出现了肆无忌惮的蔓延。这种"伪正义"的道德批判，充分利用了"网络背书"的盲目性，看似惩恶扬善、除暴安良、充满侠义情结，但事实上显现出高度极端化色彩。

大规模网民"网络背书"的结果，就是未经证实的信息概念

1　参见知乎《基于区块链的内容社交平台，他们凭什么说比知乎更吸引人》[EB/OL].［2019.5.14］https://www.jianshu.com/p/a36e098899df。

2　徐俊、许燕：《网络低俗文化的伦理反思与消解》，《中州学刊》，2016年第8期。

3　陈楠涯：《以经验和批判学派的视角小议网络舆论能否代表主流民意》，《新闻传播》，2016年第7期。

得以强化和极端化，网民被极化观念误导，丧失科学理性。[1]"网络背书"也可能被敌对分子作为构建和巩固其歪理邪说的手段，也可能导致政治文化向机会主义倾斜，甚至导致整个网络中的主流意识形态被少数坏人"劫持"，难以充分发挥其承载民意的功能。[2]所以，必须通过时间戳进行信息溯源。区块链的特点是由无数个区块首尾相接组成，每个区块在生成时都会经过计算确定后盖上一个时间戳作为储存证明的关键参数，能够有效证实特定数据在特定时间内保存。因此就可以鉴别网络媒体或社交媒介信息的真实性和发布地。以往媒介平台发布的信息可以任意捏造，随意删除，因此难以举证，但是区块链技术的介入后可以让每一条信息的发布都有时间戳，并且可以记录每一次转发或操作的过程，并形成以时间为序列的数据链，通过分布式备份进行储存。如果信息造成不良后果还可以通过一键式溯源找到责任人。

另外区块链非对称密码技术可以保障个人隐私。当前，美国Uber公司将非对称隐私（differential privacy）技术应用在用户个人数据共享中，既能将Uber体系中用户行为数据提炼应用到公共治理和商业分析，又能防范用户家庭住址和出行习惯等敏感信息泄露所导致的个人风险。非对称技术是基于密码技术与信息技术的结合，通过密码交换协议帮助数据所有者在不交换原始数据的前提下证明自己的数据所有权，并共享分析结果。实现这种技术

1　夏情芳、原永涛:《从群体极化到公众极化：极化研究的进路与转向》,《新闻与传播研究》, 2017 年第 6 期。
2　袁启莉:《网络时代中国国家政治安全的冲突和平衡研究》,《职工法律天地》, 2018 年第 8 期。

的就是非对称加密，利用两个密码，即公钥与私钥进行加密与解密，如果用公钥对数据进行加密，那么只有私钥能够解密，所以保证了数据的安全，为构建信用体系提供了技术支撑。

市场经济因其遵循有效的资源配置、平等、自由、竞争等原则已被现代社会大众所接受，市场经济条件下城市凝聚力、影响力的不断增强，城市的良好形象塑造与维护不再仅仅取决于城市经济结构与产品质量的提高，城市交通与城市自然环境的优化更取决于城市信用环境的塑造。[1]一个健全的富有效率的城市社会信用体系内容应包括对每个经济主体完整的信用记录及开放的信用数据和发展的信用管理行业；完善的信用管理规范及失信惩罚机制；政府机关对于信用交易的监督与管理及其城市信用管理的研究与发展等。[2]由此可见，城市信用体系建设在城市运行中发挥着非常重要的作用，是经济活动与人类生活的基础。正如习近平总书记强调：要抓住区块链技术融合、功能拓展、产业细分的契机，发挥区块链在促进数据共享、优化业务流程、降低运营成本、提升协同效率、建设可信体系等方面的作用。

1　陆丝：《城市信用体系的建设对城市的形象与对外经济的影响》，《现代国企研究》，2015年第5期。

2　韩保权：《时刻加强职工素质教育、保持事业发展的蓬勃动力》，《商情》，2012年第8期。

第13章 经济增长动力与智慧城市红利

第一次工业革命以后，人口、资本、技术等要素的全球性流动不断加速。掌握了蒸汽机、航海技术的冒险家们急切地探索着从未涉足的土地，并大肆展开殖民与掠夺。与此同时，西方国家的社会阶层也产生了新的分化。城市资本家取代地主、庄园主等原始贵族，逐渐占据了舞台，社会财富的表现形式也从土地资源向工业生产资源转变。社会分工越来越细化，人们不再依赖单一的农业资源形成聚落，而是通过城市化集聚不断扩张生产规模。在利益的刺激下，全球城市化速度不断加快。2018年，世界上已经有55％的人口居住在城市中，预计到2050年，全球城市化率有望超过68％。世界城市人口迅速增长，从1950年的7.51亿增长到2018年的42亿。但是城市在迅猛发展的同时也饱受各种"城市病"的困扰。发展"智慧城市"，可以在一定程度上消除或缓解这些问题的困扰。当然，"智慧城市"带来的消费能力与创新动力也将释放出巨大的红利，必将引发一场全球性的产业革命，为新经济的发展奠定基础。

美国的焦虑与知识溢出效应

近年来，以美国为首的西方发达国家非常焦虑，甚至有些歇斯底里。以中美贸易战为例，1991年美国对中国15亿美元商品实行惩罚性征税，到了2018年上升到2000亿美元以上商品加征关税，并且形成"持久战"的趋势。这反映了美国遏制中国经济发展的意图，同时也反映了美国经济自身存在的缺陷与危机。这种缺陷就是古典经济增长理论在面对新经济发展过程中的迷茫现象，并由此产生的焦虑。令他们匪夷所思的是美国科学技术水平与人均可支配性收入远高于中国，为什么在新经济发展中，中国却释放出比美国更大的优势？本来答案并不复杂，中国的发展是经济转轨后体制改革、人口红利、消费规模、商业创新等因素相互作用的结果。但是美国反华势力却认为这一切都是中国人"抄袭"的结果，是知识产权保护不力的问题。美国错误地把"知识溢出效应"与"抄袭"混为一谈，显然，美国没有经历漫长而曲折的历史衍化过程，缺乏历史根基便失去了自我审视的能力与感恩的胸怀。人类之所以生生不息，那是因为在生存与发展过程中分享知识、共享技术。美国吸纳了英国第一次工业革命的成果而发展壮大，英国又吸纳了世界工业遗产而成就了工业革命，其中就包括了中国古代"四大发明"的贡献。如果按美国的逻辑，全球只要使用指南针、火药制品等就必须向中国缴纳专利费，显然他们并不会认可。因此可以说，美国的焦虑在某种意义上是无知与狭隘的表现。

美国技术在某些方面确实代表了世界最高水平，但是在新经济的初始阶段反而不如中国，这是有深层次原因的。因为经济对消费行为、技术应用转化、制度支持、资本投入等都提出了新的要求，这给西方民粹制度带来了挑战，却给中国带来了效率优先的机会。因此，在新经济背景下，知识溢出效应与制度优势让中国抢占了头筹。

知识改变了人们对生产工具的认知，改变了人们使用生产工具的形式，从而提高了人们劳动技能。另一方面，知识让生产工具发挥了多重属性，既是生产工具，也是消费工具，它在改变人们消费行为的同时，缩小供需市场代沟，促进了经济增长。纵观近年来中国所取得的经济成就，一方面是践行凯恩斯经济学的成果，另一方是人口红利带来的劳动与消费市场的贡献。当然，大家还忽略了一个重要的条件，那就是知识溢出效应为中国经济的转型与可持续发展发挥了决定性的作用。

何谓知识溢出效应？在展开讨论之前，先举一个例子，农村年迈的父亲自从学会接电话以后，对聊天产生了极大的兴趣。在兴趣的驱动下，老父亲又主动学会了使用智能手机，利用智能手机与朋友、子女聊天，实现自己倾诉的欲望。因此这就已经产生了知识溢出效应，老父亲学会用智能手机是通过外来知识的影响而改变的。在这个过程中，老父亲学会了收发红包、网上购物等行为，无意中为移动通信、淘宝购物、微信平台等延伸产业做出了贡献，甚至激发了手机制造商去开发一款老年智能手机，形成一个新的产业形态，这便是知识再造价值。像这种知识溢出、知识再造的现象在中国遍地皆是，有人把它称为"微创新"，也有人把它称为"黑科技"。虽然不一定追求高质量的创新，但是贴近市场需求就能推动经济发展，只是西方国家对此并不敏感罢了。

概而言之，知识溢出效应是指人类利用自己的知识与经验进行交易或交流，在交易与交流过程中输出并传播知识、技术，给个人或部门的决策带来影响的效应。知识溢出效应通常以两种形式出现，一种是在知识传播作用下对个体与组织带来决策性的影响；另一种是通过不同的溢出形式让个体或组织找到新的灵感，激发创新进而再造新产品、新物种的欲望。在知识溢出过程中会产生"蝴蝶效应"，让利益相关者产生模仿、追随、学习、竞争、激励等反应，从而改变整个业态。

保罗·罗默是最早提出知识溢出理论的人之一，他认为知识是追逐利润的厂商进行投资决策的产物，知识不同于普通商品之处是知识有溢出效应。知识是一种特殊的生产要素，之所以特殊是因为它有"两扇门"，一扇门槛很高，一扇门槛很低。门槛高是因为对创新人才有较高的要求，门槛很低是因为具有低成本复制机会。这种低门槛的复制机会，让中国经济摆脱了对资源的过度依赖，在新经济发展中焕发了新动能。

回到前面的话题，以美国为首的西方发达国家为什么对中国如此提防？那是因为大家对知识溢出的认知不同。在美国人眼里，所有的知识溢出都必须接受道德的谴责与法律的制裁，否则无法保证利益集团的绝对垄断优势与帝国的霸权优势。而对于发展中国家，尤其是社会主义国家而言，极力摆脱霸权国家束缚与威胁是国家独立与尊严的基础，在知识方面体现为知识共享是人道主义的价值形态，是经济发展与社会进步的驱动力，所以在价值认同上两者就产生了偏差。由于中国对知识溢出的转化能力较强，美国就直接将其定性为知识与技术的窃取。由于在法律上找不到支撑，美国就变相发动了贸易战，逼迫中国放弃知识转化与产品输出的战略。美国对知识溢出的霸权控制也从2018年全面展开，在技术、人才、产品三个领域对中国进行打压，以防止知识溢出对中国的促进作用（如图13-1所示）。

一是对技术溢出的堵截。从20世纪90年代开始，大型外资企业受政策红利的影响纷纷进入中国，推动中国经济增长的同时也促进了中国技术的进步。当然，与技术同步的还有先进的管理理念。根据资料显示，外资进入中国有70%投向第二产业，30%左右投向第三产业，对中国制造业影响巨大。在制造业领域，尤其是德国、美国、日本等制造企业进入中国后，对中国制造技术

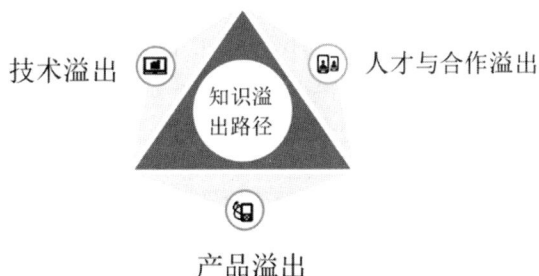

图13-1 知识溢出路径分析

水平有显著的提高。境外企业进入中国一般只带来技术与资金，劳动力基本上是属地化招聘。经过培训后的技术工人掌握了国外先进技能，技术溢出便因此形成。当这些技术工人跳槽，并在不同企业流动的时候，就会把先进的技术有效扩散，形成知识溢出效应。国内企业迫于竞争压力，往往会在溢出技术上进行改良或创新，从而提高生产率与竞争力。美国政府认为技术溢出对中国制造业的促进加大了中美贸易战的中方筹码，因此在未来的国际竞争中美国会加大对华投资的限制，尤其将重点监管技术型企业的对华投资与合作。可见，那些美国人引以为豪的民主与人权，在国家利益面前一样可以践踏。

二是对人才与合作溢出的管控。中国的崛起无疑要"感谢"西方发达国家的教育，国外高校为中国培养了众多人才。根据中国教育部数据，仅2018年，中国出国留学的人数就高达66.21多万，增长率为8.83%。其中，中国赴美留学人数超过36万人，创下历史新高。人是经济活动的主体，是知识和技术的创造者和应用者，每年大量的归国留学生为知识溢出带来了机会。这种溢出具有传导性与复制性。留学生在留学期间吸收了美国先进的知识与技术，当留学生把学到的知识与技术带到国内后，就会通过传播产生"裂变"效应，从而服务到各个行业。如今，中国GDP已经达到美国的60%，位居全球第二，毫无疑问已成为美国最具竞争力的对手。美国的大门从此就不会随意向中国人敞开了。有人对这个观点或许并不认可，认为从1904年庚子赔款开始，美国就一直鼓励并帮助中国人赴美留学，之后并不会因为政治原因关上这扇大门。实际上，美国的"大爱"是有条件的。美国虽然没有"孔子学院"，但美国有"民主学院"，所谓的"民主学院"就是让赴美留学的年轻人接受美国的价值观念，从而质疑自己国家制度，便于美国对全球的控制与干预。伊利诺伊大学校长爱德蒙·詹姆士在写给罗斯福总统的备忘录中说过一段让人深思的话："哪一个国家能够做到教育这一代中国青年人，哪一个国家就能由于这方面所支付的努力，而在精神和商业上的影响取回最大的收获。商业追随精神上的支配，比追随军旗更为可靠。"美国主流社会认为，向其他国家输出自己的价值观远比金钱更重要，而当中国成为强有力的竞争对手时，主流思想在焦虑的情绪下改变了策略，对中国赴美留学的学生加以限制。事实上，从2015年开始，美国对中国留学生或科研机构的管控已经越来越严格，许多涉及核心技术的交流会议美国常常以政府名义对中国专家拒签。而中国学生也越来越难申请到美国大学的核心专业，美国政治对学术的干预越来越普遍。

三是产品溢出限制。2018年，美国制造了中美建交以来最为紧张的双边合作关系。为了限制美国的知识溢出，美国通过了《国防授权法案》《外国投资风险评估现代化法案》《出口管制改革法案》，这种三位一体的法律主要是限制出口和对美投资，重新明确了要保护的对象是"重要技术、产业基础、敏感性个人信息"。美国外国投资委员会列举了飞机、计算机、半导体、生物等27个行业，涉及这些领域的对美投资需要接受事前审查。美国严防死守，试图限制技术、知识向中国溢出。此外，美国还干预其他国家对中国出售高科技产品，尤其是军工产品。比如对以色列施加压力，阻挠以色列向中国出售预警机，威胁乌克兰禁止对华出口高性能发动机。美国认为中国购买并使用供应商的产品后，会通过逆向工程深度剖析，从而进行模仿、改进、创新，直到自己的生产能力与技术超过供应商的技术。

虽然知识溢出效应给中国经济带来持续性发展，造就了无数暴富的商人，演绎了繁荣的交易市场，但是不要忘了低质量的模仿或改造并不具备持久性，反而容易被短暂的表象误导掉入"中等收入陷阱"。中国人口红利带来的劳动成本优势正逐渐消失，再加上长期以来对知识溢出的路径过于依赖，创新经济便失去了动力，从而形成恶性循环。当然，这只是一种警告。如果中国在新经济发展背景下，一方面继续发挥知识溢出效应对产业的推动，另一方面也加大知识产权制度的激励与保护，那么依然可以激发创新红利，实现经济的持续增长。

中国制度对经济的促进作用

与西方发达国家相比，中国市场经济制度无论是在企业创新环境还是在企业市场保护领域都存在较多缺陷。但是，中国也有制度的优越性，这种优越性对于一个发展中国家来说，具有强大的溢出效应。在众多的制度优势中，中国城市化发展与集权化制度最能发挥价值。

亚当·斯密认为要发挥自由市场的作用，政府要管好有形之手，扮演好"守夜人"角色，让市场的无形之手得以充分发挥。但是一百多年后凯恩斯又推翻了亚当·斯密的观点，认为政府这只有形之手必须干预市场，否则过度投机的自由市场就会出现寡头垄断，出现经济结构失衡、停滞性通货膨胀等现象。无论是亚当·斯密理论还是凯恩斯理论，都成就了一个时代的辉煌。但是，既然是"时代的辉煌"就意味着两种理论都有时效性的缺陷。中国现有的经济制度兼具政府的有形之手与市场无形之手两股力量，在城市化进程中发挥着积极作用。

由此可见，中国集权化政府与开放性市场并不矛盾，尤其对于发展中国家来说利大于弊。因为集权政府能够充分调动国家资源，维护经济发展所需要的稳定环境。集权化制度对经济增长的作用主要体现在两个方面。

首先是优化资源配置，提高了资源的使用效率。在西方发达国家，国家产权概念是被弱化的，国家形式的财政权利更多是在保障性支出领域，往往导致过分民粹主义。对于经济生产主体来说，几乎所有的生产资源都是有偿使用的，这给初创型企业的发展带来了门槛。以5G通信建设为例，截至2018年的数据显示，中国拥有的5G通信基站是美国的10倍之多，从2015年开始，在基站建设投资方面中国比美国多出了240亿美元，已建成新的无线基站35万个，而美国目前新建5G基站不足3万个。作为国有控股的中国铁塔股份公司仅在2017年的3个月新增的基站数就超过美国过去3年的总和。实现5G技术的最大条件就是基站建设，而基站建设需要制度保障与人口红利的释放，这一点是美国无法比拟的。例如，美国土地产权归个人所有，基站建设需要土地做支撑，如果产权方不同意出售土地，建设基站就必须另外选址，这对于成千上万个基站建设来说无疑是致命的束缚。而在中国，个体只拥有土地使用权，土地资源能充分为国家发展提供支持。当然，土地资源只是其中一个资源要素，在集权化的国家机器概念中可以调动一切可利用的资源，从而让资源效率实现放大的作用。

其次是促进分享机制的形成。集权制度可以作为一种对资源的配置规则而存在。虽然存在诸多的弊端与争议，但其通过对资源的整合利用、强制性配置对经济增长效率起到关键作用，为国家长远利益的实现奠定基础，这是技术、资本、人力资源所不能替代的。在西方发达国家，尽管在社会保障与社会福利上要优于中国，但是在资源配套与公共建设方面却不如中国。例如，中国城市公共区域的无线网络基本上是向市民免费开放的，而在美国基本都是收费的，并且上网速度不如中国；中国平台经济基本上是依托电信、移动等网络实现交易，由于电信与移动是国家投资的，因此企业可以享受低廉的成本。此外，大数据分享、能源利益分享、城市建设资源分享等都向企业倾斜，这些稀缺资源的分享为中国经济增长提供了支持。然而，这种分享机制并非自发形成，而是需要国家的干预与投入。当一个社会形成分享机制的时候就会产生邻近效应，在同一区域内的人或组织可以共享公共设施与公共服务，共享劳动力资本与经济收益，进而不断产生更大的效益。

作为发展中国家来说，中国制度具有独特的优越性，即全能型政府可以在社会、经济、文化等各个领域进行引导与管控，避免不可逆转的危机与无谓的资源损耗。这可与一个企业的发展轨迹相比拟，一般来说，初创型的企业是野蛮成长，活下去是硬道理；发展型的企业是能人经济与集权制度；大型企业是制度化管理下的职业经理人制度。集权型组织在效率与统筹方面能发挥最佳优势；分权型组织在抗风险能力上能发挥最佳优势。中国当前处于发展型阶段，与西方发达国家相比还有一定距离，所以集权化制度与自由市场相结合的模式更能促进经济发展，保障稳定社会。不同的阶段采用不同的制度，这就是人类发展的经验和真理。

在西方发达国家眼里，中国是不按"套路"出招的。但实际上中国几千年以来一直是"套路"的继承者与开创者。一部《易经》就涵盖了所有的"套路"，易经中的每一卦代表一个身份或事物，每一爻代表一个阶段或处境，什么身份做什么事情，什么阶段采用什么方法，这就是中国的"套路"。当前，中国的"套路"就是对制度优越性与知识溢出效应的积极、灵活应用。归根结底，西方发达国家与中国的隔阂是基于国情与文化认知的分歧，对中国经济发展感到意外与焦虑属于情理之中。

城市化发展对经济增长的推动

20世纪70年代以来，中国在短短40年中实现了60%的城市化率，从传统的"农村包围城市"向"城市拥抱农村"转变。城市化的发展刺激了经济需求的增长，其中包含了城市化建设所具备的所有物资与服务供应。另外，城市化的最大特点是知识高度集中，在知识的推动下，不断提高的需求倒逼产品升级，进而实现产业结构优化。城市成为区域的一个孵化中心。每座城市的经济增长中心都是一个孵化中心，集聚使城市经济体不断延伸，从而形成乘数效应，带动周边经济体继续增长。城市化带来的红利对经济增长的作用主要表现在三个方面。

一是劳动力转移。在城市化进程中，中国大量农村劳动力向城市转移，一方面释放了农村剩余劳动力压力，另一方面为城市化建设提供了充裕的人力资源，为中国从"消费大国"向"生产大国"转变创造了条件，也为后来的"智慧城市"发展奠定了基础。为什么美国会忌惮华为公司？因为华为拥有世界上最强大的5G技术，在万物互联的时代，5G技术某种意义上已经上升为国家战略。美国不是没有科技实力，也不是没有资金实力，而是没有制度优势。5G发展离不开基站建设，基站建设需要廉价且密集的劳动力支持，这对于早在一百年前就实现了高度城市化的美国来说是难以逾越的屏障，因为美国农村劳动力向工业转移的条件已经不具备，在短时间内无法组织密集的劳动力去建设基站。华为投入数十亿拿下74国的基站建设，业务覆盖192个国家，比日韩两国之和还多，规模世界第一。目前，从亚洲到欧洲，从南美洲到北美洲，华为已经签署了30个5G商用合同，5G基站全球发货超过2.5万个。强大的华为背后是18万员工的支持与努力，这些员工遍布世界各国，从都市到乡村，到处都有默默耕耘的中国人。

二是扩大需求市场。中国农村人口向城市转移，对需求市场的扩张具有决定性作用。从生活消费到知识消费，中国的经济市场就像一块巨大的海绵，在长期的干涸中得以复苏，疯狂地吸收着各种养分，无论是令人眼花缭乱的保健品还是高科技的数字产品，在中国都拥有庞大的消费市场。中国人因为长期以来的贫穷与落后，被禁锢的求知欲与购买欲空前爆发，任何一个创新都能激起一片市场的浪花。这种现象在西方学者的论述中多有表述，他们认为中国现阶段的创新和发展类似美国第二次工业革命时期，新技术、新产品和各种创新层出不穷。

如今，人们对城市的定义发生了一些改变，认为城市不仅要有人口的集聚，而且应不断满足生产方式的更迭和美好生活的期待。"智慧城市"的概念应运而生。"智慧城市"是运用物联网、云计算、大数据、空间地理信息集成等新一代信息技术，促进城市规划、建设、管理和服务智慧化的新理念和新模式。在城市化发展的中期，"智慧城市"概念的出现无疑是重大利好，这相当于"二次城市化建设"，必将放大经济的发展空间。建设"智慧城市"，对加快工业化、信息化、城镇化、农业现代化融合，提升城市可持续发展能力具有重要意义。换而言之，"智慧城市"的建设将再次唤醒中国经济的潜在动力，扩大需求市场，推动产业发展。据统计，城市化率每提升1%，将产生约7万亿元的市场需求。中国城市化率如果达到发达国家的水平，由此产生的市场需求将超过200万亿元。如果按"智慧城市"的标准，那么未来所带动的市场需求将得以无限放大。

三是激发了创新动力。城市化发展对创新的影响主要来自以下两个维度。一方面是城市集聚效应带来的消费升级。城市是多元文化的融合，不同的文化带来的消费市场是丰富多彩的。因此，消费升级在产品转化中变得更有想象空间，从而激发了升级的速度与广度。在消费升级的影响下，不断演化的竞争市场无疑会激发企业的创新动力与消费市场的购买活力。例如，传统的手机是用来打电话的，后来基于城市白领对电脑的需要，触发了移动互联网的诞生，手机就被赋予了移动电脑的属性。随着3G、4G的诞生，手机成为娱乐、消费、交流等活动的主要载体，成为万亿级经济交易的工具。在万物互联的需求与经济增长利益的刺激下，5G时代应运而生，随之而来的是手机移动电脑的属性又会发生改变，将变成移动机器人的概念。技术进步与产品创新都基于消费市场的升级，而消费市场便是城市化发展的产物。

另一方面是城市溢出效应带来的创新机会。城市溢出效应是来自城市规模化带来的细分市场与细分专业。没有规模就没有细分，更谈不上成本优势。早在1909年，德国学者韦伯就提出了集聚经济理论。他认为，集聚是工业企业生产力的空间集中分布，可以促使企业降低成本，从而形成集聚经济。韦伯的集聚经济理论的本质是一种规模经济，因为集聚让企业拥有更多机会，一边是市场机会，可以通过市场细分寻找有效顾客；另一边是生产机会，在城市的集聚作用下，企业获得专业化分工带来的优质生产条件。这种集聚越庞大，企业机会就越多，所接触到的知识溢出、技术溢出的可能性就越大，创新机会也就越多。

美国经济学家斯科特从交易成本的角度阐述了城市化发展对经济增长的作用，认为企业在生产过程中由于空间上的纵向分割增加交易成本，所以企业应该通过空间的集聚减少交易费用。斯科特以生产的交易成本赋予空间含义，肯定了城市化发展对经济增长的作用。另外在生产效率、人口规模、教育水平、资本设备的相互作用下，经济增长的动力便形成了可持续性的释放。

智慧城市与智慧经济的未来

"智慧城市"是依托大数据发展与科技进步的产物，是"数字城市"的升级版。中国成为"智慧经济""数字经济"的消费大国，也似乎成为世界新经济的领跑者，而这一切都源于国家的"让利"与百姓的"给力"。国家把卫星通信、超级计算机、金融支付平台、知识产权等向企业开放，让企业做大做强实现盈利。比如平台经济、社交软件与网络游戏的崛起离不开移动互联网，而移动互联网离不开移动、电信网络，如果民营企业要自己解决网络覆盖，估计再过20年也未必能成功，且不说投入巨大资金，就是几十万个基站的建设与卫星覆盖就无法实现，这也就是美国5G无法超越中国的原因。可以说，是国家让利成就了中国的互联网企业。另一方面，从2008年开始，中国网民数量就超过美国，成为全球第一大互联网使用国，更为难得的是中国网民热衷于网络消费，对网络消费的依赖甚至使其忽略了产品本身的问题。

然而，在互联网经济里沉寂已久的美国突然在2010年高调复出。首先是IBM公司提出发展"智慧城市"的理念，声称已经充分把握了"感知化、互联化、智能化"的科技发展趋势。此言一出，似乎一夜之间把中国的互联网企业甩出了十八条街。数字城市、数字经济、平台经济等积累的优越感在智慧城市、智慧经济面前突然变得过时而可笑。当中国互联网行业在利用工具赚取信息不对称与垄断带来的利润时，美国已经实现了工具创新，免费嵌入传统行业，实现产业升级带来的共享利润，他们把这个过程称为产业数字化。比如IBM把感应器植入交通、建筑、能源、制造等领域，实现物体之间的关联，思想与工具的互动，生活与科技的融合，让物质与智慧通过计算机与网络管理生产、生活，改善人与社会的关系，提高资源利用率与生产效率。

如果这种表述是模糊的，那么举一个例子就更清晰了。以建筑行业的BIM（Building Information Modeling）技术为例。传统对建筑工程的管理是通过招标给一家有实力的建筑公司，这家公司被称为总包方，由总包方根据项目的工程节点计划拆分给多家施工单位分包，多家施工单位又根据工程类别进行第三次分包，甚至是第四次分包，给工程的进度、质量、成本管控带来了挑战。因为这种管理模式的成败完全取决于项目经理的管理经验与能力，存在较大的不可预见风险。BIM技术推出后，可以改变这一现状。BIM技术把建筑意图与管理者的思想、投资者的目标相整合，在建筑规划设计阶段就植入项目中，通过数据化、信息化的整合，在项目施工和管理、维护等方面同步进行传递，能有效地统筹工程节点计划，提高生产效率、节约成本。BIM技术把人类的管理智慧与智能传感器、信息技术、工业技术、施工技术整合在一起，实现真正的智慧管理。如今，IBM公司用同样的方法已经解决了智慧能源、智慧交通、智慧医疗、智慧零售、资源政务等领域的工作，为"智慧城市"添砖加瓦的同时也实现了公司智慧经济收益。

同样，Google也宣布进入智慧产业，除了拥有全球广泛使用的安卓系统，还拥有打败人类大脑的机器人、机器狗。Google的产业几乎涵盖新经济的全部产业，从无人驾驶汽车、量子计算机到生物工程、高空气球基站、海底光纤等。Google早已不是当年的搜索引擎公司，更不是一家广告公司，而是一家智慧产业公司。

"智慧城市"整合了三次工业革命的成果，把大数据、云计算、传感网、物联网、工业技术与城市人口、经济、社会、文化、建设等系统连接起来，实现高度集成、智慧分配的城市管理网络化与感知系统化。以此提高经济运营效率，改变居民生活方式，优化资源，刺激消费。"智慧城市"与"数字城市"的最大区别是，不仅拥有采集、监测、统计与分析的城市技术系统，还拥有城市管理系统与城市精神系统，从物质到意识形态形成以智慧经济、智慧管理、智慧环境、智慧生活为主的板块，构成"智慧城市"。

自从IBM提出"智慧城市"的发展计划后，世界为之震惊。

多数国家已经不再强调以互联网为依托的平台经济，而是更倾向发展"智慧城市"所带来的智慧经济，其中，就包括中国。2012年，中国启动了国家"智慧城市"试点工作，并把"智慧城市"定义为"运用物联网、云计算、大数据、空间地理信息集成等新一代信息技术，促进城市规划、建设、管理和服务智慧化的新理念和新模式"。2014年，国家发展改革委等八部委联合印发《关于促进"智慧城市"健康发展的指导意见》，提出到2020年，建成一批特色鲜明的"智慧城市"。数据显示，截至2018年上半年，中国95%的副省级城市、83%的地级城市，总计超过500个城市均在规划或正在建设"智慧城市"。从信息城市到"数字城市"，再从"数字城市"到"智慧城市"，中国已经将"智慧城市"写入国家战略，并投入大量资金。前瞻产业研究院发布的《智慧城市建设行业发展趋势与投资决策支持报告》统计数据显示，中国"智慧城市"规划投资达到3万亿元，建设投资已达到6000亿元。

从全球的角度来看，到2050年，世界城市人口将会达到总人数的70%左右，随着城市人口日益增多，城市所表现出来的问题也会越来越多，后城市化时代的"城市病"现象将会全面爆发，社会治安、交通秩序、医疗配给、环保健康等问题必须依赖于"智慧城市"的解决方案。由此可见，"智慧城市"不仅为人类未来提升生活品质，为政府提高管理效能，而且还为新经济发展提供巨大的市场与创新动力。

"智慧城市"，是人类的未来。

技术、需求、成本作用下的红利

　　"后城市化"的经济发展与传统经济发展有着较大的区别。传统经济发展一般是依托城市资源集聚形成有效的供需关系。到了后来"土地经济"兴起，传统经济演变成以建设推动的发展模式，以人口规模拉动服务产业发展。但是，随着新经济的来临，城市经济的逻辑再一次发生改变，城市经济发展不再依赖单一的传统资源优势，而更倾向技术红利。

　　技术、需求、成本，三者构成了城市经济的发展逻辑。技术因需求而创新，需求因技术而增长，在各种成本的优势下，技术与需求相互促进，形成可持续的循环发展模式（如图13-2所示）。

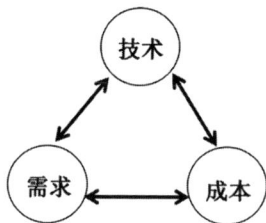

图13-2　技术、需求、成本相互作用

　　技术，是"智慧城市"的核心驱动力。城市之所以被称为"智慧"是因为具备人工智能的特点。之所以把"智慧城市"认定为"数字城市"的升级版，是因为"数字城市"具备"智"的功能。然而"智"是可以通过计算机、大数据与概率论转换的，这也只能称为工具的革命，不具备人类思想、情感的特征。如果加上"慧"意义就完全不一样，具备了思想与觉悟的含义。用佛教的观点解释是，明白一切事相叫作智；了解一切事理叫作慧。《大乘义章九》曰："照见名智，解了称慧，此二各别。知世谛者，名之为智，照第一义者，说以为慧，通则义齐。"

1.技术

当前，人口规模化集聚与社会形态分化所带来的治理危机越来越严峻，对传统社会组织的管理与公共服务提出了挑战。人类无法凭借经验去解决庞大且复杂的组织群体需求，只有借助智能化工具去对现有问题进行干预，对未知问题进行分析、预判。例如，在医疗、教育等社会保障领域，信息不对称导致服务效率低下、质量不高，而智能化技术可以实现双向互动，在服务者与被服务者之间建立沟通、指导机制，有效降低时间成本，提升服务者的专业技能。技术智能化建立以后，对大数据的应用与行业的交流能提高服务的科学性与精准度。在社会管理领域，通过电信网、广播电视网、计算机互联网的"三网融合"，实现全民"平台化"。市民可以在虚拟空间里完成咨询、审批、缴费、办证等工作，大大节约了时间成本。在需求的推动下，多种技术进行交叉融合，形成不断延伸的产业模式。例如，智慧社区、智慧物流、智慧交通、智慧环保、智慧家居、智慧教育、智慧金融等，每一个产业都会推动不同应用技术的进步，进而带动了多项产业的发展。这个逻辑就像裂变效应一样，不断分裂、重组、循环、升级（如图13-3所示）。

技术与需求的关系本质意义是产品与市场的关系，产品刺激

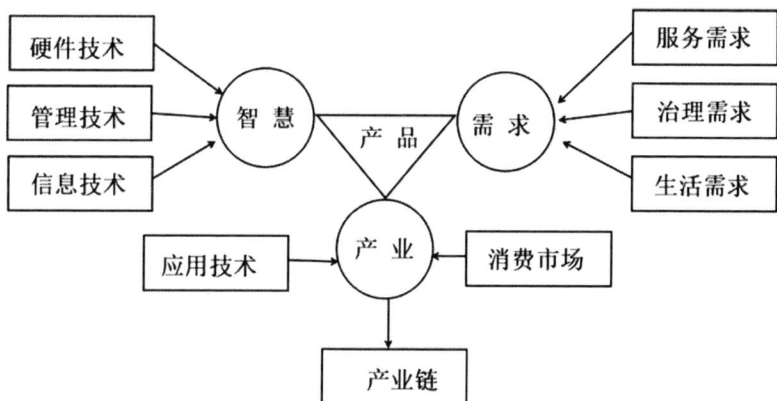

图 13-3 技术与需求的关系

需求上升，需求促进产品创新，两者相互作用，突破传统的供需关系。在"智慧城市"的背景下，所有产品都围绕"智慧"而依存。而智慧的本身是抽象的，如果用具象化来解释，支持智慧产业发展的技术主要来自三个领域。

一是硬件技术，没有硬件技术所有的智慧产业都是一场"骗局"。硬件技术是物质的主体，更是智慧产业的载体，是经济转化的产品与工具。支撑硬件技术的因子不计其数，比如智能传感器、高性能机器、大型计算机、3D打印、石墨烯材料等，这些硬件技术为智慧产业提供了技术支撑。

二是管理技术，管理技术是人类把大脑思维与经验通过数据化植入到应用平台，通过计算机实现智能化控制，在一定程度上代替人类的主观意识。比如智能化家居，可以根据主人的生活习惯与作息习惯形成数据化模型，然后通过计算机控制来替代人工服务。

三是信息化技术，信息化技术是虚拟平台与虚拟工具的组合，实现空间的转化，解决时间效率与空间壁垒。比如互联网背景下的电商平台、管理信息化平台、数据分析平台、信息传播平台等。硬件技术、管理技术、信息技术三者之间构建了一个关乎人类未来的智能体系。经济、社会、文化、制度等都将在这个体系中存续，相互发挥作用。如经济促进了社会繁荣，繁荣促进了文化进步，制度又保障了经济、社会及文化的公平、合理发展。当然，这一切都不能偏离智慧技术的三大要素，否则就失去了智慧产业的真正意义，适得其反。

2.需求

智慧产业的市场需求主要来自服务需求、治理需求与生活需求。三个需求市场构建了智慧产业的发展，也构建了"智慧城市"的基础。

首先从服务需求来看，当前的智慧政务、智慧交通、智慧社区、智慧消费等领域都释放了巨大的消费市场。每一个领域所带来的产业配套少则几十项，多则数百项。比如智慧消费领域，基本颠覆了以仓储、物流、渠道为核心的陈列型经营模式，而更多是满足消费者需求的有效供应模式，极大地发挥了"长尾理论"的市场价值。智慧消费作为一个产业主体，也带动了数十项配套产业发展，如智能化机械设备、智能化金融、智能化物流与精准化产品等。

其次是治理需求，随着城市化率的不断上升，人口的集聚带来的社会治理问题备受关注，通过智能化手段实现社会安全、稳定管理是必要的选择。当前社会治理的智能化产业涵盖安防、抗灾、防暴、环保、维稳等领域，涉及产业链数百项，经济产值规模达上万亿。以海康威视为例，2018年公司营业额超过400亿，主要产品是安防设备。海康威视智能摄像机、光端机、BSV液晶拼接屏、网络存储等安防产品的主要用户是公共服务部门，如公安、电讯、交通、司法、教育、电力、水利、军队等。治理需求是随着城市化的发展长期存在的，其产业也根据实际需求不断升级、更新。

第三是生活需求。智能化给生活带来便利已经是不争的事实，人们已经从传统的消费形态向智能化消费迈进。传统的消费智能化主要是基于平台经济带来的信息与效率，而如今的智能化生活却反映在人类活动的各个领域。以一个上班族生活轨迹为例，从办公室门口出来，智能化生活就无处不在，智能化停车系统、智能化交通工具、智能化社区、智能化家居等。从办公室到住宅基本可以全程参与智能化体验。未来居民生活最大的消费也许会在智能化家居领域，从进家门那一刻开始，就能享受到智能化带来的便利，如智能化厨房、智能化衣柜、智能化卫浴等。甚至连建筑本身也向智能化演变，如今的智能化新风系统、智能化窗帘、智能化温控等都在改变居住环境。据统计，截至2018年，中国智能家居年市场规模已经超过1500亿元，在未来的几年内将迎来爆发性增长，市场规模将超过万亿。

3.成本

那么，究竟是技术在推动消费市场，还是消费在促进技术创新呢？答案就像先有鸡还是先有蛋，实际上技术与消费是相辅相成，没有先后之分。因为物质匮乏的时代已经过去，消费市场趋于理性。居民的消费决策在"智慧城市"的背景下已经发生了改变，既要便捷、优质的服务，也要实惠、放心的产品。无论是服务，还是产品，本质上还是成本问题。比如便捷、优质的服务可以节省时间成本；实惠、放心的产品可以节省消费成本。

"智慧城市"的基本特征就是降低成本，促进效率，"智慧城市"的红利应该是属于全民共享，而不是寡头垄断。中国人对新经济怀有深切的拥护与热爱。在城市化发展中，中国的"新市民"释放了巨大的消费潜力。比如，对APP平台的应用，对OA智能办公系统的应用等，中国市民的接受程度与适应能力远远高于国外。智能产业可以轻而易举地改变中国消费者的行为模式，这大大地刺激了智慧产业的研发与投入，促进了"智慧城市"的发展与更新。

对于需求市场来说，"智慧城市"带来的成本优势主要体现在效率成本与消费成本两个层面。从效率成本来说，便捷、优质的服务大大降低消费者的时间成本，让消费者把更多的时间转移到学习与生产过程中，促进产业的有机循环。当前，中国制造业面临人口老年化与生产效率低下的双重危机。人口老年化可以通过自动化生产来平衡，但是生产效率是受技能与时间制约的，只有把人的时间充分释放出来才能有效地提高生产力，才能为学习、研究、创新争取更多时间。从消费成本来讲，智慧产业因效率的作用而降低成本。对于消费者来说，分享科技带来的红利意味着分享自己为社会付出的劳动成果。城市的发展是社会分工的产物，全民共享"智慧城市"带来的红利，实质上是文明社会分配机制的表现。

智慧城市促进产业经济的发展[1]

"智慧城市"拥有一个庞大的产业结构，代表了各个行业的领先技术与服务水平，涵盖政务、经济、文化、农业、健康、环境等各领域的服务与产业。从第一产业农畜牧到第二产业的制造业，再到第三产业的服务业，都是"智慧城市"的重要构成部分。

"智慧城市"离不开经济的支持，经济离不开产业的支撑。"智慧城市"的最大优势是纠正了产业结构失衡，重组了健康蓬勃的城市经济体系。例如从早上的第一杯牛奶开始，现代农业的产业流程便形成一张不可篡改的图谱。从可追溯性的奶源基地到科学饲养管理，从现代物流到便捷的终端销售，都与"智慧城市"产业相关。"智慧城市"倒逼智慧产业不断创新发展，最后促进城市经济增长。"智慧城市"就像一篇散文，无论结构有多么庞大，内容有多么复杂，但"形散而神不散"，因此对产业的要求必须符合健康、高效、稳定、创新的可持续性特征。

---

1 郑荣华:《"智慧城市"促进产业经济发展》,《中华工商时报》, 2019年4月11日。

"智慧城市"引导下的产业发展具有物联网、LTE为基础的信息化功能，集合新材料、新制造、新技术等特点，孵化出社会各领域的产品与服务。"智慧城市"推动下的经济是一个相互依存度较高的产业链，从培育、生产、销售、应用、服务等各环节都能实现监控与互动。由于生产率与生产质量的提高，释放了消费市场，进而又促进了第三产业的蓬勃发展。排除寡头为了利益恶意操纵数据与市场，在大数据应用下的城市消费在理论上能实现供需结构平衡。"智慧城市"通过各项数据的运算处理，可以评估出城市的承载能力与产业需求空间，使得产业发展与城市承载实现科学的均衡。

在资源共享、供需互利的环境下，"智慧城市"对产业经济的影响主要体现在两个维度上。

一是对传统产业的提升改造。"智慧城市"由于高标准的要求，对传统产业的接入有较高的门槛，倒逼传统产业为了生存而进行改造。中国企业的变革从来都是被动型的，这与传统文化有关。中国企业从粗放式加工向智能化转型绕不开信息技术、数字技术与生产技术等门槛。在传统市场环境下，企业受沉没成本影响，变革与创新动力都是不足的。但是"智慧城市"出现以后，无论是对产品需求还是消费模式都发生了改变，导致了企业盈利两极分化，一种是低成本、大流量的企业能借助"长尾理论"实现盈利；另一种是高技术、高收益的企业借助创新能力实现利润。也就是说，"智慧城市"让"穷人"与"富人"都能赚到钱，而唯独不让"懒人"赚钱。如此一来，那些对传统路径严重依赖与低端复制的企业将会被淘汰。在智慧经济的刺激下，传统企业的经营理念、管理制度、发展模式、组织行为、产品定位、创新机制都会发生改变，促使传统企业抛弃短期利益而追求长远利益与优势。传统企业在转型升级中会依据"智慧城市"的消费特点进行升级与换代。首先是利用信息技术对传统产业的组织管理进行变革，以节约成本提高效率为目的。在组织管理变革中管理层级越来越扁平化，产品的流通速度越来越快，资金的使用周转率越来越高，从而为企业的发展减少成本，创造利润。其次是利用新兴技术对传统生产设备进行技术改造，提高生产效率与产品质量。"智慧城市"对应的是智慧产业，缺乏智慧的产业无论在成本控制还是市场占有等方面都处于劣势。再则，"智慧城市"的多元化消费市场促使传统企业跨界发展。当前的消费市场每一秒都在变化，产品本身已经突破了市场边界与应用边界。例如，保温杯加一个小马达就变成便携式榨汁机；再如把一些小动物放在一个情景空间，就变成迷你动物园等，都是在特殊的需求背景下形成的商业模式，这些商业模式被称为"新物种"。

二是新兴产业的跨界延伸。"智慧城市"由于"智慧"的特别属性，整合了城市运营系统中的核心信息，让健康、教育、环保、安全、服务、消费、贸易等活动对各种需求做出了响应。近年来发达国家在智慧政府、智慧交通、智慧能源、智慧物流、智慧环保、智慧社区、智慧楼宇、智慧学校、智慧企业、智慧港口、智慧金融、智慧医疗、智慧生活等领域做出了有益探索。中国作为世界第二大经济体，清楚地意识到"智慧城市"对社会治

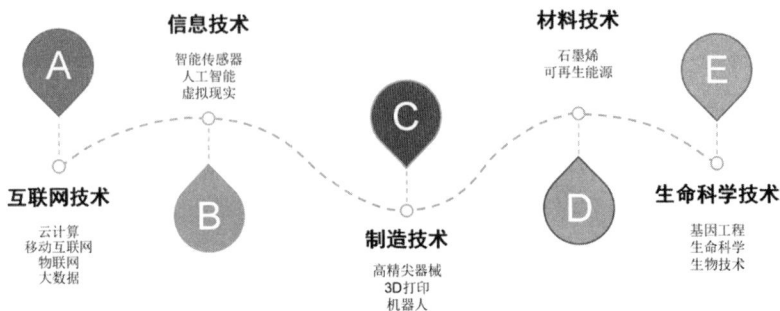

图13-4　支撑智慧产业发展的五大要素

理与经济发展的双重拉动价值，因此也加速了"智慧城市"的发展。与国外不同的是，中国的"智慧城市"带动的智慧产业出现了跨界的现象，因此拓宽了产业渠道，增加了产业的发展机会与新的经济贡献值。另外，"智慧城市"的发展将不同项目融合在统一的平台，互联互通，减少各种资源投入与消耗，使得原本各自为战、各自分割的资源与信息实现了整合共享，实现了效益最大化，市场配置效果进一步改善，劳动生产率进一步提高。

"智慧城市"促进产业发展体现在各行各业，而支撑这些产业发展的主要体现在五大要素[1]（如图13-4所示）。

第一要素：互联网技术。互联网技术依托于云计算、移动互联网、物联网、大数据等实现城市信息化与精细化管理。其中，5G代表的是"速度"，云计算代表的是"空间"，物联网代表的是"广度"，大数据代表的是"精度"。通过各要素的整合，提高

1　李晓华：《"新经济"与产业的颠覆性变革》，《财经问题研究》，2018年3月30日。

城市管理效率与经济效益。

第二要素：信息技术。信息技术是基于互联网技术的产物，集合智能传感器、人工智能、虚拟现实来实现经济价值。在公共管理领域，城市管理协同、智慧生态协同、智能交通协同、智能医疗协同释放了医疗产业、旅游产业、教育产业、环保产业等众多产业的经济价值。每个产业所带来的产业链将不断衍生，形成新的经济增长点。如阿里巴巴旗下的"盒马鲜生"，利用互联网背景下的虚拟现实技术，通过智能传感器实现网上下单，线下自动配货的人工智能模式，节约了人力成本的同时也为消费者带来购物的便利与乐趣。基于信息技术的产业，正以爆发式的速度在增长。

第三要素：制造技术。如果说前面两大要素是虚拟的，那么制造技术便是支撑虚拟价值转化的基础。互联网与信息技术以领跑者的角色一直引领制造技术的变革。5G时代移动互联网的速度将颠覆众多行业，比如智能化设备的芯片革命，机械处理器跟不上更新速度，就会被彻底抛弃，诺基亚、摩托罗拉就是被淘汰的案例。未来制造业在高速的物联网时代将被赋予"智慧"的特征，精细化生产必将催生精细化设备。高性能的机器人从力量型向智慧型转移，3D打印、量子科技将成为制造业的领跑者。当然，"智慧城市"背景下的制造业实际上是知识经济的整合体现，一个机器人的诞生需要成千上万个专利与技术的配套，无论是生产优质的螺帽，还是生产耐高温的芯片都需要与之匹配的高精尖技术。

第四要素：材料技术。"智慧城市"对产品的需求因为环境与文化的改变而发生变化。"城市病"促使人类对文明进程进行反思，激发了对人居环境进行改变的动力。城市人居环境包括自然与人文环境，人文环境可以通过教育加以引导，而自然环境则需要替代材料与工具来实现改造。当前在交通领域，发展中国家与发达国家都将逐步实现新能源汽车替代燃油汽车。同样，各产业也在寻找低能耗的技术替代高能耗、高污染的技术。而这些技术的核心便是材料的革命，石墨烯技术、可再生能源技术等将成为智能化产业的重要驱动力。

第五要素：生命科学技术。生命科学技术是"智慧城市"的重要组成部分，缺少了这一部分，所有的"智慧"都会显得苍白无力，因为没有比人类的生命更重要的事情。在"智慧城市"的发展中，所有价值都是围绕着人类生命与质量而存在。在现代化医疗中，各种设备层出不穷，为人类健康提供了帮助，也为医疗器械产业的发展提供了消费市场。在"智慧城市"建设中，基于数据化红利与技术的革命，一项更庞大的健康产业正慢慢崛起。基因工程、生命科学、生物技术让人类看到了生命的新希望，也带动了一个正在崛起的万亿级产业。生物信息、细胞生物、基因工程、功能基因组、蛋白质组、人类微生物组、免疫细胞、干细胞、生物能量、生物制药、抗体工程、细胞免疫疗法、遗传学、酶与发酵工程、生物反应器工程和生物医学工程、克隆技术、转基因技术、纳米生物技术、高通量筛选技术等正在快速研究与转化中，谁都希望在这一轮发展中抢占先机。

最后，我们来模拟一下智慧产业对经济增长的影响。假设一个城市通过技术进步促进智慧产业的发展，从而影响经济的增长，其中，城市产业技术分为A、B、C逐步向上层级；经济增长能力同样分为A、B、C逐步增长进度。J、b是技术提升后对智慧产业的影响因子；s、i为技术滞后下对智慧产业的影响因子。为了证明技术对经济增长的重要性，必须考虑不同技术层级的影响。技术层级越高，对智慧产业影响因子的促进能力就越强，同样经济增长能力就越强。反之，技术层级越低，对智慧产业影响因子的促进能力就越弱，经济增长能力就越差（如图13-5所示）。

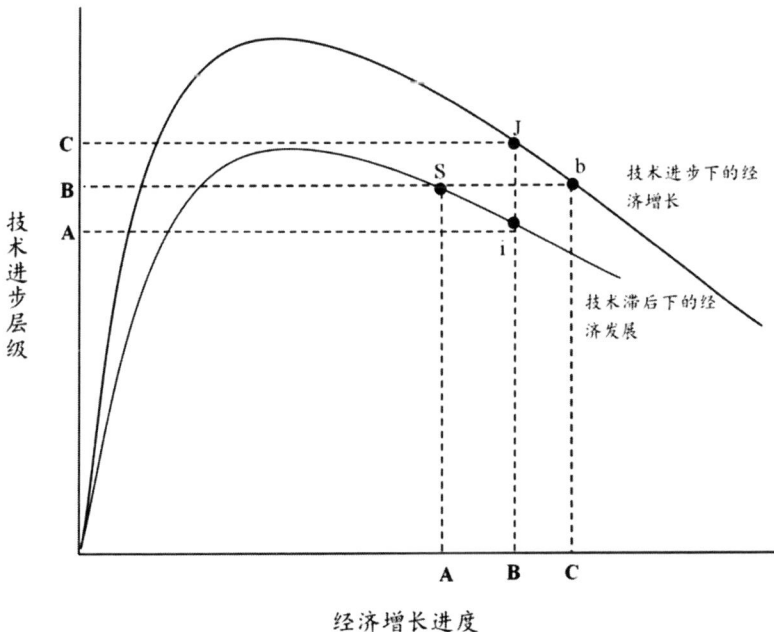

图13-5 技术进步对经济增长的促进

　　"智慧城市"建设实质是以知识为生产力，以智慧产业为推动引擎，因此，产业的发展不能坐等"智慧城市"的发展，而是要敬畏科学、尊重知识。因为知识是衡量"智慧城市"发展的基本标准，所有的信息产业、高端制造与服务业都建立在知识的基础上，机会主义在"智慧城市"发展中将逐步被取代。

参考文献

1. 习近平:《习近平谈治国理政》,北京:外文出版社,2014年。

2. 习近平:《干在实处　走在前列——推进浙江新发展的思考与实践》,北京:中共中央党校出版社,2014年。

3. [美]刘易斯·芒福德:《城市发展史——起源、演变和前景》,宋俊岭、倪文彦译,北京:中国建筑工业出版社,2005年。

4. [美]赫伯特·A.西蒙:《管理行为——管理组织决策过程的研究》,杨砾译,北京:北京经济学院出版社,1988年。

5. [德]柯武刚、史漫飞:《制度经济学——社会秩序与公共政策》,韩朝华译,北京:商务印书馆,2000年。

6. [美]简·雅各布斯:《美国大城市的生与死》,金衡山译,南京:译林出版社,2005年。

7. [英]埃比尼泽·霍华德:《明日的田园城市》,金经元译,北京:商务印书馆,2006年。

8. [英]柏特兰·罗素:《社会改造原理》,张师竹译,上海:上海人民出版社,1959年。

9. [美]查尔斯·林德布洛姆:《政府与市场》,王逸舟译,上海:上海人民出版社,1993年。

10. [法]孟德斯鸠:《论法的精神》(上册),张雁深译,北京:商务印书馆,1961年。

11. [法]卢梭:《论人类不平等的起源和基础》,李常山译,北京:商务印书馆,1962年。

12. [美]罗伯特·B.登哈特:《公共组织理论》,扶松茂、丁力译,北京:中国人民大学出版社,2003年。

13. [美]戴维·奥斯本:《政府改革手册:战略与工具》,谭功荣译,北京:中国人民大学出版社,2004年。

14. [美]戴维·奥斯本、特德·盖布勒:《改革政府:企业家精神如何改革着公营部门》,周敦仁等译,上海:上海译文出版社,1996年。

15. [美]阿里·哈拉契米(Arie Halachmi):《政府业绩与质量测评》,张梦中、丁煌译,广州:中山大学出版社,2003年。

16. [美]罗伯特·考特、托马斯·尤伦:《法和经济学》,史晋川、董雪兵等译,上海:格致出版社,2010年。

17. [澳]欧文·E.休斯:《公共管理导论》,彭和平译,北京:中国人民大学出版社,2001年。

18. [美]布坎南:《自由、市场和国家——20世纪80年代的政治经济学》,吴良健等译,北京:北京经济学院出版社,1988年。

19. [美]塔尔科特·帕森斯:《现代社会的结构与过程》,梁向阳译,《比较社会学》,上海:上海人民出版社,1989年。

20. 王国平:《城市论》(上中下三卷),北京:商务出版社,2009年。

21. 王国平:《城市怎么办》(1—12卷),北京:商务出版社,2010—2013年。

22. 王国平:《城市学总论》(上中下三卷),北京:商务出版社,2013年。

23. 王国平:《待遇论》,北京:商务出版社,2016年。

24. 王国平:《新编城市怎么办》(上下卷),北京:商务出版社,2018年。

25. 张维迎:《博弈论与信息经济学》,上海:上海人民出版社,1996年。

26. 夏文斌:《公平、效率与当代中国社会发展》,北京:北京大学出版社,2006年。

27. 管跃庆:《地方利益论》,上海:复旦大学出版社,2006年。

28. 赵奎礼:《利益学理论》,沈阳:辽宁教育出版社,1992年。

29. 朱鸣雄:《整体利益论——以国家为主体的利益关系研究》,上海:复旦大学出版社,2006年。

30. 夏文斌:《公平、效率与当代中国社会发展》,北京:北京大学出版社,2006年。

31. 吴忠民:《社会公正论》(第二版),济南:山东人民出版社,2012年。

32. 梁启超:《新民说·论国家思想》,北京:中国文史出版社,2013年。

33. 孙中山:《三民主义·民权主义》,北京:东方出版社,2014年。

34. 徐晓林:《数字城市政府管理》,北京:科学出版社,2006年。

35. 罗依平:《政府决策机制优化研究》,苏州:苏州大学出版社,2006年。

36. 谢庆奎、徐家良:《政府评价论》,北京:中国社会科学出版社,2006年。

37. 徐邦友:《中国政府传统行政的逻辑》,北京:中国经济出版社,2005年。

38. 俞可平:《治理与善治》,北京:社会科学文献出版社,2000年。

39. 俞可平等:《政府创新的理论与实践》,杭州:浙江人民出版社,2005年。

40. 金太军:《行政腐败解读与治理》，广州：广东人民出版社，2002年。

41. 颜如春:《现代政府形象管理》，成都：四川大学版社，2004年。

42. 胡宁生:《中国政府形象战略》，北京：中共中央党校出版社，1998年。

43. 何显明:《信用政府的逻辑——转型期地方政府信用缺失现象的制度分析》，上海：学林出版社，2007年。

44. 褚云茂:《公共关系于现代政府》，上海：上海大学出版社，2002年。

45. 杜钢建:《政府职能转变攻坚》，北京：中国水利水电出版社，2005年。

46. 曹闻民:《政府职能论》，北京：商务出版社，2008年。

47. 库少雄、[美]Hobart A. Burch:《社会福利政策分析与选择》，武汉：华中科技大学出版社，2006年。

48. 王荣华、童世骏:《多学科视野中的和谐社会》，上海：学林出版社，2006年。

49. 钱宁:《现代社会福利思想》，北京：高等教育出版社，2006年。

50. 陈佳贵、王延中等:《中国社会保障发展报告》，北京：社会科学文献出版社，2007年。

51. 毕天云:《论慈善文化的民族性及其意义》，杨团、葛道顺主编《和谐社会与慈善中华》，北京：中国劳动社会保障出版社，2008年。

52. 李培林:《"另一只看不见的手"：社会结构转型、发展战略及企业组织创新》，袁方等编《社会学家的眼光：中国社会结构转型》，北京：中国社会出版社，1989年。

53. 王沪宁主编:《腐败与反腐败——当代国外腐败问题研究》，上海：上海人民出版社，1990年。

54. 彭劲松：《当代中国利益关系分析》，北京：商务出版社，2007年。

55. 葛道顺：《中国慈善事业的现状和发展对策》，杨团、葛道顺主编《和谐社会与慈善中华》，北京：社会科学文献出版社，2007年。

56. 周沛：《社会福利体系研究》，北京：中国劳动社会保障出版社，2007年。

57. 郭彦森：《变革时代的利益矛盾与社会和谐》，北京：知识产权出版社，2008年。

58. 张琼：《我国收入分配的制度缺陷及对策分析》，《理论月刊》，2006年第9期。

59. 闫梅：《职工集体福利的理论分析与制度建构》，《云南大学学报（法学版）》，2006年第4期。

60. 高尚全：《加快推进行政管理体制改革》，《学习时报》，2006年3月20日。

61. 辜胜阻、王敏：《智慧城市建设的理论思考与战略选择》，《中国人口资源与环境》，2012年第5期。

62. 张大朋、周均清：《我国数字城市发展阶段及主要问题研究》，《科技成果纵横》，2004年第3期。

63. 姜爱林：《制约中国数字城市发展的瓶颈与解决对策》，《湖北行政学院学报》，2003年第1期。

64. 罗建宾：《谈谈数字化城市管理模式》，《中国城市经济》，2006年第2期。

65. 邱需恩：《我国城市数字化建设面临的问题与建议》，《新视野》，2006年第6期。

66. 刘润华：《关于政府决策的思考》，《国家行政学院学报》，2001年第5期。

67. 谢识予：《城市治理结构和城市发展》，《上海党史与党建》，2003年第9期。

68. 贾生华、郑文娟等：《城中村改造中利益相关者治理的理论与对策》，《城市规划》，2011年第5期。

69. 景天魁：《社会保障：公平社会的基础》，《中国社会科学院研究生院学报》，2006年第6期。

70. 唐昊：《垄断行业高工资恶果已显现》，《南方都市报》，2008年4月29日。

71. 周诚：《农地征收宜秉持"全面开发权"论》，《农业经济导刊》，2006年第9期。

72. 李培林：《村落终结的社会逻辑——羊城村的故事》，《江苏社会科学》，2004年第1期。

73. 罗问、孙斌栋：《国外城市规划中公众参与的经验及启示》，《上海城市规划》，2010年第6期。

74. 姜明安：《正当法律程序——扼制腐败的屏障》，《中国法学》，2008年第3期。

75. 冯颜利、张朋光：《哈贝马斯的正义观与当代价值》，《华中师范大学学报（人文社会科学版）》，2013年第11期。

76. 左芙蓉：《社会工作与民族宗教社区和谐——北京"牛街模式"探析》，《当代中国民族宗教问题研究》，2013年第3期。

77. 郝亚明：《"民族嵌入式"社会结构：现实背景、理论内涵与实践路径分析》，《西南民族大学学报》，2015年第6期。

78. 吴中平：《都市肌理的"针灸术"——"微小"介入的"巨大"

效应》,《新建筑》, 2015年第3期。

79. 张晓:《浅谈"城市针灸"》,《华中建筑》, 2012年第10期。

80. 李培林:《巨变: 村落的终结——都市里的村庄研究》,《中国社会科学》, 2002年第1期。

81. 万举:《国家权力下的土地产权博弈——城中村问题的实质》,《财经问题研究》, 2008年第5期。

82. 冯革群:《全球化背景下非正规城市发展的状态》,《规划师》, 2007年第11期。

83. 杨继梅:《城市再生的文化催化研究》, 同济大学博士论文, 2008年。

84. 左芙蓉:《社会建构与中国民族社会工作时代的来临》,《湖南师范大学社会科学学报》, 2017年第1期。

85. 崔艺红:《城中村改造模式的法律选择》,《经济地理》, 2007第1期。

86. 张晶:《城中村改造中参与主体的博弈分析》,《改革与战略》, 2008年第2期。

87. 崔赫、华晨:《大规模拆迁改造的反思及城市更新开发新策略》,《特区经济》, 2004年第1期。

88. McDonald, John F., *Fundamentals of Urban Economics* , Prentice Hall, Upper Saddle River, NJ.1997.

89. Malek J.A., *Informative global community development index of informative smart city*. Proceedings of the 8th WSEAS International Conference on Education and Educational Technology. Genora: University of Genora, 2009.

90. Avinash K. Dixit, Barry J. Nalebuff, Thinking Strategically. The

Competitive Edge in Business, Politics and Everyday Life, W. W. Norton& Company, Inc. Through Arts & Licensing International, Inc., 1993.

91. Friedman, Milton.*Capitalism and Freedom*.Chicago:The University of Chicago Press, 1962.

92. Berry, Brian J.L., and John Parr, *Market Centers and Retail Location: Theory and Application*, Englewood Cliffs, N.J:Prentice Hall, 1988.

93. Alonso William, *A Theory of the Urban Land Market,* Papers of Regional Science Association, *Vol.6, 1960.*

94. Harvey David, *Social Justice and the City*, London:Edward Amold, 1973.

95. H. D. Lasswell and A. Kaplan, *Power and Society*. NH: Yale University Press, 1970.

96. Walter siembab and Bob Walter Betal, Sustainable cities: concepts and strategies for eco-city development. Eco-Home Media, 1992.

97. Thomas R. Dye, *Understanding Public Policy*, 9th ed. NJ: Prentice Hall, 1998.

98. *World Commission on Environment and Development*. Our Common Future. 1972.

99. Breheny M.J., *Sustainable development and urban form: an introduction*. In: Brehney M J. (Ed.), Sustainable Development and Urban Form. Pion, London, 1992.

100.Bell R., *Industrial cities in turnaround*. Remarks Presented at the Smart Communities Conference, Santa Monica, California, 1997.

101.Rosenthal Uriel, Charles Michael Ted. *Coping with Crises. The Management of Disasters, Riots and Terrorism*[M]. Springfield.Charles C.

Thomas, 1989.

102.Jonathan Zygiaris, *Smart City Reference Model: An Approach to Assist Smart Planners to Conceptualize a City'S Smart Innovation Ecosystem*[J]. Journal Knowledge Economy, 2012.

103.Dewan and Kraemer, *Information Technology and Productivity: Evidence from Country—level Date*[J].Management Science, 2000(4).

104.McDonald, John F, *Fundamentals of Urban Economics*, Prentice Hall, Upper Saddle River, 1997.

后　记

1985年，父亲如释重负，沐浴春风。

这一年，中共中央、国务院颁发《关于进一步活跃农村经济的十项政策》，鼓励农民扩大城乡经济交流，发展对外经济、技术活动等。父亲不再因为"投机倒把"而惶惶不安。他很开心，于是决定带他儿子去大城市见见世面。

村口往北是信江，父亲摆渡过江，再往北。炎热的仲夏，父子沿着一片广袤的田野倍道而进，半晌之后终于见到传说中的火车站。

当火车咆哮的那一刻，一只忐忑的蜜蜂以最快的速度完成了对男孩的攻击。瞬间，男孩的眼皮肿得像只桃子。男孩正准备追逐蜜蜂报仇，父亲喝止：算了，是我们把它带上车的。

火车，在男孩的时而哀嚎、时而呻吟中跑了一天一夜，最终停在浙江的某个城市。走出火车站，满眼人潮涌动。三轮车、挑夫、小贩在人群中吆喝不停，道路两边卖冰水的、租连环画的、摆粥摊的……五花八门，令人眼花缭乱。男孩有些不知所措，是惊喜，也是畏惧。

　　父亲肩上扛着沉甸甸的大麻袋穿梭于城市的街头巷陌，时不时地回头看看男孩有没有跟上，嘴上不停地催促男孩走快点。男孩突然明白，父亲一直说自己是"资本家"，其实就是一个卖体力、冒风险的商贩而已。父亲从赣东北老家农民手上收购夏布，然后贩卖给城市商家，赚取有限的差价。男孩看着熙熙攘攘的街道两边商铺林立，他在琢磨，如果父亲在城里租一间店铺，把货物直接卖给消费者或许可以赚更多的钱。当他想把这个主意告诉父亲的时候，却已不见父亲的身影。

　　男孩强忍着泪水，故作镇定。偌大一个城市，男孩反复穿梭在来往的街头、巷陌，他在苦苦寻找自己的父亲。他记得母亲叮嘱过他，走丢了一定要回到原地。最终，他凭借模糊的记忆找到与父亲走散的路口。远远的，他看到了父亲喜极而泣。

　　之后男孩常常梦到那个陌生的城市，那个嘈杂的街头，还有掩面痛哭的父亲。也许，这就是他对于一个城市的最初印象。

　　长大后，男孩远离故乡。求学、工作，与城市成为密切的"朋友"。刚参加工作的时候，男孩与千千万万在省城谋生、逐梦的人一样住进了"城中村"，每月50元的房租让他度过一段艰辛而愉快的时光。同在屋檐下的租客们相互鼓励，相互帮助，有好吃的一起分享，有故事一起倾听。后来，由于工作调动他辗转多个城市，成为城市发展的见证者、参与者。

　　城市发展之快，正如逝去的青春，不经意间就到了常常怀念的年龄。巷陌、乡村、绿皮火车等都渐渐远去了，取而代之的是高楼、工厂、快速交通，城市的人越来越多，农民越来越少……

　　新中国的发展，创造了人类史上的奇迹。从"土地革命"到"城市革命"，虽然经历了很多坎坷，走了不少弯路，但在世界历史长河中，没有一个国家能在短短数十年间取得如此成就。所以，面对来之不易的改革成果，我们更应该正视问题，以谨慎的态度去研究、探索城市的未来。城市是属于人民的，城市是属于国家的，对城市的态度就是对人民的态度，对城市的态度就是对国家的态度。

　　《城市的兴衰——基于经济、社会、制度的逻辑》超越了我所研究的经济学范畴，更多是以社会学及公共管理学的角度去阐述城市、社会、农业等存在的问题与发展路径。由于专业跨度之大，难免会有不足之处，欢迎批评与指正。

郑荣华

2020年1月1日于杭州